U0578996

BLUE BOOK

智 库 成 果 出 版 与 传 播 平 台

创意城市蓝皮书

BLUE BOOK OF
CREATIVE CITIES

成都市文化创意产业发展报告
（2020）

ANNUAL REPORT ON THE DEVELOPMENT OF CULTURAL
AND CREATIVE INDUSTRY IN CHENGDU (2020)

主　编／成都市文化体制改革和文化产业发展领导小组办公室
　　　　成都市社会科学院

社会科学文献出版社
SOCIAL SCIENCES ACADEMIC PRESS（CHINA）

图书在版编目（CIP）数据

成都市文化创意产业发展报告. 2020/成都市文化
体制改革和文化产业发展领导小组办公室，成都市社会科
学院主编. -- 北京：社会科学文献出版社，2021.5
（创意城市蓝皮书）
ISBN 978 - 7 - 5201 - 7814 - 3

Ⅰ. ①成… Ⅱ. ①成… ②成… Ⅲ. ①文化产业 - 产
业发展 - 研究报告 - 成都 - 2020 Ⅳ. ①G127.711

中国版本图书馆 CIP 数据核字（2021）第 022039 号

创意城市蓝皮书

成都市文化创意产业发展报告（2020）

主　　编／成都市文化体制改革和文化产业发展领导小组办公室
　　　　　成都市社会科学院

出 版 人／王利民
组稿编辑／邓泳红
责任编辑／吴　敏
文稿编辑／吴云苓

出　　版／社会科学文献出版社·皮书出版分社（010）59367127
　　　　　地址：北京市北三环中路甲 29 号院华龙大厦　邮编：100029
　　　　　网址：www.ssap.com.cn
发　　行／市场营销中心（010）59367081　59367083
印　　装／天津千鹤文化传播有限公司

规　　格／开 本：787mm × 1092mm　1/16
　　　　　印 张：23　字 数：345 千字
版　　次／2021 年 5 月第 1 版　2021 年 5 月第 1 次印刷
书　　号／ISBN 978 - 7 - 5201 - 7814 - 3
定　　价／158.00 元

编 委 会

主编简介

师　江　中共成都市委宣传部副部长、成都市新闻出版局（成都市版权局）局长，1983 年毕业于四川大学经济系，先后任成都市人民政府副秘书长，成都传媒集团党委书记、董事长，成都市文化广电新闻出版局局长。主要研究方向为区域经济发展、产业经济。近年发表《让天府文化成为彰显成都独特魅力的旗帜——传承发展天府文化的思考与实践》《传承创新天府文化　努力建设西部文创中心》等学术论文多篇。

阎　星　成都市社会科学院副院长、研究员；1991 年毕业于西南师范大学（现西南大学）区域地理学专业，获理学硕士学位；2008 年获西南财经大学经济学博士学位；主要研究方向为地区经济发展、区域城市可持续发展。近年发表《成都市现代化进程及现状评估》《论中国城市政府间的制度竞争》等学术论文 20 余篇，出版《新时代繁荣发展成都哲学社会科学重大问题研究》《改革开放 40 年成都经济发展道路》等专著 10 余部。主持国家、省、市各类规划课题 50 余项，先后获得国家发改委、四川省、成都市科技进步奖和哲学社会科学优秀科研成果奖 10 余项。

摘　要

2018 年，成都市召开世界文化名城建设大会，提出打造世界文创名城、世界旅游名城、世界赛事名城和国际美食之都、国际音乐之都、国际会展之都，塑造"三城三都"品牌。2019 年，成都市委出台《中共成都市委关于弘扬中华文明发展天府文化加快建设世界文化名城的决定》，制定《成都市建设世界文创名城三年行动计划（2018 ~ 2020 年)》，明确了迈向世界文化名城的目标愿景和行动方略，提出以提升天府文化的国际影响力、辐射力、集聚力为牵引，推动文化创意产业（简称文创产业）成为重要支柱产业，建设具有全国引领力、全球竞争力的世界文创名城。

本书分析了成都文创产业的现状特征、机遇挑战和未来趋势，认为建设世界文创名城是成都以文化的繁荣引领城市崛起、走向世界的生动实践，体现了高度的文化自信和强烈的使命担当，既是世界文化名城的时代表达，更是城市内生动力的重塑和再造。增强文创产业的全国引领力、全球竞争力，在于围绕国家战略和城市实际发挥文创产业的重要支柱作用，促进文化商贸旅游体育融合发展，推动文化创意产业成为发展新经济、培育新动能的引擎。这就要求强化文化引领、集群发展、跨界融合、品牌支撑，以国际化视野和前瞻性思维高标准建设文旅（运动）产业生态圈，加快提升文创产业的行业首位度、产业融合度、品牌美誉度和国际知名度，以新担当、新作为更好服务于国家战略全局和区域发展大局，不断增强全国重要文创中心的影响力、凝聚力和创造力，为全面打响"三城三都"品牌、推动成都建设世界文化名城提供有力支撑。

为让社会各界了解 2018 ~ 2019 年成都文创产业的发展情况，成都市文化体制改革和文化产业发展领导小组办公室和成都市社会科学院共同编撰完成《成都文化创意产业发展报告（2020）》。本书共分为五个部分，第一部分为总报告，客观分析了2018~2019年成都文创产业的现状与特征，探析文创产业发展面临的机遇和挑战，围绕世界文创名城建设，对未来成都推动文创产业发展的战略与重点做出分析研判；第二部分为专题篇，集中研究文创产业的理论前沿与国际经验，以及成都数字文创产业、天府绿道文创产业、文创产业功能区、文商旅体产业融合发展等；第三部分为产业发展篇，围绕影视产业、创意设计产业、音乐产业、时尚产业、文化体育旅游业、会展产业等重点领域，反映成都文化创意产业发展的行业动态；第四部分为区域动态篇，选择中心城区和近远郊代表性区（市）县，反映成都全域文化创意产业发展态势；第五部分为典型案例篇，分析成都优化利用老旧建筑、历史文化遗产发展文创产业，以文商旅体融合创新打造文创产业园区，以及促进传统文化、历史文化的传承与创新等典型案例，反映成都文创产业创新发展的鲜活实践。

关键词：成都市　文创产业　世界文创名城

目 录

Ⅲ　产业发展篇

Ⅳ　区域动态篇

Ⅴ　典型案例篇

Ⅵ　附　录

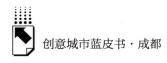

总　报　告

General Reports

B.1

大力发展文化创意产业，
加快建设世界文创名城

阎星　尹宏　刘文帅*

摘　要：　2019 年，中共成都市委出台《关于弘扬中华文明发展天府文
化加快建设世界文化名城的决定》，要求高水平建设世界文
创名城，成都文化创意产业迎来全面提升全国引领力、全球
竞争力的时代机遇。本报告从产业能级、产业体系、产业集
聚、产业融合、市场主体、营商环境等方面，总结分析
2018～2019 年成都文化创意产业发展状况，对成都在产业实
力、产业协同、企业竞争力、融合成效等方面存在的差距进
行比较研判。探寻文化创意产业"新文创""新文脉""新融

* 阎星，博士，成都市社科联党组成员、副主席，成都市社会科学院副院长、研究员；尹宏，
博士，成都市社会科学院历史与文化研究所所长、研究员；刘文帅，四川省社会科学院新闻
传播研究所副研究员。

合"发展趋势，围绕国家战略部署和世界文创名城建设，提出推动成渝双城经济圈文创产业一体化发展、引导文化创意产业高质量发展、促进天府文化创造性转化与创新性发展三大战略及若干重点任务。

关键词： 文化创意产业　世界文创名城　成都战略

2018年，成都市召开世界文化名城建设大会，提出打造世界文创名城、世界旅游名城、世界赛事名城和国际美食之都、国际音乐之都、国际会展之都，塑造"三城三都"品牌。2019年，中共成都市委出台《关于弘扬中华文明发展天府文化加快建设世界文化名城的决定》，要求推动文化创意产业（简称"文创产业"）成为重要的支柱产业，建设具有全国引领力、全球竞争力的世界文创名城。世界文创名城是指文化底蕴深厚，在世界范围内拥有强大的文化影响力、辐射力和集聚力，在文化创新创造和创意产业发展等方面具有全球领先优势的城市。建设世界文创名城是成都以文化繁荣引领城市崛起、走向世界的生动实践，体现了高度的文化自信和强烈的使命担当，既是世界文化名城的时代表达，更是城市内生动力的重塑与再造。增强成都文化创意产业的全国引领力、全球竞争力，就要围绕国家战略和城市实际，发挥文创产业的重要支柱作用，促进文化商贸旅游体育融合发展，推动文化创意产业成为发展新经济、培育新动能的引擎。这就要求强化文化引领、集群发展、跨界融合、品牌支撑，以国际化视野和前瞻性思维高标准建设文创产业生态圈，加快提升文创产业的行业首位度、产业融合度、品牌美誉度和国际知名度，以新担当、新作为更好服务国家战略全局和区域发展大局，不断增强全国重要文创中心的影响力、凝聚力和创造力，为全面打响"三城三都"品牌、推动成都建设世界文化名城提供有力支撑。

一　成都文创产业发展的现状与特征

2018～2019年，成都坚持以世界眼光、战略思维大力推动文化创意产业发展，以传媒影视、创意设计、现代时尚、音乐艺术、文体旅游、信息服务、会展广告、教育咨询八大行业为重点，构建现代文创产业体系。强化顶层设计、落实规划布局、促进跨界融合、完善载体建设、推进重大项目，文创经济实力、行业引领力、创新创造力和国际影响力显著提升，为建设世界文创名城奠定了坚实基础。

（一）产业能级提升，城市贡献突出

1. 产业量级突破

在建设世界文创名城的战略背景下，成都文化创意产业保持强劲增长势头。2018年，全市文创产业实现增加值1172.9亿元，首次实现千亿元规模，占地区生产总值的比重为7.64%；实现营业收入4979.6亿元，同比增长53.8%。2019年，全市文创产业实现增加值1459.8亿元，同比增长24.5%，增加值占地区生产总值的比重为8.58%，比2018年提高0.94个百分点；全市文化创意产业实现营业收入6348.7亿元，同比增长27.5%；经济增长引擎作用显现，2019年文化创意产业拉动地区生产总值现价增长1.8%，贡献率为21.8%。数据表明，2016～2019年文创产业保持高速增长态势，增加值年均增长率近30%，占地区生产总值的比重上升了3.4个百分点（见图1）。总体来看，成都文创产业实力显著增强，发展水平不断提升，在城市经济中的支柱地位进一步提升。

2. 就业增长领先

近年来，成都文化创意市场主体数量快速扩大，从业人员总数呈现大幅上升的态势，骨干企业支撑作用显著增强，在全市就业增长中发挥引领带动作用。2018年，成都市文创产业法人单位达78827家，同比增长410%。规模以上文创企业1993家，同比增长230%，实现营业收入3351.3亿元，占

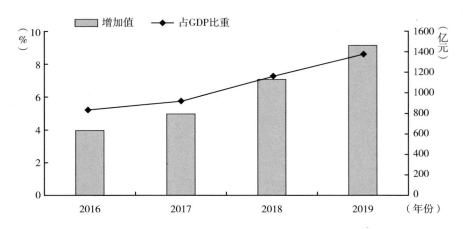

图1　2016~2019年成都文创产业增加值情况

资料来源：成都市统计局。

全市文创产业营业收入的67.3%；实现增加值802.5亿元，占全市文创产业增加值的68.4%。全市文创企业吸纳从业人员104.8万人，同比增长87%；其中，规模以上企业从业人员达40.2万人，同比增长240%。2019年，全市规模以上文创企业2098家，同比增长5.3%；实现营业收入4417.7亿元，同比增长31.8%，占全市文创产业营业收入的69.6%；实现增加值890.2亿元，同比增长10.9%，占全部文化创意产业增加值的61.0%。2019年全市文创产业吸纳就业人员108.8万人，同比增长3.8%；其中标准以上（含规模以上）文创产业法人单位吸纳就业人员62.3万人，同比增长10.5%，平均每家拥有从业人员94人，比2018年增加8人，同比增长9.3%。

（二）产业体系现代化，高质量发展态势良好

1. 重点行业支撑有力

2018年，八大文创重点行业实现营业收入3606.8亿元，占全部文化创意产业的72.4%，实现增加值1040.4亿元，占全部文创产业的88.7%，带动全市文创产业高质量发展。其中，信息服务业、创意设计业、现代时尚

业、传媒影视业、教育咨询业5个行业的增加值达到百亿元量级，占全市文创产业增加值的67.5%。其中，信息服务业实现增加值284.4亿元，占全市文创产业增加值的24.2%，位居八大重点行业之首。此外，创意设计业、现代时尚业、传媒影视业、教育咨询业的增加值占比均超过10%。2019年八大重点行业中的六大类均保持两位数高速增长态势，其中，音乐艺术业增速由2018年的负增长重回快速增长态势。八大文创重点行业规模效应显著，支撑作用突出，在城市新文创发展、文化产业与实体经济融合、传统产业能级提升和城市消费升级中发挥引领作用。

2. 优势行业增速创新高

2018年，成都市有6个文创重点行业的增加值增长率超过全市文创产业平均水平，分别是教育咨询业、现代时尚业、文体旅游业、传媒影视业、会展广告业和创意设计业。其中，教育咨询业和现代时尚业的增加值实现爆发式增长，增长率分别达330.5%、181.3%，相较2017年的增长水平，增幅分别上涨了4.8倍和2.28倍；文体旅游业、传媒影视业、会展广告业和创意设计业则呈现高速增长态势（见图2），增长率整体超过全市文创产业10～40个百分点。2019年，以"互联网＋"为主要形式的信息服务业实现增加值323.7亿元，占全部文创产业增加值的比重为22.2%，为文创产业

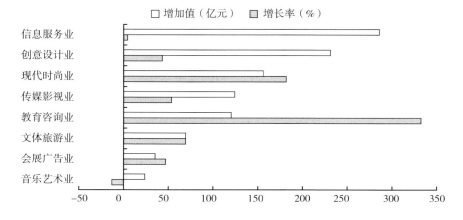

图2　2018年成都市文创重点行业增加值及增长率

资料来源：根据成都市统计局2017年、2018年数据计算整理。

12个行业类别之首，增加值同比增长13.8%，是2018年增幅的3倍；教育咨询业增加值总量排名从2018年的第五名上升至2019年的第三名，增加值同比增长62.5%，增速居各行业之首；创意设计业实现增加值282.9亿元（见图3），占全市文化创意产业增加值的19.4%，拉动全市文化创意产业增加值增长4.5%，对增加值增长的贡献率达到18.6%。这些行业涵盖了大多数文创新业态，以内容优势引领多业态融合发展，反映了消费需求升级趋势，在成都文创产业发展中发挥了引擎作用。

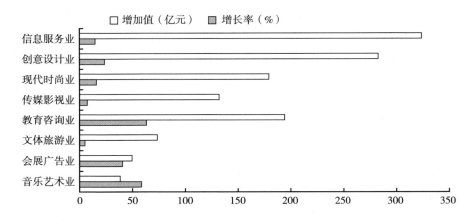

图3　2019年成都市文创重点行业增加值及增长率

资料来源：成都市统计局：2018年、2019年成都市文化创意产业发展分析报告。

（三）产业组织方式创新，文创经济地理重塑

成都持续推动文创产业集群化、特色化、专业化发展，结合城市发展需求，创新产业组织方式，以产业功能区为承载空间，以构建产业生态圈、创新生态链为中心，按照产业集聚、功能分区、错位协同、均衡发展的原则，创新文创产业组织形式，塑造充满活力的城市文创空间，产业集聚效应和溢出效应明显。

1. 文创产业功能区全域布局

2018年，成都市统筹布局66个产业功能区，创新产业发展模式和布局形

式，促进城市产业、功能、品质和魅力全面提升。其中包括少城国际文创硅谷、天府文创城、成都影视硅谷等 10 个文创产业功能区，规划面积占全市产业功能区面积的 69%，新入驻企业 768 家，累计完成产业项目投资 50.85 亿元。在主导产业定位上，文创产业功能区涵盖文博文旅、影视音乐、现代传媒、创意设计、数字文创等多个领域；在空间分布上，覆盖中心城区、近郊和远郊区域。通过科学化体系化的规划编制，引导文创产业功能区与城市建设精准匹配、与城市功能有机兼容，形成充分彰显城市生活美学的产业载体，重构城市生产、生活乃至生态空间。目前，全市文创产业功能区集聚各类文创企业近千家，聚焦内容创作、放送渠道和体验场所构建文创产业生态圈，营造消费场景，充满创新活力的新型城市文化空间正在形成。

2. 文创产业园区迸发活力

按照高标准规划建设和融合式改造提升的思路，成都市形成了一批集聚效应明显的文创产业示范园区，多个园区被纳入国家文化产业发展布局，集聚效应和溢出效应显现。2018 年，根据产业定位、载体规模、产业集聚度、服务平台建设情况，成都首次认定 31 个市级文化创意产业园区。2019 年，成都影视硅谷获批国家广播电视总局"中国（成都）超高清创新应用产业基地"。从载体规模来看，2018 年全市新开工文创项目近 100 个，新增文创园区面积超300 万平方米。单个园区规模呈现大型化趋势，为文创产业发展提供了较为充足的空间资源。从园区定位来看，文化产业园区涵盖创意设计、动漫游戏、新媒体、文化信息服务、音乐演艺、影视传媒、艺术品原创、非遗保护传承、文化旅游等行业类型，具有鲜明的"文创＋科技""文创＋商业""文创＋旅游"融合发展特色。从集聚模式来看，主要有依托历史文化资源集聚、依托高新技术资源集聚、依托大型龙头企业集聚、依托闲置楼宇和旧厂房集聚、依托生态空间集聚五种代表性模式。文化产业园区在现代要素集聚、文创与城市融合、文化消费吸引等方面显现生机活力，是成都文创产业发展重要的承载空间。

（四）文商旅体融合，文创新动能显现

成都把握产业融合发展趋势，以发展天府文化为核心，以文化商贸旅

游体育（简称"文商旅体"）产业重组升级为重点，通过文化植入、技术支撑、功能互补、市场共拓，培育新业态、新生态、新动能，创新都市消费场景。

1. "文创＋"业态新生

成都以文化为灵魂、以商贸为依托、以旅游为载体、以体育为推手、以业态融合为核心，促进"IP＋产业"、场景体验、科技创新，激发文化创意活力，推动要素资源整合利用，实现产业价值链延伸突破。"文创＋"融合性业态快速新生，创意设计、运动休闲、时尚会展、时尚用品制造等时尚美学业态，民俗旅游、博物馆旅游、民宿休闲、体育旅游等文化体验业态，数字文博、数字音乐、电子竞技、智慧健身、网络直播等智慧智能业态创新发展。通过多元文化形态迭代开发，促进内容形式交叉融合，推动形成"核心 IP＋体验店＋餐饮＋衍生品销售"产业链，强化用户体验和多场景触达，实现了产品连接、受众关联和市场共振，多元供给与多样化需求有效对接。2019 年，成都推出"夜游锦江"，串联锦江夜市、夜食、夜展、夜秀、夜节、夜宿六大主题场景，融合艺术、文创、文博、赛事等新兴消费业态，带动城市夜经济融合发展。

2. 都市消费场景创新

成都着力推动天府文化创造性转化、创新性发展，按照"可阅读、可感知、可欣赏、可参与、可消费"的思路，精准提炼塑造核心文创 IP，推出形态多样的都市消费新场景。以新零售、新业态、新模式为突破，整合文商旅体资源、要素、产品、载体，重点推进熊猫星球、熊猫之窗、熊猫谷三大项目建设，积极打造天府锦城、熊猫之都、大千八德园等 10 个文化旅游消费场景，携手腾讯在全国首创文商旅体融合发展的数字产品——天府成都生活美学地图 App，提高场景消费触发力，促进城市消费品质提升和功能拓展，满足新时代大众生活消费升级新需求。此外，因地制宜建成一批特色鲜明、形态丰富、产城一体的特色镇村，推出一批文化厚重、优雅时尚、业态丰富、配套完善的特色街区，将文商旅体融入城市建设和乡村振兴。2018年，成都新增文创街区 57 个、文创小镇 16 个。2019 年，新增文创街区 88

个、文创小镇 17 个。2019 年，美国有线电视新闻网（Cable News Network，CNN）旅游频道盘点了全球 21 个独具特色的美丽街区，成都锦里历史文化街区是唯一上榜的中国街区，被 CNN 置于推荐首位。

（五）企业竞争力增强，文创新经济势头强劲

1. 传媒影视企业快速集聚

截至 2019 年，成都市影视节目制作机构有 590 余家，数字音乐、音乐影视制作、艺术培训等相关企业、机构达 4000 余家。成都影视硅谷、注艺影视文创产业基地、中国电影小镇等重大影视产业载体相继落地，引进了今日头条、完美世界、紫薇影业、凤凰影都等一批国内外知名传媒影视企业（机构），以及酷狗音乐、阿里娱乐、太合乐动等一批音乐领军企业来蓉（成都）发展；峨眉电影集团、成都艾尔平方文化传播等一批本土影视企业，以及咪咕音乐、成都演艺集团、正火传媒、星娱传媒等本土音乐企业的竞争力不断提升。2018 年，成都各类电影剧本备案立项数量年均增速超过 20%，在国内相对领先。成都共举办 12 场音乐节，数量位列全国第二，实现音乐市场总收入 397.86 亿元，同比增长 21.69%，成为撬动全国音乐产业的重要力量。2019 年，成都可可豆动画影视有限公司原创动画影片《哪吒之魔童降世》票房突破 50 亿元，位居年度单片票房前三，成为动漫电影中国历史票房第一。

2. 数字文创企业优势突出

成都将影视、音乐、数字文创等作为新文创发展的重点领域，支持初创企业发展，形成竞争优势。《中国城市数字经济指数白皮书 2019》显示，成都数字经济在新一线城市中位居榜首。2018 年，全市软件开发、互联网零售、互联网广告及互联网相关行业实现增加值 276.5 亿元，占全市文化创意产业增加值的 23.6%。据不完全统计，全市现有各类数字文创企业 1000 多家，高新区聚集的动漫游戏、网络视听企业有 600 余家，其中年产值上亿元的企业有百余家。动漫游戏相关从业人员约 5 万人，产值超过 300 亿元，诞生了《王者荣耀》《哪吒之魔童降世》等现象级文化产品。2018 年，成都

新潮传媒集团有限公司、成都医联科技有限公司、壹玖壹玖酒类平台科技股份有限公司3家企业新晋为文创独角兽企业，领军互联网广告、互联网医疗和新零售领域。

2019年，成都医联登上福布斯中国最具创新力企业榜单TOP50，数字文创企业的市场竞争力进一步增强。据统计，2018年成都游戏企业年增速位列全国第一，①研发占比全国第一。成都可可豆动画影视有限公司、魔法动画工作室、成都卓星科技有限公司、成都奇影动漫文化有限责任公司等一批本土动漫游戏企业健康成长，成功引入竞技世界游戏产业研究院腾讯文创及电竞平台、天象互动总部基地以及泛娱乐产业孵化中心等数字文创平台。2019年，成都天象互动与梦工场动画公司合作打造《疯狂原始人》电影同名手游，被爱奇艺以20亿元收购，成为爱奇艺成都游戏中心。

（六）营商环境优化，国际影响力提升

成都把创意经济列为全市重点发展的六大新经济形态之一，将文化创意产业作为构建现代经济体系的重要支撑，努力提升文创产业治理能力和治理体系的现代化水平，城市文创在国内外的影响力、辐射力稳步提升。

1. 加大引导扶持力度

2018~2019年，成都市加强对文创产业发展的顶层设计和政策扶持，采取针对性的措施激发市场活力，着力优化营商环境。成都市委、市政府，一方面，陆续出台了《成都市促进西部文创中心建设若干政策》、《关于大力推动文化商贸旅游体育融合发展的实施意见》、《成都市建设世界文创名城三年行动计划（2018~2020年)》和《成都市文化创意产业统计方案》（修订版）等文件，从加大资金投入、强化人才支撑、扶持内容生产、壮大市场主体、拓宽融资渠道、加大税费支持、保障土地供应、优化营商环境等多方面强化

①《成都互联网普及率达69.9% 游戏企业增速全国第一》，《四川日报》2019年8月14日。

制度安排，促进文创产业高质量发展；另一方面，重点破解人才、资金等文创产业发展面临的瓶颈问题。成都市委办公厅、市政府办公厅出台《成都市引进高层次创新创业人才实施办法》，将文创人才纳入重点引进的高层次人才范围。持续推进文创金融深度合作，发展现代文创金融新业态，探索文创金融结合新方式。2018 年，推出了全国副省级城市、中西部地区首只百亿元规模文创产业基金——成都市文创产业发展投资基金，成立成都银行文创支行和债权融资风险担保资金池，开发"文创通"产品面向企业提供金融服务，搭建银信部门与企业的融资平台，努力破解制约中小微民营文创企业发展融资难、融资贵的瓶颈问题，实现文创金融"投贷联动"。

2. 文创活动国际化

成都坚持"走出去"和"请进来"相结合，加强以天府文化传播为核心内容的城市国际营销，成都文创的国际影响力显著提升。一方面，积极融入"一带一路"倡议等，用好政府和民间互访、国际友城交往、国际经贸等平台，开展"PANDA 成都走世界""友城互办旅游年"等国际营销活动，在奥地利维也纳、卢森堡埃斯佩朗日市等海外城市举办"天府文化周"，推动成都文创走向世界。另一方面，加强与国际媒体、国际智库合作，整合全球文创资源，在成都举行了世界文化名城论坛·天府论坛、文化创意与世界城市崛起 2018 环球盛事成都峰会、第六届中国网络视听大会、成都国际时尚周、成都·蓬皮杜"全球都市"国际艺术双年展等国际性文创品牌节会，向世界展示天府成都、文创未来。近年来，成都在国内外权威榜单中获得荣誉称号超过 30 项，如新文创活力指数排名全国第一，[1] 中国城市文创指数位列副省级城市第四，[2] 中国城市数字文化指数排行第六，[3] 与北京、上海、杭州并称"中国四大时尚之都"，进入中国时尚一线城市主力方阵等，[4] 成都文创和天府文化的国际知名度显著提升。

---

[1] 标准排名城市研究院：《中国城市新文创活力排行》，2018 年 7 月 17 日。
[2] 北京大学文化产业研究院：《2018 年中国城市文化创意指数排行榜》，2018 年 12 月 5 日。
[3] 腾讯研究院：《数字中国指数报告（2019）》，2019 年 5 月 21 日。
[4] 《2018 中国时尚一线城市指数报告》，2018 年 10 月 22 日。

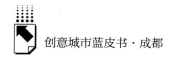

二　成都文创产业发展的机遇与挑战

（一）发展机遇

当前，文创新经济已成为世界城市新一轮竞争的战略高地。党的十八大以来，我国文创产业在国家政策、经济、社会、科技等多重因素的共同推动下，随着消费升级以及全民文化意识的提升，市场规模不断扩大，优质供给呈现重要窗口期。多重利好之下，成都文创产业面临前所未有的时代机遇。

1. 新时代：文化成为全球经济和城市发展动力

南非罗德斯大学（Rhodes University）经济学教授珍·斯诺博尔（Jen Snowball）认为，当前全球已经进入"文化时代"（Cultural Times）。无论从产业结构调整还是全球经济贸易来看，文化创意产业都无可争议地成为新的经济增长点。目前，全世界的创意产业每天创造的产值高达 220 亿美元，并以 5% 左右的速度递增。欧美发达国家增长速度更快，如美国达 14%，英国达 12%。联合国教科文组织报告显示，2013 年 11 个主要文化创意产业部门产值达 2.25 万亿美元，已经成为全球经济的基石，占全球 GDP 的 3%，2017 年已超过 4 万亿美元，与 4 年前相比几乎翻番。同时，以文化为重要驱动力已成为当前城市发展的主流趋势和先进理念，可以说文化软实力决定着城市竞争力。用文化连接世界，是众多新兴世界城市的价值追求和战略选择。文化对城市而言，既是发展的起点也是发展的终点，既是实力和形象，更是内核和灵魂。文化决定城市品质，塑造城市精神，支撑城市发展。

2. 新战略：建设成渝地区双城经济圈

中央财经委员会第六次会议提出，推动成渝地区双城经济圈建设，在西部形成高质量发展的重要增长极，使成渝地区成为具有全国影响力的重要经济中心、科技创新中心、改革开放新高地、高品质生活宜居地，助推高质量发展。成渝双城建设"两中心两地"，对成都文创产业发展提出更高目标和更高要求。国家和省市诸多政策红利，为成都文化创意产业提供了难得的跨越式发展机遇。成都发展文创产业、建设世界文创名城，需要更具战略高度和体现全局思维的顶层设计，在发展路径上探寻新的思路。成都文创产业发展必须站位更高、眼光更远、目标更大，围绕"传承巴蜀文明发展天府文化，努力建设世界文化名城"的使命担当，努力创造成都建设世界文创名城的时代表达，发挥成渝地区文创新极核和四川省文创主干的作用，扩大优质文创供给，为满足人民群众对美好生活的需要做出新贡献。

3. 新空间：消费分级、市场升级促进优质供给

时代赋予文创产业以旺盛的生命力，推动文创产业发展，不仅是提升高品质城市发展内涵的重要支撑，也是丰富国民精神生活的重要源泉。文创产业作为新兴的智慧型产业，具有高附加值、低能耗、低排放、低碳绿色、生态环保的独特优势，是加快转变经济发展方式、推进经济高质量发展的重要路径。随着全面建成小康社会深入推进，城乡居民收入稳步增长，人们对优质文创产品的需求不断增加，对更多更好的文创产品和服务提出了更高的要求，文创产业面临高质量发展的大好机遇。同时，用户需求的多元化，消费分级的趋势日渐明显，推动文创产业内涵不断扩大，外延不断拓展；尤其是互联网与智能手机在农村的普及，带来了广大农村地区文化消费的快速增长和释放。高端、中端、低端和个性化产品都将占据一定市场，催生了文创产业发展的新空间和新疆域。

4. 新动力：现代信息技术为文化创意产业赋能

从全球范围来看，当今社会网络正从信息化走向数字化和智能化。5G、人工智能、区块链、物联网等新一代信息技术的快速发展，将为文化创意产业发展提供强大的新动力。数字技术"联姻"文化，将激发文创产业新业态的繁荣发展，打破文创产业的内外部壁垒，带来文创产品开发的升级，促进产业链条的完善升级。5G为文旅产业营造意境提供了新的技术基础，将为旅游消费者带来视觉、听觉、触觉等多方位、多层次的全新场景体验。区块链技术不仅在抑制盗版方面有突出的作用，而且可以贯穿文创产业的全产业链。人工智能正在引发文创产业全方位变革，已经渗透到从内容生成到内容分发、内容审核、运营管理、优化用户体验的方方面面。在新技术的加持

下，从内容生产、传播到消费，整个文创产业链将呈现生产效率更高、文化消费重体验、相关产业交互融合的繁荣景象。

（二）发展挑战

从全国和全球范围来看，成都市文创产业发展正处于加速阶段，在发展速度、产业规模、行业竞争力、文化消费力、要素支撑等诸多方面，同国内先进城市以及欧美日韩等发达国家城市相比，还存在一定差距。

1. 骨干企业竞争力有待提升

一是大型龙头企业偏少，带动能力不强。2018 年，全市营业收入百亿元级的龙头文创企业有 5 个，其中 3 个为从事文化创意产品、设备等销售活动的非重点领域文化创意企业，实现营业收入 600.8 亿元，带动文化创意行业营业收入占比提高 12 个百分点，对增加值占比的带动幅度仅为 1.3 个百分点。二是规模以上文创企业相对不多，竞争优势不突出。2017 年，成都规模以上文创企业的数量、从业人员、资产和收入规模在 15 个副省级城市中分别排第八、第八、第六和第七位，与先进城市相比，有较大差距。2017 ~ 2018 年国家文化出口重点企业名单中，成都仅有 5 家，还有较大提升空间。三是中小企业活跃度高，创新能力较弱。2018 年，全市中小文创企业数量占文创企业总数的 93.8%，实现增加值占全市文创产业增加值的 23.6%。且上市文创企业较少，独角兽企业、瞪羚企业、雏鹰企业发育迟缓。

2. 行业支撑作用不够均衡

2018 年成都文化创意产业①八大重点行业中，增加值排位前三的信息服务业、创意设计业、现代时尚业，占全行业地区生产总值比重合计达 57%，成为全市文化创意产业主体行业。位居创意核心层的传媒影视业、音乐艺术业、会展广告业发力不足，占比仅为 15.5%，尤其是音乐艺术业和会展广告业合计占比仅为 5%。分大类看，文化创意服务业和制造业是全市文化创

---

① 文化创意产业中的"文体旅游业"仅指与文化创意相关的旅游行业和体育行业，与旅游产业、体育产业分类标准不一致。

意产业的主体，2019 年成都文化创意服务业增加值增速比制造业低 17.1 个百分点，占比较 2018 年下降 2.8 个百分点；作为全市文化创意产业五大支柱行业（增加值超百亿元）之一的传媒影视业，2019 年实现增加值 131.2 亿元，同比增长 6.2%，比全市文化创意产业增加值平均增速低 18.3 个百分点；文体旅游业 2019 年实现增加值 72.9 亿元，同比增长 5.1%，增加值占比为 5%，较 2018 年下降 0.8 个百分点。

表 1　2018～2019 年成都文创产业重点行业对比

单位：亿元，%

重点行业	2018 年			2019 年	
	增加值	同比增长	占全行业GDP 比重	增加值	同比增长
传媒影视业	123.5	53.4	10.5	131.2	6.2
创意设计业	229.7	43.4	19.6	282.9	23.2
现代时尚业	155.1	81.3	13.2	179.2	15.5
音乐艺术业	23.9	−13.2	2.0	37.8	58.2
文体旅游业	69.3	69.0	5.9	72.9	5.1
信息服务业	284.4	4.5	24.2	323.7	13.8
会展广告业	35.2	46.7	3.0	49.2	39.9
教育咨询业	119.3	330.5	10.2	193.9	62.5

资料来源：成都市统计局。

3. "文创＋"融合发展尚待深入

文创产业与体育、旅游、商贸融合，培育新经济、新动能的引领作用有待进一步加强。首先，文商旅体融合发展整体水平，与国内外先进城市相比，在资源深度挖掘、融合路径、融合深度、融合产品创新等方面有一定差距。重大项目的规模效应和品牌效应还不突出。文商旅体融合创新品牌和创新产品较少。其次，文创产业优质供给对大众文化消费需求的满足度不高。2018 年城乡居民文化娱乐消费支出均呈负增长，全市居民用于文化娱乐的人均消费支出为 1359.6 元，同比减少 12%，占居民人均消费支出的比重同比减少 1.3 个百分点。城镇居民人均文化娱乐支出占人均消费支出的 7.7%，有进一步的提升空间。

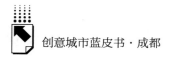

三 我国文创产业发展的方向与趋势

在政策、经济、社会、技术等多维共振下，我国文化创意产业快速转型升级，已成为国民经济的重要支柱产业。文创产业正进入全方位多领域跨界融合的新阶段，迈向以"新文创""新文脉""新融合"为特征的"大文创"时代。

（一）以数字经济为核心的"新文创"活跃

以互联网文化为代表的数字文创产业快速崛起，将是未来几年文创产业发展的典型特征。大数据、云计算、VR/AR、5G 等新兴科技的加持，使文创产业的内容呈现、发展模式、盈利模式等发生革命性变化，逐步形成以应用新科技、构建新场景、产生新业态为主要特征的文创新经济。从整体来看，凭借科技赋能，以"互联网 +"为主要形式的新文创产业增速明显。文创新经济的核心是用数字技术发展文创产业，即用新的技术、新的理念、新的模式、新的场景赋能城市文化，激发文创产业。5G 发展将加速包括移动媒体、移动广告、家庭宽带和电视在内的内容消费，通过全新沉浸式和交互式新技术提升体验，释放增强现实（AR）、虚拟现实（VR）和新媒体的潜力。移动支付与知识付费将进一步激活新的文化需求，基于大数据的文化创作正在普及，区块链对于文化版权保护的探索正在加快。同时，新的消费场景和产业空间正在呈现：大都市文化区、古都古城、旅游胜地将成为文创新经济活跃地，博物馆、艺术馆、文化街区、演艺中心成为文创新经济集中区。文博业以新科技、新场景使文物活化重获生机，会展业以高端会议为窗口、通过多元化营销打造产业集群，主题园区打造承载文化印记的体验场所、培育体验经济，影视动漫通过打造明星 IP、构建泛娱乐生态文化产业，医疗旅游通过"文化 + 旅游 + 医疗"的深度融合打造新兴产业。

（二）以 IP 塑造为核心的"新文脉"勃兴

文化的优势是最根本的、最难替代、最持久的竞争优势。挖掘发展城市的文脉资产，就是实现文化资源价值的最大化，高效地把文化软实力转化为经济硬实力。新文创在实现产业经济价值的同时也成为中国传统文化面向当下、面向世界的展演舞台。"新文脉"是新文创深度发掘传统文化的现代转化与产业运行，是对优秀传统文化的发掘、激活、变革和新创。新文创与新文脉互为表里，传统文化为新文创赋予底蕴深厚的精神内核，新文创则为传统文化重焕生机开辟新路。文化活化、科技＋传统、VR＋传统文化，将为"新文脉"提供领先载体，传统文化通过新文创的发展将呈现更高级的文明。文创产业已经进入 2.0 时代，即内容时代，当前各个地方都在发掘自身的新文化 IP，从博物馆文创产品开发，到游戏、动漫、影视、音乐等产业联动，到文化街区、文旅小镇打造，致力于文化资本价值化的"新文脉"探索正在不断深入。为破解文创产品内容品质提升的瓶颈，"故事 IP、形象 IP、产品 IP、企业 IP"四位一体将成为未来文创产业的核心，IP 带动文创融合，推动衍生品和城市 IP 打造，引领文创产业高质量发展；在 IP 之后，能否打造 IP 产业链则是能否成为文创独角兽的关键。

（三）以场景营造为核心的文创"新融合"加速

文创产业发展正在进入一个"文创＋产业"的全方位多领域跨界融合的新阶段。当前，在全球产业融合浪潮下，以产业相互交叉、相互渗透为特征的产业融合发展，正催生一大批产业新模式、新技术和新业态，推动文化、商业、旅游、体育和农业农村经济的价值延伸，形成经济高质量发展的新动能。发现新需求、构建新场景、创造新体验，"人城境业"多功能融通，成为区域空间形态发展的新方向。一是功能化融合，重点在食、住、行、游、购、娱、康、养、学等构成要素的融合全面渗透到文体商旅等产业的各个功能之中。二是生活化融合，产业融合发展归根结底是传递一种生活理念，引领一种生活方式。文创产业的生活化融合，能让运动、旅游、度假更有内涵和品位。在新的时代背景下，实现文化与旅游的相互渗入、互为支撑、协同并进、深度融合，是增进城市文化创造、推动城市高质量发展、满足人民群众美好生活需求的迫切需要。"文创＋互联网"将从数字内容、智慧营销、内容电商等方向推动数字内容与传统文化的对接、构建品牌场景实现智慧营销、文创电商再升级;"文创+内容"将推动"传统文化新场景"、艺术跨界等实现优质文化输出,增强文化自信;"文创+旅游"将联通线上线下,为目的地旅游注入新活力,"文化+科技+旅游+互联网文创电商"成为未来文旅跨界融合的标配;"文创+农业"带动乡村振兴、农业电商升级和农业文旅产业化,将以"IP+内容体验+衍生品+互联网农业文创电商"的模式,带动一产、二产和三产同步发展。

四 成都文创产业发展战略方向与重点

成都发展文创产业、建设世界文创名城,必须坚定文化自信,突出国际视野和世界眼光,结合国家战略和城市实际,以建设独具人文魅力的世界文化名城为总体目标,深入推进文创产业全方位融入城市建设发展,以激活优秀传统文化,激发创新创业,培育新经济、新动能,满足人民群众美好生活新期待为着力点,推动文创产业高质量发展。

(一)推动成渝地区双城经济圈文创一体化发展

1. 打造巴蜀文化走廊,共建世界级旅游目的地

加强成渝文化交流合作,共同弘扬巴蜀优秀文化。在图书信息、艺术教育、文化旅游等方面实现共建共享,搭建成渝文化和谐发展平台,推动两地经济社会和文化的大发展大繁荣;加强地域文化资源与世界优秀文化资源的整合,推动成渝在城市文化品牌、文化创意产业以及非物质文化遗产保护与利用等方面的合作,联合打造成渝文创产业旗舰。成渝地区双城经济圈建设为区域文旅融合发展打开了行动空间,两地可强强携手,利用得天独厚、丰富多样的文化旅游资源,推动文化旅游融合发展、建设巴蜀文化旅游走廊,打造世界级旅游目的地。可携手共建运动健康之城,打造双城品牌体育赛事,聚合式推动文体旅深度融合,共建双城文体旅融合发展走廊。

2. 共建国际消费之都,打造成渝高品质生活圈

对标国际消费大都市,加快成渝国际购物之都建设。对标国际一流,积

极营造最优的购物环境，提升软硬件水平，建设精品云集、享誉世界、接轨国际的世界级商圈商街。推动两地美食文化交流，推动"美食＋文化＋旅游"融合发展，打造成渝双城美食圈，共建国际美食之都。以系统工程思路抓生态文明建设，共建成渝宜居生活走廊，打造双城高品质生活圈。

3. 培育文创新引擎，打造东部新区文创生态走廊

紧扣国家向西向南开放新门户、成渝地区双城经济圈建设新平台、成德眉资同城化新支撑、引领性经济发展新引擎、彰显公园城市理念新家园的战略定位，聚焦天府奥体公园核心片区、三岔湖 TOD 片区、航空智能制造园片区、龙马湖创新服务片区新能源及人工智能片区、沱江湾文化创意片区、龙泉湖教育医养片区等重点区域，加快打造东部新区文创生态走廊，形成特色鲜明、差异化文创发展格局。发挥成渝发展主轴重要支点的先导作用和引领效应，以点连轴推动成渝文创产业相向发展，带动成渝中部区域城市群文创产业发展。

4. 发挥主干引领作用，推进成德眉资文创同城化发展

充分发挥成都"主干"引领辐射带动作用，强化功能性平台共建共享，引导市场主体协同发展，进一步加快推动成德眉资文创同城化进程。以共建共享世界旅游目的地平台为支撑，依托熊猫之都文创体验旅游功能区，[①] 联合打造金沙遗址—熊猫基地—三星堆国际精品游线路，带动成德眉资文旅产业高质量发展。共建成德眉资公共文化服务超市、公共文化云，加快四市公共文化服务数字化建设，构建互联互通的公共数字文化服务网络，提高四市公共文化服务供给水平。依托成都国际非物质文化遗产节等重大文化活动，共建文化展示交流平台，推动四市文化资源共享、活动共办、发展共融、文化服务功能同步。

5. 推动成渝地区双城经济圈与藏羌彝走廊文创协同发展

根据"补齐短板、消除瓶颈、强化协同、优化格局"的要求，充分利用成都沟通西南西北、连接国内国外的区位优势，全面发挥文化资源优势、文化创新优势和文创产业优势，积极推动国家"一带一路"倡议和长江经

---

① 《成德眉资同城化发展怎么干？成都发挥功能平台作用　辐射带动同城化发展》，澎湃新闻，2019 年 5 月 10 日。

济带战略的契合互动。充分发挥成都的枢纽作用，主动对接藏羌彝文化产业走廊建设国家战略，对接甘孜州、阿坝州、凉山州，辐射绵阳市、乐山市、雅安市、攀枝花市等地区，以文化旅游、演艺娱乐、动漫游戏、创意设计、工艺美术等为主导产业，实施一批文化资源有效保护与产业转化项目，建成一批具有重要影响力的文化产业示范项目，培育一批各具特色的民族文化产业品牌，新增一批国家级和省级文化产业示范项目。

（二）引导文化创意产业高质量发展

1. 打造数字文创第一城

数字文创产业是未来文创产业发展的核心板块。成都文创产业要积极探索城市和企业创新合作的新动能、新模式、新平台、新标杆，积极发展以数字文创为代表的新经济。充分发挥"成都智造" IP 优势，进行新文创长线规划，着力打造"中国数字文创第一城"。挖掘优质创作个人和团队，重点挖掘电竞、动漫、音乐、游戏开发等领域的优质创作个人和团队，并给予培育和扶持，着力文创人才孵化；发挥腾讯作为全国最大互联网动漫平台的力量，打造数字文创产业生态，推动更多西南地区数字文创资源向成都聚合。打造数字文创产业合作平台，输出海量优秀作品，培育创作人才，孵化具有市场影响力的文创独角兽企业。

2. 构建现代文创内容体系

内容体系建设是文创产业可持续发展的重要基础和核心动力。文创高质量发展离不开高精尖内容体系的构建。成都要借鉴北京、杭州等先进城市经验，围绕数字创意和内容版权两大主攻方向，打造创意设计、媒体融合、广播影视、出版发行、动漫游戏、演艺娱乐、文博非遗、艺术品交易和文创智库等重点领域组成的文创"高精尖"内容体系。成都拥有深厚的历史文脉，要加快用数字化的文化内容生产进行呼应、呈现和传播，让优秀的数字文创内容以更加生动的方式进入城市空间，为普通民众带来更便捷的文化体验，把文化资源转变成生产力、引导力和消费力。

3. 拓展文化消费新领域

增加优质文化产品和服务供给，推进国家文化消费试点城市建设，完善常态化文化消费促进机制，办好"成都文化消费综合服务平台"，多渠道鼓励居民文化消费；突出文化创意，遴选文创新品牌产品（包括无形产品），打响文创新品牌，吸引大众文化消费。推动文化元素融入商业业态，鼓励把文化消费嵌入各类消费场所，拓展消费新领域。支持文化综合体建设，支持社会力量在大型商业综合体、中心城区户外空间举行艺术展览和演出活动。推动公共上网服务场所、歌舞和游艺娱乐场所等的传统文化消费升级，支持文化消费新业态发展，加快文化衍生业态创新。打造"书香成都"全民阅读典范城市，建立覆盖城乡、功能多元的实体书店体系。着力塑造一批夜间旅游、视听、文鉴、亲子、医美、乐动、学习、购物、餐饮和风情街区消费场景，点亮夜间经济。

4. 打造文创产业新场景

围绕新零售、新文创、新供应链等蓝海空间，实施场景示范工程，推动新技术、新模式、新业态融合创新、验证落地，持续培育企业级场景。支持硬核技术攻关催生新场景，支持企业组建"创新应用实验室"，围绕人工智能、网络协同制造、云计算和大数据、生物技术、区块链等硬核技术和接口标准，开展市场化应用攻关，为场景突破提供技术支撑。加快布局新型基础设施，支撑新场景新型基础设施建设项目不受投资规模限制，并可优先纳入成都市重点项目计划，给予用地用能等要素保障。创新场景供给方式，鼓励企业组建"城市未来场景实验室"，围绕智慧医养、数字文娱、在线教育等领域，开展场景实测，验证商业模型，评估市场前景。

5. 优化文创产业生态

借力"互联网＋"新动能，拓展"文化＋"新思维，巩固提升成都文创优势产业，重点发展创新先导型、内容主导型、智力密集型、资本密集型产业，以八大重点行业的跨越式发展助推文化创意产业全面发展。打造动漫游戏产业高地，将动漫游戏产业作为优先发展的高新技术产业，用好用足国家和四川省数字经济和文化旅游产业相应的优惠政策，制定并落实针对性的扶持政策。发挥重大项目的龙头带动作用，高标准推进天府锦城、成都自然博物馆、川港创意产业园区、中法成都大熊猫生态创意产业园（熊猫星球）、完美世界文创产业园、言几又（天府）国际文创中心、星光影视文旅城、天府智媒体城等标志性项目建设。做强做优各类市场主体，促进产业生态圈建设。着力发展"大而强"，积极培育"小而优"，形成均衡布局梯次发展的现代文创产业生态。重点支持动漫游戏等"专、精、特、新"中小文化创意企业发展，打造一批民营文化创意"小巨人"企业。

（三）促进天府文化创造性转化和创新性发展

1. 打造天府文化 IP 产业链

打造天府文化的特色强势 IP，提升天府文化的全国和全球站位，创造有国际视野、追求世界标准的文化产品等，促进天府文化由"隐性资源"向"显性产业"转化，并深度融入成都文创产业链。丰富天府文化 IP 作品，努力创造一批高人气的文学、动漫、影视、游戏、综艺节目等原创作品。突出以"金沙遗址"为载体的古蜀文化，以武侯祠为载体的"三国文化"，以大熊猫基地为载体的"熊猫文化"等，提炼具有城市特质的核心 IP 和典型符号，使之成为相互支撑、相互影响、互为上下游的大文化产业集群。

2. 推动天府文化融入公园城市建设

坚持文创与城市文化传承融合，天府文化与公园城市建设融合，建设世界文创名城。要加强历史文化遗产的科学保护利用和非物质文化遗产的传承发展，高品质规划建设安仁博物馆小镇、川剧艺术中心等一批文创小镇，加快布局建设天府艺术中心、成都自然博物馆、成都图书馆新馆、四川大剧院等一批体现成都文化特质、蕴含城市精神的城市文化地标。要构建城市文化标识体系，以天府锦城、天府绿道、川西林盘、都江堰精华灌区等为重点塑造天府文化景观体系。加快建设天府锦城、天府奥体城等重大公共文化设施，结合绿道及城市公园的核心节点，打造东西城市轴线、龙泉山东侧新城发展轴、天府中心、熊猫星球、皇冠湖城市中心、东站城市迎客厅、空港花田等城市景观地标，依托温江、郫都花木区，建设园林艺术博览园，展示现代化新天府形象。

3. 促进文创与科技融合

加快推进互联网、物联网、云计算、虚拟现实、大数据等高新技术成果向文创领域转化运用，推动"文创＋科技"深度融合。发挥成都国家文化和科技融合示范基地作用，打造文创科技融合发展的文创产业园、文创孵化器。建立文创科技融合发展重点企业、项目和产品数据库，实施一批文创科技融合重大项目，培育一批跨界融合的标杆企业、领军企业。支持企业建立文创科技融合发展的研发中心，联合高校、科研机构共建产业技术创新联盟、标准联盟、行业协会，打造一批聚集创新资源的研发转化平台。鼓励研发具有自主知识产权、引领新型文化消费的可穿戴设备、智能硬件、沉浸式体验平台、应用软件及辅助工具，推进智能制造、人工智能、机器人等先进技术成果服务应用于文化创意内容生产，加快先进舞台设备、新型影院系统等的集成设计和市场推广。

4. 促进文创与三产融合

通过文化植入、创意融入和设计提升，推动文创与各相关产业的深度融合。实施新消费引领专项行动，打造零售创新"竞技场"和"试验田"，推动传统商业转型升级。推进文商旅体设施功能复合兼容，实施文商旅体联动专项行动，着力扩大外来消费比重，以功能融合为基础，加快建设书店网络、文博场馆、旅游服务、运动设施、演艺功能五大专业设施体系。促进文创与工业融合，培育一批工业设计、建筑设计、工程设计机构，打造一批全国知名的设计园区，优化传统工业园区多元文化创意要素的配置；打造一批工业旅游基地、特色创意休闲基地。推进文创、农创、旅创"三创"融合，建设一批具有创意农业内核的特色旅游乡镇，开发打造一批文化主题引领的农业旅游体验景区，开发一批具有文化艺术风味的乡村旅游服务街区，设计打造一批具有地域特色的美食产品及衍生品的购物品牌。

5. 深化文创与金融融合

发展现代文创金融新业态，探索文创金融结合新方式，提升文创投融资能力，建设国家级文化金融合作创新试验区。优化文创金融服务体系，做大做强成都银行文创支行。发挥好国家各级文创产业投资基金作用，引导社会资金投向创意与设计产业核心领域、新兴文化领域。完善文化创意产业"补、贷、投、保"联动机制，建立健全文创企业债权融资风险补偿机制，探索开展无形资产质押和收益权抵（质）押贷款等业务，鼓励和引导社会资本进入文化创意产业。支持文化融资担保机构模式创新，推动文化小贷公司建立快速服务机制和便捷融资渠道。充分利用多层次资本市场，完善文创企业上市资源培育储备机制，建立文创企业上市挂牌储备库，鼓励符合条件的文创企业在主板、创业板上市或在科创板挂牌。鼓励文创企业发行公司债、企业债、中小企业私募债或利用非金融企业债务融资工具。支持已上市和挂牌文创企业通过增发股票、发行公司债等方式进行再融资。

参考文献

国家统计局社会科技和文化产业统计司、中宣部文化体制改革和发展办公室编《2018 中国文化及相关产业统计年鉴》，中国统计出版社，2018。

《中共成都市委〈关于弘扬中华文明发展天府文化加快建设世界文化名城的决定〉》，2019 年 1 月 16 日。

成都市发展和改革委员会：《聚焦成都产业发展——成都市产业发展白皮书（2019）》，http：//cddrc. chengdu. gov. cn/cdfgw/ztlm028/cyfzbps. shtml。

清科研究中心：《2018 ~ 2019 杭州文创产业投资发展报告》，2019 年 8 月。

艾媒咨询：《2019 中国文化创意产业发展背景及趋势分析》，艾媒网，2019 年 12 月 25 日，https：//www. iimedia. cn/c1020/67418. html。

赵琪：《"文创"产业受到全球性关注》，中国社会科学网，2016 年 2 月 17 日，http：//marx. cssn. cn/nqxx/201602/t20160217_ 2868963. shtml。

鲁元珍：《5G 时代，数字创意产业将迎来哪些新机遇?》，《光明日报》2019 年 11 月 17 日。

陈少峰：《2020 年文化（文旅）产业的十个主流趋势》，搜狐网，2020 年 1 月 14 日，https：//www. sohu. com/a/366865936_ 534424。

B.2
2019年成都市文化创意
产业发展报告

中共成都市委宣传部　成都市统计局*

摘　要： 2019年，成都市通过大力发展创意设计、教育咨询等文化创
　　　　 意产业重点领域，促进文化创意产业和互联网融合发展；通
　　　　 过减税降费等手段使文化创意产业继续保持快速增长。本报
　　　　 告结合成都文化创意产业发展的实际情况，提出构建现代文
　　　　 创产业体系，以融合发展促进产业升级，以"科技+"释放
　　　　 消费新潜能，深化产教融合推进校企合作，推动文化创意产
　　　　 业高质量发展。

关键词： 文化创意　融合发展　转型升级

　　2019年，成都市坚持以习近平新时代中国特色社会主义思想为指导，
紧紧围绕习近平总书记关于高度重视发展文化产业的要求，认真贯彻中央和
省委、市委各项决策部署，聚力建设具有全国引领力、全球竞争力的世界文
创名城，以引入新投资、新平台、新业态为重点，以创造新消费场景、塑造
新消费品牌、吸引新消费群体为目标，切实将天府文化资源优势转化为文化
创造和文化产业优势，推动文化创意产业成为成都市重要的支柱产业。

---

* 执笔人：谭莹，中共成都市委宣传部产业发展处处长；郑明华，成都市统计局人口就业和社
　 会科技统计处处长；郑正真，博士，中共成都市委宣传部产业发展处一级主任科员；李俊霞，
　 成都市统计局人口就业和社会科技统计处四级主任科员。

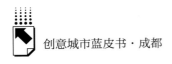

一 文化创意产业发展成效

（一）文化创意产业规模扩大

1. 文化创意产业保持快速增长

2019 年，成都市文化创意产业企业实现营业收入 6348.7 亿元，同比增长 27.5%；实现增加值 1459.8 亿元，同比增长 24.5%，高于 GDP 现价增速 16.1 个百分点；增加值占地区生产总值的比重明显提高，2019 年该占比达到 8.58%，比 2018 年提高 0.94 个百分点，经济增长引擎作用显现。2019 年文化创意产业拉动地区生产总值现价增长 1.8%，贡献率为 21.8%，文化创意产业在地区经济发展中发挥着越来越重要的作用。①

2. 文化创意骨干企业迅速壮大

骨干企业在经济发展过程中起到压舱石的作用，文化创意产业骨干企业则直接影响文化创意产业的结构、布局和发展进程。2019 年，成都市共有规模以上文化创意企业 2098 家，比上年增长 5.3%，实现营业收入 4417.7 亿元，同比增长 31.8%，占全部文化创意企业营业收入的 69.6%，占比较上年提高 2.3 个百分点；规模以上文化创意企业实现增加值 890.2 亿元，比上年增长 10.9%，占全部文化创意产业增加值的 61.0%，对文化创意产业增加值增长贡献率为 30.5%。

同时，2019 年在全口径税收贡献 100 强的 73 家规模以上企业中，文化创意企业有 11 家，占比为 15.1%；11 家文化创意企业 2019 年资产总计 996.8 亿元，占 73 家规模以上企业的 8.4%；实现营业收入 933.5 亿元，占 73 家规模以上企业营业收入的比重为 12.8%；实现营业利润 165.5 亿元，占 73 家规模以上企业营业利润的 28.7%，同比增长 48.9%，增速比 73 家规模以上企业的平均值高 32.4 个百分点。文化创意企业较高的资产利润率

---

① 本报告所有数据均来源于成都市统计局。

印证了文化创意产业高附加值属性，表明文化创意产业是促进地区经济高质量发展的高效动能。

（二）优势行业持续发力

1. "互联网＋"融合引领文化创意产业高质量发展

随着信息化发展潜能逐步释放，以信息化为基础的"互联网＋"成为文化创意产业发展的重要推手，"互联网＋"的引领作用进一步凸显。2019年，以"互联网＋"为主要形式的信息服务业实现增加值323.7亿元，占全部文化创意产业增加值的比重为22.2%，居文化创意产业12个行业类别之首，增加值同比增长13.8%。同时，2019年规模以上信息服务业企业营业利润达到175.4亿元，同比增长10.6%，营业利润率高达40.2%，强势拉动文化创意产业发展。

2. 创意设计业引领文化创意产业升级发展

创意设计业主要从文化资源和创意要素获取价值，驱动文化与其他产业打破限制相互融合，是加快产业升级、优化经济增长动力的重要突破口。2019年，创意设计业实现增加值282.9亿元，占成都市文化创意产业增加值的19.4%，同比增长23.2%，拉动成都市文化创意产业增加值增长4.5%，对增加值增长的贡献率达到18.6%。

3. 教育咨询业释放支柱行业动能

作为成都市文化创意产业八大重点行业之一的教育咨询业，2019年实现增加值193.9亿元，排名从2018年的第五名上升至2019年的第三名，同比增长62.5%，增速居于行业之首，拉动文化创意产业增加值增长6.4%，对增加值增长的贡献率达到26.0%（见图1）。

（三）文化创意产业吸纳就业成效明显

文化创意产业的壮大在促进地区经济繁荣发展的同时，还提供大量新增就业机会，扩大社会就业面，在维护社会安定方面发挥积极作用。2019年，成都市文化创意产业就业人员108.8万人，同比增长3.9%，增速比全社会

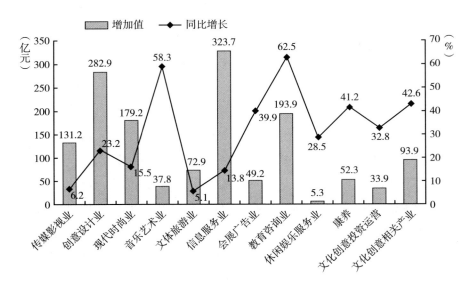

图1　2019年成都市文化创意产业各行业增加值情况

从业人员高0.7个百分点；文化创意产业从业人员占全社会从业人员总数的11.3%，高于同期文化创意产业增加值GDP占比2.7个百分点。其中标准以上（含规模以上）文化创意产业法人单位吸纳就业人员62.3万人，同比增长10.5%，平均每个法人单位拥有从业人员94人，比2018年增加8人，同比增长9.3%。

（四）近郊区域文化创意产业发力追赶

分区域看，2019年成都市近郊区文化创意产业实现营业收入795.0亿元，同比增长15.9%，实现增加值197.3亿元，同比增长28.8%，吸纳就业人员19.1万人，同比增长25.0%；中心城区实现营业收入5553.7亿元，同比增长29.4%，实现增加值1262.5亿元，同比增长23.8%，吸纳就业人员89.7万人，同比基本持平。近郊区增加值增速比中心城区高5个百分点，增加值占比较上年提高0.5个百分点，且为成都市文化创意产业就业贡献全部增量。

（五）减税降费效应显现

减税降费对降低市场主体税负，激发市场活力和产业发展动力具有重要作用。2019 年，成都市规模以上文化创意企业实现应交增值税 78.9 亿元，较上年减少 16.6 亿元，同比下降 17.4%。

分行业类型看，规模以上文化创意制造业减税效果明显，2019 年规模以上文化创意制造业实现应交增值税 17.4 亿元，同比下降 38.1%；规模以上文化创意服务业实现应交增值税 46.9 亿元，同比下降 10.6%，规模以上文化创意批发和零售业实现应交增值税 10.5 亿元，同比下降 6.6%。分规模看，大型规模以上文化创意企业实现应交增值税 43.7 亿元，同比下降 20.3%；中型规模以上文化创意企业实现应交增值税 20 亿元，同比下降 18.7%；小型规模以上文化创意企业实现应交增值税 14.4 亿元，同比下降 6.6%。

二　应关注的问题

（一）文化创意服务业增加值占比下降

分行业类型看，文化创意服务业和制造业是成都市文化创意产业的主体。2019 年标准以上（含规模以上）文化创意产业法人单位数据显示（见图 2），文化创意服务业实现增加值 711.2 亿元，占标准以上文化创意产业增加值的 63.6%，同比增长 6.2%；文化创意制造业实现增加值 266.6 亿元，占标准以上文化创意产业增加值的 23.9%，同比增长 23.3%。文化创意服务业增加值增速比文化创意制造业低 17.1 个百分点，占比较 2018 年下降 2.8 个百分点。

（二）不同行业就业吸纳能力存在较大差距

不同文化创意行业因其行业特点和所处发展水平各异，对就业的吸纳能力存在较大差距。分文化创意大类看，在标准以上文化创意法人单位中吸纳

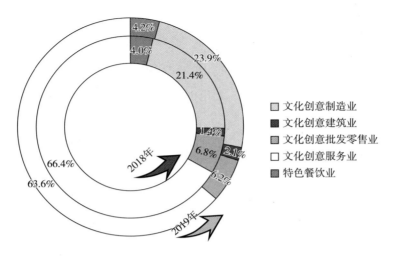

图2　标准以上文化创意产业增加值构成

就业人员超过 10 万人的行业有两个，分别是现代时尚业（13.6 万人）、创意设计业（10.4 万人）；休闲娱乐服务业从业人员最少，为 0.3 万人。从单位平均从业人员数量看，超过 100 人的行业仅有 3 个，其中传媒影视业最高，为 157 人，不足 50 人的行业有 3 个，其中会展广告业最低，为 29 人。

（三）居民文化消费水平持续下降

居民人均文化娱乐消费支出连续两年呈现高速下滑态势。2019 年成都市居民用于文化娱乐的人均消费支出为 1205.5 元，同比下降 11.3%，降幅较 2018 年收窄 0.7 个百分点，文化娱乐消费占居民人均消费支出的比重为 4.6%，比 2018 年下降 1.1 个百分点，占比连续两年下降超过 1 个百分点。

农村居民人均文化娱乐消费支出下降幅度增大。2019 年，农村居民人均文化娱乐消费支出 560.1 元，同比减少 32.6 元，下降 5.5%，下滑幅度较 2018 年增加 2.2 个百分点，占农村居民人均消费支出的比重为 3.2%，较 2018 年下降 0.5 个百分点；城镇居民人均文化娱乐消费支出 1477.2 元，同比减少 210.2 元，下降 12.5%，下滑幅度较 2018 年收窄 1.2 个百分点，占城镇居民人均消费支出的比重为 5.0%。

居民人均文化娱乐消费支出项目由 2018 年的两升一降转变为 2019 年的两降一升。文娱耐用消费品支出 143.3 元，同比下降 22.8%，增速较 2018 年回落 52.3 个百分点；其他文娱用品支出 256.6 元，同比增长 0.2%，增速较 2018 年回落 38.9 个百分点；文化娱乐服务支出 805.6 元，同比下降 12.2%，降幅较 2018 年收窄 12.4 个百分点。

（四）传统行业亟须转型升级，朝阳行业潜能待激活

从文化创意产业大类看，传媒影视业（包括出版和广播电视电影服务等）作为成都市文化创意产业五大支柱行业（增加值超百亿元）之一，2019 年实现增加值 131.2 亿元，同比增长 6.2%，比全市文化创意产业增加值平均增速低 18.3 个百分点。传统文化创意产业发展缓慢，转型升级迫在眉睫。2019 年，文体旅游业实现增加值 72.9 亿元，同比增长 5.2%，增加值占全市文化创意产业的比重仅为 5%，较 2018 年下降 0.9 个百分点，文化和旅游的协同共生、聚合效应尚未显现。

（五）近郊区域需加快文化创意产业结构调整

分区域看，近郊区域文化创意产业仍处于以文化创意制造业为主导的发展阶段。2019 年，近郊区域标准以上文化创意制造业、文化创意服务业、文化创意批发零售业分别实现增加值 89.9 亿元、38.4 亿元、10.1 亿元，三个行业增加值比例比值为 58.1：24.8：6.5；与此同时，中心城区标准以上文化创意制造业、文化创意服务业、文化创意批发零售业分别实现增加值 176.7 亿元、672.9 亿元、59.3 亿元，三个行业增加值比例为 18.3：69.9：6.2。

三 对策建议

（一）构建现代文创产业发展体系

建设文创金融中心城市，形成文创金融支撑，充分释放文创企业债权融

资风险补偿资金池的扩大效应，发挥好成都文创产业发展投资基金、"文创通"的引导支撑作用。构建全媒体、网络化、数字化的文创产业品牌推广平台，提升"天府文创云"、文创项目路演能级，重点强化具有较强的文化标识、精神标识的文化创意 IP，具有吸引力和影响力的重大文化事件、人物、遗存，具有一定的文化产业规模和实力的园区、企业、产品推介。建立成都市文创产业重点项目库和重点企业库，实行动态化管理，及时快速掌握重点项目（企业）建设和推进情况。实施数字文创腾飞计划，促进文博非遗资源与创意设计、旅游、影视等产业深度融合，打造具有国际影响力的数字内容产业中心。

（二）融合发展促进传统行业升级

拓展"文创＋"新思维，推动文化创意产业内涵深化整合、外延融合带动，促进文化创意产业新技术、新业态、新模式发展。传统文化是动漫开发中重要的资源，动漫是文化输出的重要载体，推动传统文化动漫化，以文化植入改造提升传统产业，提升文化创意产业价值链，把文化资源优势转化为发展优势。依据成都重大历史典故、代表性历史遗迹进行再创造，高质量打造体系化、系列化、主题化动漫影视作品。高水平举办世界文化名城论坛·天府论坛、中国网络视听大会等重大节会品牌活动，诠释好成都生活美学，提升世界文创名城建设的国际知名度、显示度、美誉度。

（三）"科技＋"释放文化消费潜能

近年来，居民文化消费支出增长动力明显不足。随着文化内容体验消费的不断提升，文化艺术种类的丰富程度、资源获取的快捷程度、形式的新颖程度等领域的创新成为文化消费供给侧改革的突破口。推进"互联网＋""科技＋"与文化有机融合，以 5G 技术为支撑，推广 VR、AR、全息等硬核科技的应用，加快文化资源数字化和网络化进程，让文化艺术体验实现由现场到线上的转变，破除文化消费壁垒，实现文化资源向经济价值加速转换。

（四）深化产教融合，推进校企合作

根据不同行业特点和发展水平，制定文化创意产业相关政策，加大对小微文化创意企业的扶持力度，提高小微企业对人才吸引力，助力企业培育壮大，进一步发挥小微文化创意企业就业"蓄水池"作用。加强与国内外著名学术机构、科研院校的产业联盟战略合作，鼓励在蓉文化创意企业与四川大学、电子科技大学等院校建立产教融合联盟，协同产业资源广泛开展校企合作，通过"专业＋产业""教学＋研发""培养＋就业"等，推进产业发展和人才培养各个环节的有机衔接，形成企业和高校"共建共享、互利共赢"机制。

专题篇

Special Research

B.3

5G时代成都文创弯道超车的
优势分析与路径探讨

蔡尚伟　刘　果*

摘　要：　本报告主要采用实地调研和面对面访谈的方法进行研究。经研
究发现，在5G技术发展背景下，就经济、政治、人才教育、
科研实力等维度而言，成都已然具备了文创弯道超车的必备硬
件基础条件；同时，成都诸多文化资源的加持更为人才进行文
化创作提供灵感源泉。本报告认为，5G技术应用于文创，将
会对文创内容的传播与接收方式，成都文创格局和运营与管理
模式，成都城市文化中非物质文化遗产活化展现等产生影响，
因此实现成都文创弯道超车并非仅仅依靠文创内容本身，更要
搭载技术的快车去实现文创内容的价值最大化。

* 蔡尚伟，四川大学文化产业研究中心主任、教授；刘果，四川大学文化产业研究中心研究助理。

关键词： 5G 时代　文创产业　成都　文化软实力

自从 2009 年中国第一部文化产业专项规划——《文化产业振兴规划》发布以来，文创产业越来越成为城市经济转型和增长的重要动力。成都 2017 年文创关注度位居全国城市第三，仅次于北京和上海，被称为"中国文创第三城"。2017 年以来，成都文创关注度以 27.24% 的增速力压北京、上海、广州、天津、重庆，位居六大国家区域中心城市之首。① 随着 5G 时代的全面来临，成都文创会做出怎样的转型，让人拭目以待。

5G 改变社会。5G 即第五代通信技术，1G 时代只能语音传输，2G 时代手机能上网，3G 时代能够随时随地无线上网，4G 时代比拨号上网快 2000 倍，而 5G 时代则是万物互联的时代，峰值速率高达 20Gb/s，是 4G 网络传输速度的 100 倍，空口时延小于 1ms，可支持每小时 500km 以上的移动速度，并且具有高速度低时延、大容量大连接、高质量高智能、低功耗低价格的特点。除了实现人与人之间的连接，还实现人与物、物与物之间的连接，实现真正的万物互联。另外，5G 可应用于智慧能源、智能电网、车联网等城市基础建设上，智能穿戴、自动驾驶、智慧家居、5G + VR 社交等城市生活上，以及智慧医疗、智慧教育等城市民生上等。

一　5G 时代成都文创弯道超车的基础条件和技术探索

（一）5G 时代成都文创发展的基础条件

1. 成都政府制定战略与规划

在 5G 发展的战略与规划方面，2015 年四川省人民政府发布《中国制造 2025 四川行动计划》，提出以制造业作为突破口进行科技提升；2018 年 3

---

① 王嘉、刘阳：《成都成为"中国文创第三城"》，《成都日报》2017 年 10 月 14 日。

月，成都市经信委、市新经济委、市发改委、市科技局等部门联合印发《成都市推进数字经济发展实施方案》，积极鼓励互联网时代成都市各行业抓住机遇加强自身发展；2019 年 1 月，成都市政府办公厅发布《成都市促进 5G 产业加快发展的若干政策措施》，第一次将 5G 发展以文本形式提出；同年 2 月，成都市 5G 产业发展领导小组办公室印发《成都市 5G 产业发展规划纲要》。

在文创发展的战略与规划上，2018 年成都市委、市政府正式印发了《建设西部文创中心行动计划（2017～2022 年)》和《成都市促进西部文创中心建设若干政策》，为成都文创整体发展做出规划，按照"一年全面启动、三年跨越发展、五年基本建成"的总体要求，争取在 5 年内建成全国重要的文创中心。

2. 经济发达

经济发展水平是检验一个城市发展最新科技能力的重要指标。成都自古便是中国西南地区的金融和商贸重镇，更是海上丝绸之路和陆上丝绸之路的重要交通枢纽。1993 年被国务院确定为西南地区的科技、商贸、金融中心和交通、通信枢纽。截至 2019 年，实现地区生产总值 1.70 万亿元，同比增长 7.8%，总量居全国城市第 7 名，名次较上年上升 1 名，全社会固定资产投资增长 10%，社会消费品零售总额增长 9.9%，一般公共预算收入同口径增长 7.9%，城乡居民人均可支配收入分别增长 8.9%、10%。2019 年 1～5月，成都完成固定资产投资 3593.8 亿元，同比增长 9.0%，增速高于全国3.4 个百分点、全省 1.2 个百分点，其中第三产业投资增长 11.6%。成都早已在 2016 年完成民间投资 4643.0 亿元，增速同比提高 8.9%，比全国、全省分别高 10.6%、8.9%。[①] 除此之外，成都的商业综合体数量居全国第一，拥有春熙路、骡马市、盐市口等市区商圈，双楠、红牌楼等区域商圈等，琴台路、宽窄巷子、文殊坊、锦里等民俗文化风情街，以及送仙桥古玩市场、磨子桥电子产品市场等商区，都为成都文创可持续发展提供了强大的经济支持。

---

① 成都市人民政府研究室：《2020 年成都市人民政府工作报告》，2020 年。

3. 产业基础牢

成都电子工业发展历史悠久。始建于 1958 年的红光电子管厂（现为"东郊记忆"），是国内第一家也是最大的综合性电子束管骨干企业，是我国显像管行业的母厂，更是我国军用电子束管玻壳生产的最大基地，业内有"北有首钢，南有红光"的美谈。成都被国家列为首批"三网融合"示范城市，更是全国首批双创示范基地。二十世纪八九十年代，"成都科技一条街"是仅次于北京中关村的全国第二大电脑市场，形成了以成都磨子桥和跳伞塔为中心的科技大市场，并快速建成了十五大电脑商城，汇集了 2000 多家软件开发、经营电脑及相关产品的企业，总营业额达 100 亿元以上。[①] 成都拥有全国四大平板显示产业集群之一，拥有川大智胜之类的在航空管制系统、空管仿真与模拟训练系统、视觉合成系统、地面智能交通管理、三维测量与人脸识别应用、全景互动文化科技展示等方面取得了丰硕成果的集产学研于一体的科技型公司。如今成都高新区天府软件园是中国最大的专业软件园区。截至 2019 年 6 月底，成都市入库国家科技型中小企业 3107 家，较上年同期增加 726 家。以上都为 5G 时代成都在文创方面弯道超车提供了基础技术优势。[②]

4. 教育和科研实力雄厚

5G 时代成都文创发展具有以下比较优势。一是成都国际影响力较强，截至 2019 年 10 月，世界 500 强企业在蓉落户总数由 2018 年的 285 家增加到 296 家，数量创历史新高。同时，国际友城和友好合作关系城市已经达到 93 个。[③] 二是人才优势，研发实力雄厚。有四川大学、电子科技大学、西南交通大学等 56 所高校。2018 年 4 月，电子科技大学的张净植及其团队研发出 5G"通用芯片"，解决了不同国家划分的 5G 通信频段各不相同问题，论文入选 ISSCC 并获大奖。也有电信科学技术第五研究所、中电十所、中电三

① 《成都的"中关村电子一条街"》，《华西都市报》2000 年 10 月 14 日。
② 《成都 2019 上半年科技创新发展运行情况出炉》，《华西都市报》2019 年 8 月 20 日。
③ 张林：《新增 4 家达到 285 家 在蓉落户世界 500 强企业数量创历史新高》，《成都日报》2018 年 9 月 25 日。

十所等科研院所，大唐、华为、中兴、四川电信、四川移动、爱立信等企业。有高校、科研院所及企业共三个层面的研究平台，5G 研发梯队完备，研究实力雄厚，在国内处于领先地位。三是产业基础牢固。PSI、中芯国际、德州仪器、展讯、格罗方德等百余家集成电路企业在成都聚集，其规模和技术居中西部领先水平。四川拥有全国四大平板显示产业集群之一，不仅有京东方、深天马、中电熊猫、中光电等知名显示屏制造企业，还有戴尔、联想、纬创、富士康、TCL 等大型终端应用企业，而这些企业大多集中在成都。四是市场空间大，城市人口多，辐射范围广。成都管理人口已超过2000 万，成为超过 3.5 亿人口的西部 12 省（区、市）发展腹地，社会消费品零售规模超过 1 万亿元。[①] 五是营商环境优越。在全国同类城市中审批事项最少、审批效率最高，被世界银行评为"中国内陆投资环境标杆城市"。

（二）5G 时代成都文创发展的技术探索

1. 中国三大电信运营商纷纷进行5G 覆盖

2015 年，中国移动在电子科技大学进行 5G 外场实验；2017 年，在成都开通了首个双 5G 示范区基站；2017 年 3 月，发布《关于共同推动 5G 联合创新和产业发展的框架协议》；2018 年 5 月，四川移动高升桥营业厅开通了首个 5G 基站；2018 年 8 月，在成都推出 5G 业务示范网；2018 年 9 月 28日，中国移动设立西部首个面向数字化服务的专业研发机构——中国移动（成都）产业研究院；2018 年 11 月 27 日，远洋太古里建立全国首个 5G 商业示范街区；2019 年 1 月 5 日，全国首个 5G 地铁站（地铁 10 号线太平园站）在成都开通。中国移动在成都开通的 5G 网络区域有远洋太古里、天府软件园、中国移动高升桥营业厅、天府新区兴隆湖、大熊猫繁育研究基地等。中国移动宣布 2019 年将实现成都主城区 5G 全覆盖。

2018 年 9 月 29 日，中国联通 5G（成都）创新中心成立；2019 年 11 月29 日，联通（四川）产业互联网有限公司正式揭牌；四川联通已在西部博

---

① 范锐平：《成都："万亿之城"的新机遇》，《成都日报》2018 年 4 月 17 日。

览城、太古里等区域成功实现了 5G 商用验证。2019 年 3 月 26 日，活水公园与中国联通联手实现首艘 5G 智能无人船下水，开启成都"智慧水务"时代。

2017 年 12 月，中国电信四川公司在成都率先开通了川内首个 5G 试点基站，并完成了单站条件下的 5G 网络相关测试；2018 年 8 月，四川电信开通了西部首个基于国际标准的多基站小规模 5G 实验网络，标志着四川省迈出了 5G 连续组网里程碑意义的一步。

2. 企业也进行5G 相关方面探索

成都的部分企业在 5G 发展方面也做了不少探索和实践。成都天府国际机场率先开展 5G 网络商用示范。2019 年 3 月 23 日，通威太阳能（成都）有限公司四期 3.8GW 高效晶硅电池生产项目开工，并于同年 11 月 18 日正式投产，意味着通威太阳能成为全球首个 10GW 电池基地。

成都除三大电信运营商和企业外，在 5G 通信产业方面也有自己的发展特点。从产业基础来看，成都市 5G 产业发展比较均衡。从产业规模来看，成都市可依托高新区、天府新区等多个产业园区，为 5G 发展提供较为健全的产业链。成都在天府新区科学城规划了约 5 平方公里的"天府无线谷"，积极推动中国移动（四川）5G 联合创新中心落地建设。无论是中国三大电信运营商还是成都企业在 5G 方面所做的探索，都成为成都在 5G 方面进一步发展的坚实基础，也为成都文创在 5G 时代的发展提供了技术基础。

二 5G 时代成都文创弯道超车的优势条件和重点发展领域

（一）5G 时代成都文创弯道超车的优势条件

四川省中国文化产业生产力指数位居全国第五，四川省高居西部省市文化产业发展综合指数榜首位。2018 年成都市文创产业增加值超过 1129.0 亿元，占地区生产总值的比重为 7.4%。① 根据《2018 成都文创指数》可知，成都以 28.94% 的增速稳居全国第一，在中国城市文化创意指数排行榜中排第十位。

1. 独有的天府文化资源

底蕴深厚的文化资源是 5G 时代成都文创发展的重要题材来源。美食是成都独特的文化名片，2010 年成都被联合国教科文组织授予"美食之都"称号，是亚洲首个获此殊荣的城市，成都正逐步成为全球最重要的美食中心，有"食在四川，味在成都"的美誉。川菜文化历史悠久，源远流长，川菜拥有上百种烹调方法，经历 3000 余年的演进、改良，形成了取材广泛、调味多变、菜式适应性强等主要特征，素有"一菜一格，百菜百味"之誉，成为中国饮食文化四大主要流派之一。

熊猫文化是成都最具代表性的城市名片，全世界仅此一城。大熊猫除了在国内广受欢迎外，对外也成为国际友好交往的纽带。2013 年彭丽媛将一幅"梅花双熊"的蜀绣作品作为国礼赠送给坦桑尼亚妇女与发展基金会，这幅蜀绣的主图案就是两只憨萌十足的大熊猫，象征着我国和平友善、开放包容的外交精神。

四大名绣之一的蜀绣则是成都最具地域色彩的城市名片。蜀绣起源于成都市安靖街道，如今已拥有超过 2000 年的发展历史，是蜀绣人坚韧不拔精神的写照，代表巴蜀地区刺绣技艺的最高水平，包含蜀人自古以来对"美"的精神追求，同时蕴含着蜀人对历史长河中蜀绣繁盛的怀恋。《蜀都赋》中"挥肱织锦""展帛刺绣"体现了当时蜀绣产业的兴盛，"若挥锦布绣，望芒兮无幅"高度赞扬了蜀绣的精湛技艺，西汉末蜀地已经"女工之业，覆衣天下"，成为全国名副其实的"锦绣之都"。

三国文化也是成都较为深厚的城市名片。成都作为三国时期蜀汉政权所在地，是三国"故事"的中心地，有三国文化遗址 46 处，遗址遗迹广泛分布在 16 个区（市）县及天府新区。成都因武侯祠这一三国文化核心资源，

---

① 《2018 年成都市国民经济和社会发展统计公报》，《成都日报》2019 年 3 月 31 日。

享有"三国圣地"的美誉。

另外，成都的休闲文化也令人向往。成都有近 1 万家茶馆、3463 家书店、2078 家酒吧，数量在全国分别位列第一、第二、第三，并曾荣获"2017 年书店之都"名号。书店能体现一座城市的阅读氛围和文化指数，酒吧能够衡量和探测一座城市的夜生活时尚浓度，而深入市井生活，则是成都的文化特色。

2. 传媒影视领域活跃

成都目前已经初步形成传媒、文博旅游、创意设计、演艺娱乐、文学与艺术品原创、动漫游戏和出版发行等行业快速发展的格局，是国家级文化和科技融合示范基地，是"全国动漫游戏第四城"和"中国手游第三城"。成都拥有《华西都市报》《成都商报》《天府早报》等纸质媒体，其中《华西都市报》是 1995 年出版的"中国第一张都市报"，开启了中国报业的"都市报时代"。成都在演出市场、电影票房等文创领域的实力也不容小觑。成都市文广新局最新数据显示，2017 年成都市场化、产业化音乐节、演唱会票房突破 4 亿元，演出市场票房同比增长 100%，这是继 2007 年成都演出市场复苏，2011 年达高峰后的再创新高。《强影之路——中国电影产业供给侧改革白皮书》指出，从 2016 年开始，上海超越北京，成为全国最大的票房城市，北京、广州、深圳紧随其后，而成都则连续五年排名第五，领衔新一线城市。

3. 时尚资源丰富

成都在 2016 年和 2018 年分别被称作"中国时尚第三城"和"中国最时尚的城市"，并与上海、北京、杭州并称"中国四大时尚之都"，已逐渐成为中国时尚发展的风向标，且依托地域特征形成川派时尚文化。国际一线奢侈品牌将成都视作布局北京、上海后市场拓展的"第三城"。近年来，国内的奢侈品销售不景气令内地大多数的高端商场遭受打击，但作为新一线城市的成都，在奢侈品消费力上已表现出甚至局部超越一线城市的水平，实际上，成都已成为国内增长最快的奢侈品消费市场。据时尚头条网数据，在成都全球五大奢侈品牌——LV、爱马仕、PRADA、GUCCI 以及 CHANEL 的店铺数量已超过 10 家，已远远超过重庆、深圳等城市。另外，得益于底蕴厚重的天府文化，成都在经济高速发展与生活时尚优雅中找到了新的平衡点，即同时位居商业魅力新一线城市榜首和中国最具幸福感城市榜首。成都太古里堪称"国际顶级街区"的后起之秀，繁华的成都太古里是时尚名品聚集之地，在太古里的负一楼有一处爱书人的栖息之所、时尚人士的打卡胜地——方所。2014 年，有"地下藏书阁"之称的方所入驻成都，让成都人感受到书店也是可以集文化与时尚于一体的。这样的文创融入让商业街区成为一大文化地标。

4. 对外开放程度高

全球知名城市评级机构（GaWC）发布的《世界城市评级报告》指出，成都在实力上已迈入世界城市 100 强。近年来，成都一直致力于加强对外宣传、扩大国际交流，成功塑造了城市形象，提高国际知名度，被世界旅游组织评为中国最佳旅游城市。2011 年、2013 年和 2017 年，成都形象宣传片三次在被称为"世界十字路口"的纽约时报广场上映，在年均 5 亿人流量的世界繁华商区展示成都的城市风貌和发展成就。成都是我国第五个加入世界文化名城论坛的城市，标志着成都在全面形成开放新格局的道路上迈出了重要一步。成都与其他世界文化名城早已展开了积极的国际交流与合作，如成都与维也纳、伦敦金融城、莫斯科、纽约、洛杉矶、蒙特利尔、悉尼等众多世界文化名城论坛会员城市建立了友好合作关系，与巴黎、莫斯科、维也纳、悉尼、纽约等过半会员城市有直飞航线。"2018 世界文化名城天府论坛"召开，34 个世界文化名城首次在成都聚首，围绕"文化创意促进城市发展""时尚产业发展与城市品牌"两个主题进行研讨。论坛为参会的各大城市带来更为广泛、深入的交流与合作，为天府文化走向世界搭建全球交流平台，提升成都对内、对外"双向开放"水平和国际交往便利度、交流合作紧密度。

（二）5G 时代成都文创弯道超车的重点领域

成都发展文创的雄心不仅在于以上所述领域，5G 带来的技术变革使成都文创未来发展的空间更加广阔，在以下重点领域要着重采取措施。

传媒影视业方面，5G时代的媒体行业应该注意以下趋势：一是由"移动优先"变成"移动唯一"，想要有影响力、吸引力，必须抓住移动端；二是短视频将更多应用于新闻传播，"无视频不新闻"是趋势所在；三是版权将成为媒体核心竞争力。成都是互联网影视产业重镇、中国网络视听内容生产交易中心和全国传媒重镇。2018年12月，成都高新区与中国网络视听节目服务协会、成都市广播电视台共同签署"网络视听产业基地战略合作协议"，着力打造网络视听产业基地；2019年3月，成都市郫都区在成都科技影视文创产业功能区举行第一季度项目集中签约暨摄影棚群落建设启动仪式，着力打造世界级影视时尚艺术产业生态圈。

创意设计业方面，成都打造绿色环保设计之城，最终目标是建成国际创意设计高地。在此以崇州县的道明竹编为例，竹艺村开放后，便成为成都乡村中的"网红"，除了带来络绎不绝的旅游人群外，更多的是激发了其余乡村进行自我创造的信心，使它们纷纷立足于自身优势挖掘潜力，更多的乡村"网红"得以出现。除此之外，成都创意设计周作为成都文创与产业融合的重要探索，为各界有创意想法的人才和团队提供平台和思想集聚地。

现代时尚业方面，成都着力打造国际时尚之都，吸引全球的时尚资源前来入驻。除前文提到的丰富的时尚资源，截至目前，成都还举办过成都国际时装周、世界城市时尚之夜、BAZAAR 150周年时尚艺术大展、中国（成都）国际时尚服装展览会、成都时尚产业论坛等高水准时尚活动。音乐艺术业方面，成都现阶段已经是国际音乐之都、世界非遗之都、中国艺术品交易中心。

文体旅游业方面，成都作为世界旅游名城、世界赛事名城，自带休闲旅游的基因。2019年元宵节晚间，利亚德集团励丰文化、利亚德集团普瑞照明等团队共同参与打造的成都"夜游锦江"活动广受好评。成都仅在2019年一年内就举办过成都网球公开赛、国际自行车联盟都市自行车世界锦标赛、FISE世界极限运动巡回赛、"熊猫杯"国际青年足球锦标赛等21项国际体育赛事。成都未来着力打造中国博物馆之都、中国书香第一城。

三 5G对未来成都文创的影响与弯道超车对策

（一）5G对未来成都文创的影响

1. 5G对文创内容的影响

5G对文创内容的影响主要体现在以下四个方面。一是对文创成果传播、接收的影响。5G时代就是技术驱动带来万物皆媒、万物皆渠道的时代，其网络泛在性、传播速度快的特点必定能够满足文创传播者和接收者随时随地传播、接收的需求。二是对受众消费或体验的影响。5G带来的技术革新使AR、VR、MR等产品功能或360°沉浸技术愈加成熟，"5G+4K/8K+VR/AR/MR+AI"会使受众置身于智能化沉浸式的体验环境中，全方位无死角对文创成果进行感受，本质上增强受众体验感，使受众能够全身心沉浸其中，置身于媒体现场，感受影视剧中人物的喜怒哀乐，"亲身经历"文创产品制作全过程，远程参与时尚、赛事或展览活动，接受旅游景区全方位智能化服务等。三是对文创主体创作、生产的影响。随着消费的不断升级，5G时代消费者愈加挑剔，技术发展为消费者带来的强体验需求倒逼创作群体进行文创新形式的尝试和质量的整体提升，促使高品质文创大批量涌现。四是对文创产业和文创生态的影响。5G技术必定带来行业翻天覆地的变化，为文创做传播辅助的广告传媒领域首先会受到影响，以内容为核心的"平台+技术+内容+垂直精细化运作"的文创生态将成常态，同时相应文化管理制度需要制定，文化企业也会面临诸如IP侵权等方面的经营挑战。

2. 5G对成都文创格局的影响

一是会改变成都文创的运营模式。5G时代下，智慧旅游、智慧物流、远程会展、智慧金融等城市服务会成为常态，文创主要会从公共服务和市场运营两大方面最大限度地激发文化、体育、商业、旅游平台的经济社会效益，会形成文、体、商、旅多业态、多产业融合的文创格局，VR/AR技术会使四者同处于一个文创情境中，在一定程度上会延长文创产业链，通过受众的深度体验增加赢利点。二是成都也会进行自身定位转型，有自身文创资源的加持，会逐渐从自古"俗好娱乐"向"世界娱乐策源地"的形象转变，使人们踏进成都后会吃、会喝、会玩。三是整个成都文创界的管理模式会发生变化。5G 时代出现的文创方面的各种乱象，会对管理造成极大挑战，如版权纷争、偷窥隐私、经济纠纷等，成都政府、企业的管理层必定会探索出一条 5G 加持下的全新文创管理模式。

3. 5G 对文化遗产的影响

5G 对城市文化的影响最显著的在于文化遗产领域，5G 会使静态文化遗产活态化。对于锦里、宽窄巷子、九眼桥之类的物质文化遗产，在游客参观过程中以空中电子屏的形式呈现具体部分历史故事，一方面增加旅游的趣味性；另一方面重新唤醒静态化物质文化遗产历史基因，使其真正融合当下时代。针对蜀绣之类的非物质文化遗产，除了活态化展现蜀绣历史，更要用虚拟技术模拟出整个蜀绣的绣制过程，或让参观者或学习者亲身参与到绣制过程中，使其清晰了解蜀绣基因并且能够获得远程学习的效果。智慧博物馆使上千年的文化不再是静躺在博物馆的文物，通过 VR/AR 技术加持会唤醒其内在基因，"回到"文物所在年代，使参观者或学习者真正体验到当时文化产生的社会背景和社会作用，从而真正并且全面了解历史。

（二）成都文创弯道超车的对策

1. 推动在蓉高校深度参与 5G 技术及 5G 文创研究，提高成都 5G 影响力

推动四川大学、电子科技大学等在蓉高校积极与北航、北邮等外地高校合作形成"5G 高校联盟"，共同推动 5G 发展。2019 年 9 月，中国移动通信集团有限公司与四川大学在四川成都举行战略合作框架协议签约仪式，双方将围绕 5G 智慧医院、5G 智慧高校、联合科研创新等方面展开更深层次和更广范围的合作。但是目前并未有成都高校与其他地区高校进行 5G 合作的案例。2019 年 4 月，以"5G 时代的城市竞争力与城市发展新动能——文创 + 科创"为主题的 2019 天府文创产业论坛在天府新区秦皇假日酒店隆重举行，深入探讨了 5G 时代成都文创产业面临的机遇和发展趋势，这为成都将来举

办更多的类似活动提供了样本基础，但是相关方面的学术成果缺乏，只是零零散散的学者言论，学术影响力缺乏，因此这都是以后成都发展文创要着重注意的方面。

2. 引进世界顶级企业，培育在蓉5G文创独角兽企业，提高产业竞争力

成都必须利用好前文提到的自身技术和文化资源方面的优势，加上成都国际化程度越来越高，可在5G文创领域抢占制高点，通过政策和资源优势吸引海内外科技企业和文化企业入驻，因地制宜地培育引领世界潮流的5G文创独角兽企业。一方面证明成都自身不断由休闲城市转型为高科技文化休闲城市；另一方面进一步提高成都自身综合实力，增强其在国际城市中的影响力。

3. 建设一批5G文创示范区，引领全域发展

如借助武侯区丰富的文化资源建立5G文创示范区，深度挖掘锦里、武侯祠等文化资源。江安河公园、中国女鞋之都、天艺国际浓园旅游艺术村等文旅项目，西部智谷、西部影视旅游景区等在5G时代可以呈现新形式、新产品链、新型运营模式。若试点成功，成都其他区域可以借鉴武侯区文创的发展方式进行自我文化挖掘，寻求5G时代文创发展新机遇。

4. 着眼更长远的信息技术变革进行战略性学术与产业布局

要时刻秉承危机意识和眼界的长远性，若要一直占据科技引领文创发展领域的制高点，则必须首先紧跟6G研发和教育，电子科技大学目前已经着手6G的研究，这为成都未来科技及文创发展提供了一个好的开端。先锋型企业或组织要在了解6G基本特性和功能点之后，尝试快速找到与文创领域相结合的切入点并将其应用于文创领域，探索出新时代的文创运营模式。整个过程层层递进，学界要紧跟业界发展变化甚至要超越业界的科技文创发展，为未来的文创发展出谋划策。

"成都模式"也已逐渐成为西部各地区发展5G产业的标杆，成都在发展5G方面走在全国前列，其西南地区科技中心、全国软件名城的基础优势条件，为5G产业提供了诸多便利条件和支撑；中国移动、中国联通、中国电信均将成都列为5G发展的第一批试点城市。同时成都在智慧城市发展方

面一直处于全国排头兵的位置。从基础设施、公共服务到市政实务，成都市早已建立了一套属于本地的智慧体系。另外，成都作为国家中心城市之一，在文化和创意资源禀赋上有一定的优势，源源不断的网红爆款是最好的证明。因此，5G 时代，成都文创会依托其开放的政策优势、发达的经济、丰富的天府文化资源、强劲的教育和科研实力、雄厚的产业技术基础等条件，成为科技文创的引领者，成都更会成为国际科技文化城市中不可缺少的一分子。

参考文献

孙芳泽、郭燕：《跨界联姻：5G 时代数字文化产业的创新思路》，《传媒》2020 年第 10 期。

成都市人民政府研究室：《2020 年成都市人民政府工作报告》，2020 年。

成都市人民政府研究室：《2019 年成都市人民政府工作报告》，2019 年。

《范锐平在成都市世界文化名城建设大会上强调 弘扬中华文明 发展天府文化 努力把成都建设成为独具人文魅力的世界文化名城》，《成都日报》2018 年 9 月 26 日。

《范锐平同志在中国共产党成都市第十三次代表大会上的报告》，《成都日报》2017 年 5 月 12 日。

范锐平：《让城市闪耀人文光辉》，《人民日报》2016 年 6 月 2 日。

B.4
世界文化创意产业发展的
新趋势与新理论

邓智团　彭都君　陈玉娇*

摘　要： 进入 21 世纪以来，党中央十分重视文化创意产业的发展，提出要将文化创意产业建设成为国民经济的支柱性产业。文化创意产业不仅是国家经济增长的新动力，也是展现国家软实力的重要层面。文化创意产业已经逐渐成为世界各国博弈的新领域。随着文化创意产业的迅速发展，全球文化创意产业服务占比不断提高，整体呈现数字化发展趋势，同时全球南北差异愈加明显。在这种趋势下，我国要采取相应的措施促进自身文化创意产业的发展。

关键词： 文创产业　演化经济地理理论　数字化

近年来，随着国民收入的增加，居民消费水平的不断升级，文化创意产业在促进国家经济发展和提高居民生活水平方面的重要性大大提高。文化创意产业通过提供相关的产品和服务，成为新的推动国民经济增长的驱动要素，也是新经济发展的需要。文化创意产业除了在拉动经济增长上起重要作用外，在当今各国开始将软实力作为竞争目标的时代，在文化传播以及社会价值观塑造等上层建筑领域具有特殊的影响力。经济价值和文化价值

---

* 邓智团，上海社会科学院城市与人口发展研究所研究员；彭都君，上海社会科学院城市与人口发展研究所硕士研究生；陈玉娇，复旦大学社会发展与公共政策学院博士研究生。

的双重重要性使文化创意产业在世界各国的发展规划中越来越重要。值得注意的是，文化创意产业不仅包括严格意义上的文化领域，而且还包括以文化创意为核心的具有文化创意产业特征并生产其他非文化性质的商品和服务的行业。

本报告首先对现有的国内外文化创意产业相关研究进行梳理和总结，其次介绍世界文化创意产业发展的相关理论，再对世界文化创意产业的现状、趋势进行探讨，最后对文化创意产业的发展提出结论和启示。

一 文化创意产业概念界定与内涵拓展

（一）文化创意产业概念的演变

对于文化创意产业的定义世界各国没有统一的标准。自 20 世纪 80 年代开始，"文化产业"这个概念广为流传，它被认为是具有象征意义的文化生产方式和消费方式。之后，这一概念被联合国教科文组织逐渐扩大，开始将音乐、艺术、写作、时尚、设计、媒体以及手工艺品生产制作等纳入其中。由首相托尼·布莱尔（Tony Blair）领导的第一届英国新工党政府在 1997 年对"创意产业"一词进行了新的解释：那些发源于个人的创造力、技能和天分，能够通过应用知识产权创造财富和就业机会的产业。[①] 随后，英国政府将文化创意产业的发展列入了国家议程。这个概念随着在英国的流行，又逐步地转移到全球其他国家。英国经济学家霍金斯（Howkins）在《创意经济》（*The Creative Economy*）一书中对创意产业下了一个比较宽泛的定义。他从知识产权的角度指出：创意产业和创意经济是由版权、专利、商标和设计产业这 4 个部分共同组成，而创意产业实际就

---

① 〔美〕E. 卡斯特、E. 罗森茨韦克：《组织与管理：系统方法与权变方法》，傅严、李柱流等译，中国社会科学出版社，2000。

是其产品都在知识产权法保护范围内的部门。① 国内学者金元浦认为，创意产业的提出，首先关注的是创造者的思想，背后的根本点在于当今财富的增长方式已经由过去的以制造业为主的方式，转变成以创意者为主的方式。② 李天铎认为，文化创意产业就是一个生产体系，表意层面涉及文学艺术、历史政治、文化风俗等，实践层面涉及创作、发行、版权、消费以及影视、动漫、音乐、广告等相关产业。③

（二）文化创意产业内涵的拓展

产业结构的讨论也在不断地变化。英国在提出"创意经济"概念时，指出了创意产业涵盖的 13 个产业：广告、建筑、艺术和文物交易、工艺品、设计、时装设计、电影、互动休闲软件、音乐、表演艺术、出版、软件和电视广播。而之后凯夫斯（Caves）从文化经济学的角度，更狭义地将创意产业定义为：提供具有广义文化、艺术或仅仅是娱乐价值的产品和服务的产业，其中包括书刊出版、视觉艺术、表演艺术（戏剧、歌剧、音乐会、舞蹈）、录音制品、电影电视，以及时尚、玩具和游戏。④ 对于文化创意产业的划分，大卫·索斯比（David Throsby）在《经济与文化》（*Economics and Culture*）一书中提出同心圆概念，按照这一概念，音乐、舞蹈、戏剧、文学、视觉艺术和手工艺等创造性艺术处于这一同心圆的核心，围绕着这一核心的是那些既具有上述文化产业特征，同时也生产和提供其他非文化性商品与服务的行业，包括电影、电视、广播、报刊和书籍等行业，而同心圆最外围的行业则是具有文化内容的行业，包括建筑、广告、观光等。⑤ 国内学者王亚川基于核心要素的不同，将文化产业划分为资源型文化产业、制造型文

---

① Howkins, *The Creative Economy: How People Make Money From Ideas*, Allen Lane /Penguin Press, 2001.
② 金元浦：《文化创意产业的多种概念辨析》，《同济大学学报》（社会科学版）2009 年第 1 期。
③ 李天铎：《文化创意产业读本——创意管理与文化经济》，远流出版事业股份有限公司，2013。
④ Caves, R., *Creative Industries: Contracts Between Art and Commerce*, Harvard University Press, 2002.
⑤ David Throsby, *Economics and Culture*, Cambridge University Press, 2001.

化产业和创意型文化产业三种类型，并且提出了文化产业自身结构不断升级的过程是从资源型到制造型进而再到创意型的转变过程。①

二　世界文化创意产业发展的新理论

1. 创意阶层理论

加拿大学者理查德·佛罗里达（Richard Florida）提出创意资本理论，认为3T要素（技术、人才和包容度）理论是影响区域经济发展的重要因素，如果一个国家或地区要想发展创意产业、促进经济增长，必须要满足3T要素理论。创意资本理论认为创意人才是促进区域增长的主要动力，而这就需要为创意人才提供技术支持和包容性的社会环境。

佛罗里达对需要创意的工作者给出一个概念：创意阶层。在这个概念中，所有能够产生新创意、新知识以及新技术的人都属于创意阶层，其中又可以继续细分为"具有特别创造力的核心人员"和"创造性的专门职业人员"两个部分。前者包括科学家、大学教授、作家、诗人、艺术家、设计师等，而后者包括从事金融、法律、高科技等知识密集型行业的从业者。创意阶层的出现代表着社会结构和产业结构的变化，未来也将会对经济发展和社会文化价值产生重要影响。创意阶层作为参与创意和创造类活动的人群，具有更强的灵活性，能够充分发挥个人的创造性。这个新兴阶层在选择工作时，不仅是关注薪资的高低，而且关注工作的价值和意义、公司的区位、周围环境因素等。在生活上，更加偏好于能自主参加的活动，追求实际的体验。随着创意阶层的扩大，这种生活方式和价值取向会逐渐影响城市的发展方向。

创意层级集聚的地方往往也是创新企业集中的社区，而这些地方同时也满足3T要素理论。在实证调查中，区域创新和高科技程度、城市开放和包

---

① 王亚川：《论文化产业内部结构的划分与演进——基于核心要素的视角》，《北京社会科学》2007年第3期。

容程度对创意人群的吸引力有正向影响。

对佛罗里达的理论，不少学者提出了质疑并进行改进。德国学者克劳斯·R·昆兹曼（Klaus R. Kunzmann）指出：创意资本理论的经济潜能被高估了，按照其观点只能称其为区域创新力，而且不具有普遍性。福音派学者约翰·蒙特哥马利（John Montgomery）认为如果城市未来想得到发展，需要更加重视艺术、设计和技术人才，支持当地人才发展创意产业，并提供良好的文化艺术生活和教育等基础服务。[①] 简·雅各布斯（Jane Jacobs）提出了适用于欧洲的新3T要素评价指标体系，选取了更加符合欧洲创意产业发展的要素，通过对欧洲城市的实证检验，新3T模型所选择的方法与区域的经济增长有明显关系，支持了创意经济理论在欧洲的发展。

2. 创新街区理论

2014年，美国布鲁金斯学会（Brookings）发布的《创新街区的崛起：美国创新地理的新趋势》（*The Rise of Innovation Districts: A New Geography of Innovation in America*）里程碑式地提出了"创新街区"（Innovation Districts）[②] 的概念，将其定义为"那些汇聚领先的'锚机构'[③]、企业集群以及初创企业、企业孵化器和加速器的地理区域。这些区域空间紧凑、交通便利、通信网络顺畅，并提供办公楼宇、商业公寓、居民住宅、零售中心等配套设施"。此后，全世界各大城市对于创新街区主题的研究和兴趣兴起。中国学者也紧跟学术研究前沿，对创新街区的现象、概念、本质、定义、类

---

① Montgomery J., "Beware 'the Creative Class': Creativity and Wealth Creation Revisited", *Local Economy* 2005, 20 (4): 337–343.
② 要注意的是，由于国内学者对"Innovation Districts"的译介各异，故而后文所说的"创新街区""创新城区""创新区""创新空间"等概念，均是经笔者筛选过，确认和"Innovation Districts"为同一研究对象的概念。此外，本报告将"Innovation Districts"概念译介为"创新街区"，并在后文中统一使用，详见邓智团的《创新街区研究：概念内涵、内生动力与建设路径》（2017）一文。
③ 在美国，"锚机构"指一些大型的非营利性机构，主要包括大学、非营利性医院、图书馆等，这些机构一旦建立就很少迁移到其他地方，对当地的经济和就业具有非常重要的影响。在美国很多城市，"锚机构"甚至超过制造业企业，成为当地最主要的雇佣机构。

型、特征和要素等进行了深入细致的分析，并结合国内各城市的创新街区案例进行类比解释，并对我国其他城市建设创新街区给出了政策建议。

国内较早研究创新街区概念的是上海社会科学院的一批学者。李健和屠启宇最早在《城市发展研究》上发表相关文章，并以"创新城区"为主题，研究了它的概念与内涵、要素构成与典型类型、成长动力与发展机制、共性特征等；① 随后，苏宁以"美国大都市区创新空间"为题，进一步探究了这些创新空间的特点、要素、分类及影响等；② 2017 年，邓智团在已有研究的基础上对创新街区的概念内涵、内生动力与建设路径进行了深入的比较分析，并提出了新的见解。③ 近年来，有关创新街区的研究热潮一直没有退去，反而在以知识和创新为主导的新经济下不断深化，国内学者对相关概念和内涵的研究也在不断推进（见表 1）。此外，联合国工业发展组织国家办事处（UNIDO Country Office）（2015）在报告《东盟经济区》（*Economic Zones in the ASEAN*）中也重点介绍了创新街区，并将其定义为"城市科技园区"（urban technology parks）。

表 1　创新街区的概念与内涵整理

提出者	概念与内涵
Katz 和 Wagner（2014）	Innovation Districts 是那些汇聚领先的"锚机构"、企业集群以及初创企业、企业孵化器和加速器的地理区域。这些区域空间紧凑、交通便利、通信网络顺畅，并提供办公楼宇、商业公寓、居民住宅、零售中心等配套设施
李健和屠启宇（2015）	创新街区是一个高端科研院所、研发机构及创业企业、孵化器及金融辅助机构等高度集聚、创新活动旺盛、各主体网络化互动特征明显的城市新经济空间，主要存在于城市中心城区或者大都市区边缘，无明显空间边界；创新街区还具备物理空间紧凑性，公共交通通达，公共网络分享，知识共享与技术合作，居住、办公与商业等功能混合布局，公共服务完善等特征

① 李健、屠启宇：《创新时代的新经济空间：美国大都市区创新城区的崛起》，《城市发展研究》2015 年第 10 期。
② 苏宁：《美国大都市区创新空间的发展趋势与启示》，《城市发展研究》2016 年第 12 期。
③ 邓智团：《创新街区研究：概念内涵、内生动力与建设路径》，《城市发展研究》2017 年第 8 期。

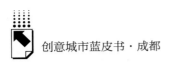

提出者	概念与内涵
苏宁 （2016）	创新街区是集聚了高端研发机构、企业集群以及创业企业、企业孵化器及促进机构的城市空间。同时，创新街区还具备物理空间上的紧凑性，交通的通达性，技术的网络互动性，以及居住、办公与零售功能的混合性等特征
张省和曾庆珑 （2017）	创新街区是指在一定的城市区域内，创新主体利用国家自主创新示范区、国家高新区、应用创新园区、科技企业孵化器、高校和科研院所的有利条件，发挥社会力量作用和政策集成效应，实现创新与创业相结合、线上与线下相结合、孵化与投资相结合，形成集工作空间、网络空间、社交空间及资源共享空间于一体的城市创新空间
邓智团 （2017）	创新街区是指城市内部创新创业企业高度集聚的街区空间。创新街区有四个方面的显著特质：①具备萨森所称的"城市特质"，即复杂性、高密度、文化与人口结构的多样性以及新旧事物的层次性；②部分或全部地整合创新企业、教育机构、创业者、学校、金融机构、消费性服务业等经济活动要素；③城市内部的高密度城市化区域，以中心城区为主，而且具备免费与半免费的公共空间、混合功能开发的空间要素；④便利的交通和互联网等
任俊宇和刘希宇 （2018）	创新创业企业的集聚和特色产业的形成是创新城区发展的基础，不同规模企业和上下游企业形成的产业生态是经济发展的引擎；创新网络的形成是片区可持续发展的核心，在企业与企业之间、企业与创新要素（大学、研究机构、人才）之间建立起强弱联系网络，是保持创新发展的关键；城市空间作为物质基础，为企业经济活动和人的生活提供基础设施、公共服务、住房等空间。创新城区的空间特征包括公共交通便捷可达、高密度、小街坊的平面布局、混合利用的土地功能、良好的人居环境营造等

资料来源：笔者整理。

此外，创新街区评定的关键要素有三类：①经济资产（economic assets）；②有形资产（physical assets）；③网络资产（networking assets）；主要类型也有三类：①"锚定＋"（anchor Plus）类型；②"重塑城市区域"（re-Imagined urban areas）类型；③"城市化科学园区"（urbanized science park）类型。以上有关要素和类型的界定也主要是由布鲁金斯学会的报告所确定，国外的其他研究在探讨创新街区时，也大都以此为标准或是并未涉及。

3. 创新网络理论

随着对创新研究的不断深入，研究开始逐渐从传统的线性创新模型转变为非线性模型，而到了现在开始注意到企业和创新环境的动态互动。最早

Freeman 提出"创新网络",认为"网络是为了系统创新而形成的制度安排,可以被看作市场和组织相互渗透的形式,企业之间的创新合作是网络的基本连接机制"。[①] Cooke 在这个基础上提出了区域创新网络的定义,他指出高校、科研机构和生产企业在地理上相互分工和关联,构成一个区域性的组织体系并进行创新。[②] 实际上,区域创新网络得以建立,是因为单个的企业创新能力不足、资源有限,通过与其他企业或科研机构合作才能弥补自身的缺陷。童昕等认为区域创新网络是地方主体之间在互相往来的过程中形成的相对稳定的系统,这个系统有利于企业之间的协作、交流以及形成区域声望。

用创新网络理论来分析产业和区域的经济增长已经成为研究趋势,尤其是对创新和技术密集型产业。对于文化创意产业来说,创新能力的提高依赖于技术、人才、创意通过主体相互传递交流的过程。文化创意产业的创新网络中,创意企业、创作者和消费者共同构成了创意核心网络体系,创作者内部之间、创作者与消费者之间的交流对于创意的发展和扩展有关键作用。

4. 创意产业地理分布理论

创意活动在创意城市的集中出现,是由于城市具有一定的特点,例如自由的文化氛围或是良好的基础设施。要促进创意产业的发展,有四个方面条件必须要满足。①基础设施。基础设施是影响当地创意产业发展的基础条件,包括商业空间的可用性、当地居民的生活条件以及交通设施等。②治理水平。良好的治理能够促进文化创意产业的发展,同时文化创意产业也能够像制造业一样,为当地的经济发展和社会文化带来正向作用。③软基础设施。一个城市的良好形象有利于吸引有创造力的人才加入。④市场。创意产业在瞬息万变的市场中运作。对于创意产业来说,市场不仅代表实体空间,而且代表提供创意生产全球视角的虚拟空间(见图1)。

[①] Freeman C. , "Networks of Innovators: Synthesis of Research Issues", *Research Policy* 1991, 20 (5): 499 – 514.

[②] Cooke P. , "The New Wave of Regional Innovation Networks: Analysis, Characteristics and Strategy", *Small Business Economics* 1996, 8 (2): 159 – 171.

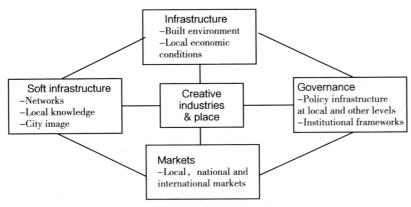

图1 创意产业和地理区位之间的关系

资料来源：Comunian，R.，Chapain，C. and Clifton，N.，"Location，Location，Location：Exploring the Complex Relationship Between Creative Industries and Place"，*Creative Industries Journal* 2010，3，pp. 5 - 10.

对于创意产业的发展与地理区位关系的研究，有学者指出创意产业受益于集聚（共享的专业劳动力市场、知识溢出、个人与企业之间的持续关系和积极地额制度）和城市化（集聚和城市化经济）的不同方式，这些外部性增加了创意产业所在地区的潜力。① 总之，创意产业的发展是专业化、本地化、地理邻近性和制度框架的相互影响共同作用下的结果。

5. 演化经济地理理论

演化经济地理学的主要术语和概念来源于进化经济学、广义达尔文主义和复杂性理论，它强调路径依赖、多样性、选择和组织例程对区域发展和调整的作用。从进化的角度来看，一些概念，如位置机会和路径创造的窗口，路径依赖和锁定，相关的多样性、分支和共同演化，对地方和区域发展至关重要，并能够分析和解释创意产业的空间动态。虽然对于创意产业的研究已经有一定的发展，但从演化的角度对该产业的研究才开始进行。同时，更多

① Ivan Turok，"Cities，Clusters and Creative Industries：The Case of Film and Television in Scotland"，*European Planning Studies* 2003，11（5），pp. 549 - 565；Scott，A. J.，"A New Map of Hollywood：The Production and Distribution of American Motion Pictures"，*Taylor & Francis Journals* 2002，36（9），pp. 957 - 975.

的研究是集中在相关的多样性、分支和共同演化。

　　lzushi 和 Aoyama 为了分析技术进步和技能形成之间的相互关系以及产业演变过程，对日本、美国和英国的电子游戏产业进行了对比研究。研究得出的结论是：由于不同的创造性资源，每个国家都经历了一个独特的轨迹。在他们的研究中，触及相关的多样性和分支，在这个新产业的形成过程中创造性人才跨部门融合。[①] Banks 和 Potts 从共同进化的角度对网络游戏产业进行了研究。他们强调，创意产业因素（身份、实践和关系）的变化会影响其制度环境（市场、基础设施、法规和实践），同时，制度环境也会影响创意产业。[②] 但这项研究是基于国家层面，没有考虑到区域差异。

三　世界文化创意产业发展的新趋势

（一）规模不断扩大与结构不断升级

　　根据联合国发布的《创意经济展望和国家概况》，全球创意产品市场规模从 2002 年的 2080 亿美元扩大到 2015 年的 5090 亿美元，增长超过一倍。在这期间，创意产品市场规模的年平均增长率超过 7%。[③] 从具体的产业来看，占据主导地位的产业包括设计、时尚以及电影，其中设计的概念比较广泛，涵盖了从时尚到家具的创意产业，其中创意含量较高的时尚产品、珠宝设计等占创意产品出口的半数。之后的产业是视觉艺术、出版和新媒体。发达国家在 2011 年到 2015 年的创意服务贸易保持稳定，年平均增长率为 4.3%，是其他服务业贸易增长率的两倍多，份额已经从 2011 年的 17.3% 上升到 2015 年的 18.9%。

---

① lzushi, H. and Aoyama, Y., "Industry Evolution and Cross-Sectoral Skill Transfers: a Comparative Analysis of the Video Game Industry in Japan, the United States, and the United Kingdom", *Environment and Planning* 2006, 38 (10), p. 1843.

② Banks, J. and Potts, J., "Co-Creating Games: A Co-Evolutionary Analysis", *New Media & Society* 2010, 12 (2), pp. 253 – 270.

③ UNCTAD:《创意经济展望——创意产业国际贸易趋势（2018）》，2018。

现在的文化创意产业不仅仅是一个概念，更是一个能在世界范围内带来巨大经济效益的新型产业。最近几十年内，尤其是发达国家，文化创意产业经历了一个高速增长的时期，给欧美发达国家的经济发展和贸易带来了不少活力，大有成为主导产业的趋势；对发展中国家来说，在促进就业、产业结构优化以及促进经济增长方面起到了突出作用。不少发展中国家有十分丰厚的传统资源、众多的历史文化遗产，但由于对文化创意产业的开发起步较晚，尚未就如何利用自身资源形成完整的商业模式，在内部制作、对外营销上缺乏完整的产业链，因而文化创意产业还未能形成强大的国际竞争力。

在文化创意产业发展的过程中，版权始终处于核心地位。2004 年美国版权业协会开始采用新的分类方法，将版权业分为"核心版权产业""交叉版权产业""部分核心版权产业""边缘支撑产业"四类。其中，核心版权产业是创作、生产以及传播拥有版权内容的产业，一直占据首要地位。根据美国国际知识产权联盟发布的《美国经济中的版权产业：2016 年度报告》，美国全部版权产业为全美经济贡献20972 亿美元，其中核心版权产业的增加值高达12356 亿，占版权产业比重约为58.9%。另外版权产业在 2015 年对美国 GDP 的贡献度为 11.69%，其中核心版权产业的贡献度超过 6%。除了美国，加拿大对版权也采用了核心版权产业和非核心版权产业的划分，澳大利亚将版权产业分成了三大类——核心版权产业、部分版权产业以及发行版权产业。核心版权在版权产业中的地位不断上升，对国家经济发展的贡献率也在加速增长。

可以看出，世界文化创意产业结构优化的趋势是拥有内容和创意的核心版权产业不断增加，核心版权产业更多的是通过原创知识和创意实现价值的增加。在世界范围内，经济全球化的影响将导致增加值较低的环节转移到文化创意产业发展水平较低的其他国家，而增加值较高的环节——核心版权部分转移到市场更加成熟的发达国家。这种变化未来将会进一步强化，形成核心版权集中与产品生产全球分散的格局。高附加值的创意、知识、设计、研发活动集中在拥有先进的基础设施、丰富的创意人才资源、地理环境和人文环境良好的区域，在经历越来越多创意企业的优胜劣汰后，逐渐形成集中的优秀文化创意企业街区，甚至是拥有完整生态系统的文化创意城市。

（二）文化创意产品与文化创意服务并重

文化创意产业内容的消费方式正在发生转变，相较于文化创意类产品，文化创意类服务开始越来越多地占据市场，受到消费者的欢迎。文化创意产业服务所占比重不断上升，从全世界各大产业中服务业比重持续上升，工业和农业呈现下降这一趋势，可以看出文化创意产业的这种转变是大势所趋。在世界范围内，服务业的贡献都在不断增大，发达国家的比例从61%上升到67%，发展中国家服务业比例从42%上升到55%。① 文化创意产业在全球趋势下也开始转变，从消费文化创意类产品开始向使用文化创意相关服务转变。从英国的情况来看，2017 年英国文化产品和创意产品的总出口额为243 亿英镑，占所有出口商品的7%；而创意服务出口额为328 亿英镑，占英国服务业出口的11.8%，较2010 年创意服务出口额增长122.6%。② 英国为率先提出发展文化创意产业的发达国家，其文化创意产业已经发展得十分成熟，占国家经济的比重不可小觑。从英国的文化创意服务出口占比之高可以看出，相较于简单制造的文化创意产品，消费者对于相关服务的需求越来越旺盛，未来高质量的文化创意服务需求市场将会越来越大。

文化创意类产品，最初的形式包括报纸、音响、磁带等传统传播文化媒介。随着时代的发展，科学技术的进步大大推动了网络媒体的发展，消费者对于文化产品的需求不再那么旺盛，购置传统媒介带来的效用无法满足消费者，而更具有文化创意特色的服务方式越来越受到消费者的青睐。这种趋势的转变，一方面是信息网络不断发展的结果；另一方面是由于现在人们对文化创意产业形式多样性需求的不断上升。

（三）文化创意产业数字化趋势明显

影响数字化趋势发展的技术包括大数据、移动互联、可穿戴技术等，新

---

① UNCTAD，"The Role of the Services Economy and Trade in Structural Transformation and Inclusive Development"，2018.

② https：//www. gov. uk/government/statistics/dcms – sectors – economic – estimates – 2017 – business – demographics.

科技的出现，为文化创意产业进行数字制作、发行和传播提供了基础，而这种更新的发展模式能够给使用者带来更好的体验，拓宽市场，进一步提供更好的服务。大数据技术的发展能够充分挖掘消费者的兴趣和需求，在技术的带动下，文化创意企业可以准确了解消费者的诉求，进而提供更加符合市场的产品和服务。

根据市场研究公司 App Annie 发布的《2020 年移动市场报告》，全球应用商店支出达到 1200 亿美元，包括手机游戏、音乐、电影等，是 2016 年的 2.1 倍，移动设备正在改变人们的消费方式和消费产品，而这一趋势也推动了文化创意产业数字化的发展。互联网在全球的渗透率不断上升，移动用户的不断增加，使原有的潜在用户和需求者现在成为实际的需求用户，在大量的需求条件下催生更多数字化的文化创意内容。相较于传统的报纸、书刊、磁带、影碟等文化产品，电子书、在线音乐、在线电影、电子游戏、互联网电视、社交媒体等数字化的文化产品以及服务已经成为大多数人生活中不可缺少的一部分。在全球数字化的背景下，简单、便捷、高效的使用方式让文化创意产品能够得到更快更有效率的传播，文化创意企业更需要利用这个机会，充分发挥文化传播、知识交流、智能制造、全球互联的优势，让产业更加蓬勃发展。

各国对文化创意产业的政策支持，并将它纳入国家发展战略，这种对产业的重视也是促进文化创意产业数字化快速发展的重要因素。美国政府通过版权保护促进了本国文化创意产业数字化的发展，通过法律措施从产业链端对知识产权进行保护，有效保证未来整个产业链条的收益分配。相关资料显示，在美国电影总收入中，约有 20% 是从影院的票房收入获得，剩余的 80% 是通过版权的多元化和运营获得。① 版权保护有效保证了产业链后端的多元化开发和运营，不仅拓宽了收入渠道，而且延长了美国相关产业的产业链。不仅美国，法国、英国、日本等国家都有关于知识产权的法律保护，这种良好的环境有助于文化创意产业跟上高科技的潮流，走上数字化。

---

① 熊澄宇、张峥、孔少华：《世界数字文化产业发展现状与趋势》，清华大学出版社，2016。

（四）文化创意产业的区域分化显著

文化创意产业概念在全球兴起，发达国家通过大力发展文化创意产业为经济的发展带来新的动力，而发展中国家的发展较晚，自身没有足够的资金去发展，也缺乏足够的经验。在经济全球化和数字化的现在，不均衡发展的趋势越来越明显。具体来看，美国的电影业、德国的出版业、日本的动漫业等在相关产业中已占据世界市场的绝大部分份额。在这些领域中，以上国家在该行业拥有巨大优势，拥有在优势行业中的研发、生产以及传播的核心竞争力，并渐有垄断之势，这种优势对于其他新兴的国家来说是难以匹敌的。核心产业周边衍生授权相关制造业产品，包含的增加价值较低，大多数都转移到劳动密集的发展中国家生产。发展中国家在新媒体、出版、艺术等新兴的文化创意产业方面所占据的市场份额还较低，大量的生产制造产品带来的相关出口在全球的比例增加。这些现状意味着负责制造生产的发展中国家缺少核心竞争力，仍处于制造工厂的地位。由此可见，在众多发达国家已经将文化创意产业作为新的经济推动力和未来的重要支柱时，发展中国家的文化创意产业的发展还处于起步阶段，潜力尚待开发。

造成南北文化创意产业不均衡现状的原因是，在发展中国家，教育投入不够；社会和经济环境有待发展；缺乏完整的产业链条，高端文化创意产业还有待开发。根据联合国教科文组织公布的世界各国教育支出占 GDP 比重，欧洲和北美为 5.1%，中国为 4%，其他东亚和东南亚地区为 3.6%。联合国教科文组织倡导的最低标准为 4%，全球有 49 个发展中国家低于该标准，基础教育投入资金不够，国民素质水平无法得到提升，文化创意产业难以得到良好的发展。国家要发展文化创意产业，离不开人的作用，也离不开城市建设这一基础条件。发展中国家城市建设水平落后于发达国家，资本、市场、文化知识、基础设施领域还有待改善。发展中国家的旅游、体育等传统文化创意类产业的发展较为成熟，但是高层次产业的发展还不够，产业链条还有待继续开发。

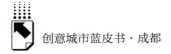

四 结论与启示

文化创意产业作为一个新兴活跃的产业，受到世界各国政府的重视。在经济、政治、文化以及技术不断发展的驱动下，全球文化创意产业正在蓬勃发展。文化创意产业是当今信息时代的产物，也代表着经济发展到一定程度后社会开始进入"文化"和"创意"时代。它对于一个国家或地区的经济增长、就业机会增加、产业结构调整以及实力增加都有着重要的促进作用，其发展水平已经逐渐成为衡量一个国家或地区综合竞争力的重要指标。

近年来，我国的文化产业发展迅速。国家统计报告显示，文化产业的增加值在国民经济中占比在逐年提高，2018年，我国文化产业实现增加值38737亿元，比2004年增长10.3倍，2005～2018年文化产业增加值年均增长18.9%，高于同期GDP年均增速6.9个百分点；文化产业增加值占GDP的比重从2004年的2.15%增长到2018年的4.3%。[①] 我国的创意产品出口居全球首位，但出口的创意产品大多只能在产业链中带来较低的增加价值，缺乏创造性。因此，需要借鉴文化创意产业发展成熟的发达国家的优秀经验，在扩大自身规模的同时提高竞争水平和附加值。

（一）积极制定产业发展政策

综观世界发达国家，不管是文化资源丰富的英国，或是文化基础较弱的美国，不同的国家在发展文化创意产业时路径有所不同，但是各个国家的政府对文化创意产业的发展都十分重视。政府在推动文化创意产业发展中起到十分重要的作用，制定符合国家发展水平的政策引导产业发展，并且营造良好的适合产业发展和企业成长的市场环境。

我国人口众多，自身拥有巨大的需求市场。现阶段我国的经济发展水平

---

① http：//www.gov.cn/xinwen/2019 – 07/26/content_ 5415564. htm。

已经基本满足人民的物质需求，群众对于精神文化产品与服务的需求越来越旺盛。我国的消费结构正处于新的升级阶段，从基础物质消费向旅游、娱乐等文化消费转变。借鉴成功的经验，我国应该积极地从国家层面对文化创意产业进行纲领性规划，明确发展目标和发展方向，并且制定相关的产业扶持政策，引导文化创意产业健康、有效地发展。政府通过法律制度保证文化创意产业在发展过程中的知识产权不受侵害，知识产权是文化创意产业的核心。另外，还需要对文化创意企业给予政策鼓励，吸引更多的人才和企业进入文化创意产业，为未来形成产业集聚打基础。国家要形成完整的文化创意产业体系，拥有自身的核心竞争力，需要给予持续的产业政策支持。

（二）主动占据产业核心领域

要发展文化创意产业，如果只是生产周边产品，缺乏核心竞争力，产品的附加值低，难以带来支撑性的经济影响力，而且发展不持续，具有可替代性。从发达国家的成功经验可以看出，英、美之所以能够在全球文化创意产业中具有举足轻重的位置，就在于它们在某些领域中拥有核心产品优势，拥有能带来高附加值的核心产品，并从核心到外围延伸出完整的产业体系，将低效率、高耗能的产品制造在全球化时代转移到其他国家。因此，应该充分利用我国的创意人才、科技人才，积极推进文化创意高端化发展，重点发展设计、视觉艺术、表演艺术以及网络出版、动漫等产业，高起点建设、高质量发展，重点发展核心竞争力，占据文化创意产业的核心领域。

参考文献

〔美〕迈克尔·波特：《国家竞争优势》，李明轩、邱如美译，中信出版社，2007。

〔美〕约瑟夫·熊彼特：《经济发展理论》，何畏、易家详等译，商务印书馆，1990。

〔美〕理查德·佛罗里达：《创意阶层的崛起》，司徒爱勤译，中信出版社，2010。

张娜、田晓玮、郑宏丹：《英国文化创意产业发展路径及启示》，《中国国情国力》2019年第6期。

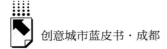

任俊宇、刘希宇：《美国"创新城区"概念、实践及启示》，《国际城市规划》2018年第6期。

汪帅东：《日本文化产业发展模式及路径研究》，《东北亚外语研究》2018年第3期。

曹元勇：《美国创意产业管窥与启发》，《编辑学刊》2018年第5期。

熊澄宇：《英国创意产业发展的启示》，《求是》2012年第7期。

徐丹丹、孟潇、卫倩倩：《文化创意产业发展的文献综述》，《云南财经大学学报》2011年第2期。

蔡荣生、王勇：《国内外发展文化创意产业的政策研究》，《中国软科学》2009年第8期。

霍步刚：《国外文化产业发展比较研究》，东北财经大学博士学位论文，2009。

苑捷：《当代西方文化产业理论研究概述》，《马克思主义与现实》2004年第1期。

陈媞、喻金田：《欧洲学者对创意资本理论的质疑与完善》，《管理现代化》2012年第3期。

邓智团：《国外为何把高新技术"搬回市区"》，《解放日报》2017年3月14日。

邓智团：《创新街区研究：概念内涵、内生动力与建设路径》，《城市发展研究》2017年第8期。

Su-Hyun Berg, Robert Hassink, "Creative Industries from an Evolutionary Perspective: A Critical Literature Review", *Papers in Evolutionary Economic Geography*, 2013.

Throsty, D., *Economics and Culture*, Cambridge: Cambridge University Press, 2001.

B.5
区块链供应链金融与文创产业
集群融资模式的创新路径

周铭山*

摘　要： 文创产业在支持新时代社会和经济转型中发挥着越来越重要的作用，在区域发展中正在成为新的增长点和动力源。融资约束是影响文创产业进一步发展壮大的瓶颈因素。近年来，作为一种颠覆性技术，区块链技术对未来信息化发展有重大影响，已成为核心技术自主创新的重要突破口。本报告从文创产业集群融资模式出发，针对其发展痛点进行优化设计，把区块链供应链金融技术融入产业发展，研究建立区块链信用传递的供应链融资模式，着力解决作为文创产业发展主体的中小微企业贷款难、融资难的问题，为文创产业集群融资的区块链技术应用奠定可行的理论和实践基础，助力文创产业进一步发展。

关键词： 文创产业　区块链　供应链金融　融资约束

一　引言

文化创意产业（简称文创产业）常被视为促进经济增长、发展民生就

---

* 周铭山，西南财经大学科研处处长，金融学院教授、博士生导师。

业的先锋和捍卫者。通过发挥创新潜能、提高生产力及品牌建设水平，文创产业在发达经济体和新兴市场的区域发展中形成了新的增长趋势和增长点。它们以多种多样的形式致力于文化产品和服务的开发和传播，如文学、音乐、表演艺术、电影、广告、建筑、设计、出版、电视广播等，通过直接或间接创造就业的方式来支持经济。

2017 年，文化部相继发布《关于推动数字文化产业创新发展的指导意见》及《文化部"十三五"时期文化产业发展规划》，提出要充分发挥国家级文化产业示范园区、国家文化产业创新实验区等的具体优势，积极培植一批特色显著、侧重点突出的数字文化优势产业链与集群。推动文化创意和设计服务与装备制造业和消费品工业相融合，提升产品附加值，鼓励文化与建筑、地产等行业结合，建立有文化内涵的特色城镇。此外，各省（区、市）也积极出台相关政策推进文创产业创新发展。成都市委、市政府于 2018 年 2 月底发布《建设西部文创中心行动计划（2017～2022 年）》（以下简称《文创计划》）和《成都市促进西部文创中心建设若干政策》，计划按照"一年全面启动、三年跨越发展、五年基本建成"的总体目标，建成全国重要的文创中心，到 2022 年实现文创产业增加值超过 2600 亿元，占地区生产总值比重约 12.0%，居民文化消费支出占消费支出的比重超过 20.0%。2019 年 2 月，又进一步发布《成都市建设世界文创名城三年行动计划（2018—2020 年）》等六个专项行动计划，提出将围绕世界文化创意名城、旅游名城、赛事名城，国际美食之都、音乐之都、会展之都（即"三城三都"）来打造国际新标识，并以此作为成都建设世界文化名城的时代表达。

随着文创产业在各地迅速发展，以各区域中心城市为代表的创意产业集群化分布也进一步显现。产业集群，是以某一特定产业中的大量企业及相关企业高度集聚为标志，包括企业、金融机构、科研机构、地方政府等之间相互作用、相互竞争、价值互动，并具有持续竞争优势的集合体。目前，我国已初步形成六大文化创意产业集群：以北京为龙头，包括京津冀的环渤海文化创意产业区；以上海为代表，涵盖苏杭以及南京的长三角文化创意产业区；代表城市为广州、深圳的珠三角文化创意产业区；以重庆、成都、西安为代表的西三角文化创意产业区；以昆明、丽江和三亚为代表的滇海文化创意产业区；以武汉、长沙为代表的中部文化创意产业区。此外，《文化发展统计公报》显示，截至 2018 年末，全国范围内已经建成国家动漫产业园和创新文化实验区各 1 个，以及 10 个国家级文化产业试验区与示范园区，并建立了 335 个示范基地。进一步整合资源优势，充分发挥产业集群效应，也逐步成为实现文创产业可持续发展的重点。

然而，同其他产业一样，如果没有足够的资金来源，文创产业在整体转型和发展时势必受到影响，而融资约束也成为影响文创产业进一步发展壮大的瓶颈因素。国家电影专资办数据显示，截至 2019 年 12 月 6 日，我国内陆地区电影票房已达到 600 亿元大关，与 2018 年相比提前了 24 天之久。其中，《哪吒之魔童降世》高居榜首。作为国产动画的又一奇迹之作，《哪吒之魔童降世》可谓开创了国家动漫行业的全新盛世，以饺子导演为首的主创团队的匠心创作是《哪吒之魔童降世》票房大卖的核心因素。整个影片完成耗时 5 年，特效部分占全片的 80%，动用了 20 多个制作团队，整个工程项目外包团队超过 60 个，参与人数超过 1600 人，却仅仅有 6000 万元的资金支撑了整个创作周期。导演在事后接受采访时说的频率最高的一句话便是"钱也烧光了，没办法只能砍掉了"。由于资金不足而错失很多精彩镜头的遗憾也引起了影迷们的热议。可见，由于我国文创产业目前依然处在初期，存在诸多不足之处，包括市场配套不够完善，相关措施不够成熟，需求状况尚无规律；与此同时，产业链存在较大风险，加之很多文创企业自身资产规模较小，高风险性和不确定性使其缺少抵押品和有效的担保，信息不对称，且自身无形资产占比较大，使企业价值难以评估，贬值空间较大，极大地抑制了资金特别是银行资金流入该产业领域，导致金融支持的效果并不理想。

2018 年商务部等八部门联合发布《关于开展供应链创新与应用试点的通知》，把进一步完善与规范供应链金融作为重点，并定为试点企业的主要任务，这在很大程度上促进了供应链金融的落地。由于现行供应链金融仍存在着配套企业"需求资金—征信缺失"的矛盾，核心企业对全链渗透能力不足，无法将信用有效地传递到二级以上的供应商企业，加大了中小企业信用自证以及融资的难度，致使产业供应链条上下游企业融资处于非完整闭合状态，因此区块链技术作为新一代技术支持，能够有效促进构建新型系统信任模式，智能调整供应链金融剩余可用的授信额度，基于智能合约进一步实现物流、资金流等的高效结合。而文创产业集群有助于优化文创企业融资环境，促使文创企业由"单干"转向"合作"，发挥集群融资的规模效应和乘数效应，从而提高文创企业的融资效率，并降低其融资风险。同时形成独特的价值链，提高文创企业融资的规模效应和网络效应，为其提供创新性的融资模式。两者有效结合，能够降低银企间的"信息不对称"，弥补文创企业担保品不足，克服"硬信息"缺乏的局限性，降低文创企业融资的违约风险和交易成本，从而有助于缓解文创企业的融资难与融资贵问题。

2019年10月24日，党中央全面组织推进了关于区块链技术发展客观状况与未来发展态势的集体学习，以此为契机，习近平总书记高度肯定了区块链技术的意义，提出其集成应用对于新技术革新的重要影响。我们应该将其视为核心技术自主创新的一个主要突破点，进一步确定主攻方向，不断增强投入力度，致力于形成新的技术体系，勇攀技术高峰，攻克关键核心技术，进一步促进区块链技术的发展与应用。这是一项具有颠覆性的技术，其对于信息化未来发展具有不可替代的影响效应，有望推动人类从信息互联网时代步入价值互联网时代。由于我国经济增长正趋于新常态，文创产业在支持新时代社会和经济转型中发挥着越来越重要的作用。区块链有望为我国解决文创产业发展面临的融资问题提供新的思路和方案，区块链智能合约机制所蕴含的业务逻辑和商业应用促使区块链技术的交易性能不断提升，研究建立区块链信用传递的供应链融资模式、破解文创企业融资约束问题，为探索文创产业集群融资的区块链技术应用奠定了理论和实践基础。

二 文献综述

一般情况下，文创产业以其独特性和个性化作为核心竞争力，通常以知识和知识产权的形式展现。因此，加快文化创意服务及产品的发展，与时俱进创造新的智力资本是文创产业升级的关键，而这没有财政的支持是无法实现的。文创企业的金融需求往往在发展初期较大，大约2/3的新文创业务需要外部融资。其中，增长较快的企业从融资中获益更多，尤其是在进一步扩张企业规模方面。然而，由于缺乏适当的风险评估及无形资产评估体系，金融机构大多不愿投资文创企业。文创企业服务和产品经济价值的不确定性，使其获取外部资金非常具有挑战性。此外，文创企业大多为小型创业企业，缺乏对客户需求变化的跟踪记录和预测数据，而过于依赖项目价值的模糊性。多数创业者本身作为文创企业的所有者，资本市场经验不足，债务期限结构错配，进一步加大了文创企业面临的融资约束。因此，对于文创企业来说，利用增长机会解决融资需求问题是特别困难的。

早在2010年中央宣传部等九部门就文创产业投融资难的问题共同发布了《关于金融支持文化产业振兴和发展繁荣的指导意见》，自此文创产业在资本市场的发展及约束开始引起社会的关注，并被给予国家宏观经济层面的指导。同时，国家的文化政策导向也会对文创企业的融资及发展绩效产生重要影响。例如，2018年1月下旬，微博由于被指控使用误导性宣传、传播低俗内容等被网信办通报批评，勒令整改，并撤下其热门搜索功能一周，该消息公布后的第一个交易日，新浪微博股价暴跌5%以上。可见，由于我国文创产业目前仍处于发展的初期阶段，在国家政策导向中面临较大的风险，任何经济和政治上的小问题都可能会阻碍它们从资本市场的潜在投资者那里获得资金，使其面临更大的融资约束。因此，我国文创产业往往被认为是金融服务不足的行业。

然而，关于文创产业融资问题的研究很少，特别在新兴市场背景下。已有研究虽确定了文创产业融资的重要性，但几乎没有提出任何实证证据来检验制度改进，特别是近年来兴起的区块链等技术催生新型供应链融资模式的影响。例如，北京银行、杭州银行等地方金融中介机构已成为文创企业金融服务创新的先行者，它们在视频、游戏等领域推出了供应链融资服务，专注于整个视频、游戏价值链，为上游开发者和创造者提供更多的金融支持。美国区块链科学研究所创始人梅兰妮·斯万（Melanie Swan）总结了区块链技术的优势以及传统供应链金融的发展瓶颈，认为区块链技术能够促进供应链金融快速发展。温远征认为供应链金融"核心企业"融资模式无法将二、三级中小企业纳入其中，信息真实性问题和透明度不足导致供应链金融发展限制因素明显，而区块链技术的融入能够突破现有发展模式。吴俊认为将区块链技术引入供应链金融之中能够在一定程度上解决各方信息不对称的问题，并针对信息不对称问题构建了基于区块链智能合约的供应链金融融资模式。龙云安等则通过分析供应链金融和"区块链＋供应链金融"平台发展现状及问题，将基于区块链技术的供应链金融平台分为权限管理、授信管理、合约管理和溯源追踪四个模块，并对其进行优化设计。许荻迪分析了区块链技术在改进供应链金融方面的功能作用及国内外应用实践，并将保理作为供应链金融的典型代表进行了全流程的应用解析。

综上所述，目前学术界针对区块链技术在供应链金融中的应用主要是从理论方面和某一应用场景进行论证，并未真正融入产业发展，特别是正在快速发展、升级的文创产业。本报告将从文创产业集群融资模式出发，针对其发展痛点进行优化设计，把区块链供应链金融技术真正融入产业发展，为文创产业发展提供助力。

三 文创企业融资现状

2018 年，我国第三产业增加值 469575.0 亿元，增长 7.6%；其中，文化及相关产业增加值为 41171 亿元，占 GDP 的比重为 4.48%，比上年提高 0.22 个百分点。① 截至 2018 年底，全国文化企业共 309.28 万户，占全部企业数量的 8.9%。2018 年，全国新登记文化企业 52.21 万户，同比增长 6.9%。② 文化产业已经成为调整优化产业结构、推动新旧动能转换的一支重要力量。

---

① 国家统计局。
② 十三届全国人大常委会第十一次会议听取国务院关于文化产业发展工作情况的报告。

2018 年 8 月 16 日，针对银行业支持文化产业发展，中国银行业协会首次发布《银行业支持文化产业发展报告（2018）》（以下简称"《报告》"）。《报告》指出，到 2017 年底，我国共有政策性、股份制等 21 家商业银行支持文化产业贷款，余额达到了 7260.12 亿元，并保持着不断增长的态势（见图 1）。且从 2013 年开始，21 家主要银行文化产业贷款余额平均增长率水平是 16.67%，相较于同一时期 13.69% 的人民币贷款余额增长率具有明显的优势，高出 2.98 个百分点。

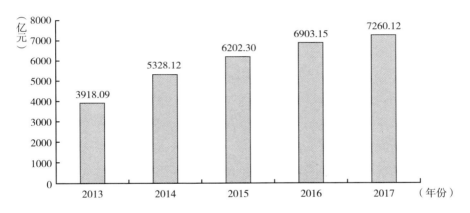

图 1　21 家主要银行文化产业贷款余额

近年来，国家相关部门不断深化文创金融合作，推进建立健全多层次、多渠道、多元化的文创产业投融资体系，致力于解决文创企业"融资难、融资贵、融资慢"问题。在信贷产品创新方面，《报告》通过调查 111 家银行相关数据发现，有 41 家银行专门对文化产业设计了创新信贷产品，具体如图 2 所示，所占比重达到 36.94%，其中，发行创新信贷产品较多的银行包括北京银行、中国银行等。从加权平均贷款利率的角度来看，创新信贷产品的加权平均贷款利率达到 6.11%，该水平相较于 1 年期以上贷款基准利率高出 1/4 左右；从加权不良贷款率的角度来看，创新信贷产品为 0.32%，显著低于同期银行业整体水平的 1.74%；从创新信贷产品类型来看，则具体涵盖了影视贷、文创贷、艺术品质押等。

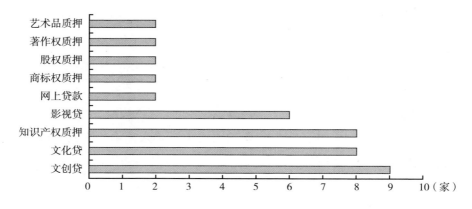

图2 针对文化产业发行各类创新信贷产品的银行数量

《报告》强调指出，从目前实际情况来看，文化金融发展仍存在诸多不足之处，具体包括核心资产抵质押通道不够成熟、银行文化专营部门发展动力较弱、文化市场运行体制不够优化等。尤其是进一步促进文化企业对于无形资产的交易、评估等的标准化建设，依然存在较大难度，这也是突破银行信贷产品以及服务模式瓶颈的关键所在。当前仍需调动文化企业融资和银行放贷两方面的积极性，改善文化产业融资创新环境，进一步增强银行发展文化金融的内生动力，促进文化业与银行业之间的内在融合。

现阶段，我国文创企业数量虽然增长较快，但绝大多数还是从业人员50人以下或营业收入500万元以下的小微企业，甚至是个人工作室、个体工商户，"小"和"散"的局面还没有彻底改变。且文创企业大多是轻资产企业，高度依赖创新创意，普遍面临盈利模式不稳定、生命周期短、可持续发展难度大等突出问题，这也进一步反映在企业的融资问题上。由于小微文创企业难以达到银行的信贷支持标准，且难以获得有效的担保，信息不对称问题严重，银行更愿为资信水平较高的大型文创企业提供服务。这样无法进一步扩展供应链金融链条，限制了银行服务于文创供应链金融规模。CVSource投中数据显示，2018年文化传媒产业融资数量为616起，较2017年下降16%，延续2015年以来的下降趋势。可见，虽然国家政策已致力于改善文创企业融资环境，但当前文创企业面临的资金难题仍难以改观。

四 区块链技术在供应链金融中的应用

（一）创新路径分析

区块链是一种全新的技术，主要是依据一定的时间顺序，把数据区块通过链条的模式进行组合，建立起一定的数据结构，并通过密码学的模式保障得到一种不可伪造与篡改的共享账本。这种账本可以存储简单的、可在系统中验证且具有先后关系的数据，它是一种全面应用数据存储、共识机制以及点对点传输等多项技术模式的互联网时代产物。就本质而言，区块链即为账本，实现了将原本互相并不信任的双方，在不存在权威机构的条件下，达成互相信任，进而展开信息与价值的交换。具体而言，表现为以下五个基本原则。

1. 分布式数据库

所有的参与方都可以实现对于整个区块链数据库以及全部历史记录的访问，所有参与方都不能控制信息与数据，同时，每一方都能够实现对于交易伙伴记录的核实，不用中介介入。

2. 点对点传输

信息传递直接发生于各个节点间，并非基于中心节点。所有的节点都能够实现信息存储以及向其他节点转发信息。

3. 透明性与匿名性

任何访问系统的个体都可以了解每个交易及其相关数据。区块链上所有的节点与用户都具有唯一性，可通过 30 余个数字、字母组成的地址进行标识，用户可以选择匿名或向他人提供身份证明，交易发生在每个数字地址之间。

4. 记录的不可逆性

一旦在数据库中写入交易并完成账户的更新，就不能再更改，这是由于其已被连接至历史记载的交易。区块链基于设计部署算法，以保障数据库之中的记录依据时间顺序永久性存储，同时面向网络之中全部节点，使其具有可访问性。

5. 计算逻辑

分类账的数字化特性的意义在于区块链交易能够和计算逻辑相关，与此同时，就本质而言具有程序化特征。所以说，用户能够设置自动触发交易的规则，从而实现智能合约的构建和标准化输出。

区块链技术的上述应用特性与供应链金融非常契合。供应链金融是银行将核心企业（一般为链上拥有较强议价能力的大型企业）和中下游企业关联在一起，提供金融产品和服务的一种融资模式。传统供应链金融的融资服务通常围绕核心企业开展，中下游二级以上供应商未与核心企业直接建立业务往来关系，信息相互割裂、信任传导困难、交易流程繁杂、增信成本高昂，致使供应链末端的中小微文创企业在银行融资时处于不利地位。而将区块链技术应用其中，区块链提供的信息基础设施能够传递驱动供应链金融的相关事件信息，且其提供的信任系统和多主体参与机制能够服务于供应链金融的多主体，使其协同发展。

（二）信用传递

针对中小微文创企业轻资产的特点，区块链在解决企业确权和价值评估的基础上，同时解决了企业的资产、信用和行为记录问题，可以有效控制中小微文创企业轻资产的相关风险。具体而言，核心企业是供应链金融的信息交换中心，以核心企业应收账款债权凭证作为真实交易背景，银行机构可以跳出对链上节点供应商（如中小微文创企业）的信用风险评估，转为对核心企业的信用确权（信用状态和债权实力）以及对交易关系真实性和风险性的评估，这本质上是核心企业的信用延伸，核心企业完成确权，资产上链后，金融机构通过区块链记账本查询供应链节点上融资企业的累积授信情况，以确保不会过度授信或授信不足，在产业集群效应下实现核心企业对上下游中小微文创企业的融资信用穿透，从而形成更加稳定的供应链金融体系。

（三）版权保护

文创产业存在形式多样，在互联网时代的网络效应、快速传输、低成本性的背景下，其版权需求日益强烈。版权是区块链在文创产业中较早开始尝试和落地的领域，目前已经吸引了大量企业布局，如新华网、腾讯、百度、京东和安妮股份等。基于区块链技术，可以通过时间戳、哈希算法对作品实现确权，从而证实一段视频、文字等本身的客观性、存在性以及唯一性。在得到区块链确权以后，作品未来的全部交易都可以得到动态记录，实现了文创产业全生命周期的可追踪性，从而为司法取证等带来了重要的技术支撑，并增加了其可信度。同时通过在供应链中建立供应链联盟，利用区块链分布式账本和共识机制，将供应链中各项交易真实记录于区块链账本之中，完成供应链中的信息共享。需要注意的是，任何交易信息和数据只有通过区块链各个节点的核实和确认之后，才能被完整录入于区块链之中，从而保证数据的真实性和完整性。由于区块链技术的去中心化和分布式结构特点，各项交易信息由各个个体发送至区块链的各个节点，无须传输至中央服务器再传输至其他交易者。因此，每个单位在记录本次交易的同时，需要下载并翻阅此前的账本记录，使所有历史信息分别储存于各个参与方，降低了数据篡改的可能性，提高了信息共享度。利用供应链进一步强化权利持有人以及组织等各个参与者的合作，进而推动可追踪技术的应用与传播，与此同时也对区块链的新追溯等提供保障。基于记录交易、资产以及参与方等信息，共享数字账本带来了有关 IP 来源以及历史信息，进而完成了 IP 认证，以此实现版权更加便捷和安全的交易，使之成为数字资产。这样既发挥了区块链在效率、真实和可靠性方面的优势，又可以获得海量真实的数据为其投融资服务提供核心竞争力。

（四）股权众筹

在产业集群效应下，区块链可以参与构建文创企业的股权众筹平台，帮助文创企业进行股权众筹。当众筹完成后，参与众筹方可以在平台上继续进行交易，从而解决投资后的流动性问题，使早期企业的投资变得更为活跃，吸引更多的资金进入早期投资领域，弥补早期投资由于变现难、投资期长而无法吸引投资的窘境。对参与股权众筹的文创企业来说，由于其众筹过程和资金使用都放到了区块链技术平台上，信息的及时性和有效性得到了极大增强，大大缓解了企业接受投资后的过程监管问题。同时基于供应链间企业的信息披露，分布式数据库是全网共有的公开账本，所有运作规则（算法）公开透明，可以随时清算、审计，解决了传统财务体系的痛点问题。在区块链数据的高信用条件下，数据具有可追溯性，同时也能够重复应用，进而切实做到了供应链的透明化，这大大提升了融资服务平台的工作效率。

（五）成都市区块链供应链金融在文创产业中的应用

根据中国人民大学国际货币研究所发布的"2019天府金融指数"（TFFI），成都文化金融指数位居全国第六、中西部第一，表现出较好的文化金融基础优势。随着《文创计划》的贯彻落实，成都市政府工作报告数据显示，2018年成都新增31个市级文创产业园，文创产业增加值逾千亿元；成都提出要在2019年将文创产业增加值提升至1350亿元，致力于在整个GDP中的占比达到9%。在文创产业发展上，成都具备优秀的禀赋和产业基础，正在全力建设全国重要的文创中心和世界文化名城，针对文创产业"融资难、融资贵"的问题，《文创计划》明确提出要"发展文创金融，推进文创金融跨界融合，搭建平台，优化生态，发展现代文创金融新业态，强化文创金融功能新支撑，探索文创金融结合新方式，提升文创投融资能力，创建国家级文化金融合作创新试验区"。可见，"文创+金融"的创新模式，已成为成都文创产业发展的重要推动力。2018年5月，成都银行正式改名为成都银行锦城文创支行，这代表西南首家服务文创、专注文创的支行落地。2019年7月，由成都政府、银行、担保机构三方共担风险，政府给予贴息、贴担保等政策支持，支持当地文创产业发展的专项贷款产品"文创通"正式发布，以期进一步应用文创企业债权融资风险补偿资金池，并基于"政银"以及担保等多种方式实现资源整合，从而打破成都文创金融服务坚冰，破解文创企业融资难题。

随着成都市文创金融服务的迅速发展，着眼于新兴区块链技术的应用补足传统融资模式短板也成为文创产业融资路径探索的新热点，目前已有部分实际场景应用落地。

2019年7月30日，基于区块链技术的供应链协作网络蚂蚁"双链通"首单落地——注册资本只有30元的成都百脑汇"冠勇专卖店"与上游企业中科大旗（成都市智慧景区系统提供商）一起，在蚂蚁"双链通"上完成了第一单融资，依托与成都银行、担保公司等的深入合作，实现了供应链金融的全覆盖（见图3）。具体来看，中科大旗是成都一家景区智慧系统科技企业，致力于文旅信息化建设，年销售额超亿元，而"冠勇专卖店"注册资本仅30元，是中科大旗的末端供应商，存在着贷款难、信用等级低、经营风险大等问题，难以获得金融机构的担保和授权。为破解链上小微企业融资难、融资贵问题，蚂蚁"双链通"运用区块链技术帮助解决供应链金融领域信用风险、信息不对称等难点，依靠中科大旗的技术能力与应付账款，在各个参与方客观交易的支持下，实现了中科大旗信用的流转，使金融机构得以覆盖供应链的中小微企业端。同时，借助蚂蚁"双链通"，融资流转的全过程都实现了清晰留痕，也保障了不可篡改性，参与方基于"双链通"技术完成身份核对与意愿确认，通过数字签名，大大降低了资金挪用风险。

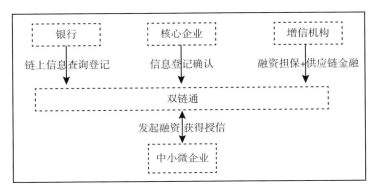

图3　蚂蚁"双链通"区块链供应链融资模式

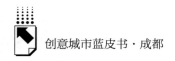

《2019 年中国区块链＋供应链金融行业研究报告》预测，到 2023 年，区块链技术能够为供应链金融市场贡献大约 3.6 万亿元市场规模增量。显然，未来区块链供应链金融将帮助更多链上末端的中小微文创企业打开融资大门。

五　发展瓶颈与展望

区块链技术的应用虽然可以为文创产业发展提供新思路，但目前应用范围还比较小，仍受到技术、制度等诸多因素的限制。

首先，由于区块链底层系统开发难度和投入都比较大，目前国内只有少数大企业具有开发底层系统技术的能力，大多数区块链企业底层系统相类似，在文创产业的细分领域内，区块链产品的差异化程度较低。此外，目前区块链企业尚未形成统一的技术标准，使用系统也各不相同，因此无法解决跨链问题，难以实现信息的有效流通。同时由于能力限制，文创产业的很多痛点仍无法解决，例如，对图片和视频版权的有效保护问题。

其次，文创产业与区块链技术的结合仍处于发展初期。传统的文创企业，对于区块链技术依然比较陌生，而区块链企业并不明晰文创企业的核心需求。因此，尽管双方已在多个环节有所实践，但效果还不明显，与系统化规范化应用仍有距离，大多数文创企业对区块链供应链金融还停留在观望阶段。并且由于文创企业与区块链企业之间难以有效沟通，精通文创和区块链的复合型人才较少，致使在文创产业内难以形成良好的区块链应用环境。

最后，目前国内文创产业中的一些制度安排也不利于区块链供应链金融的应用。以版权保护为例，传统文创企业需要为上下游合作单位提供国家版权证书，版权区块链企业仅能提供存证说明著作人和作品的所有者关系，无法满足商业需求。而在版权公链没有获得大范围认可的情况下，进行司法认证的区块链数据仍需要与现有系统兼容，使区块链版权存证不仅需要上链，还要获得上下游企业的认可和司法的认可，这给中小版权区块链企业造成了巨大的负担，文创企业也因此对区块链版权保护持保留态度。

因此，虽然区块链技术在文创企业供应链金融中的应用刚刚起步，但随着技术和应用场景的耦合发展，实际需求更加明确，应用的深度和广度都需进一步拓展。通过区块链与文创产业的深度融合，转化版权、IP 等文创产业核心资产为数字资产，同时打通和协调社会各领域间的信息共享，形成更全面、更准确的社会信用体系，从而建立更加信任、透明的文创企业信用体系与产业环境；着力解决作为文创产业发展主体的中小微企业贷款难、融资难的问题，从而为文创产业发展提供有效的资金支持。同时，区块链和数字政务的有机融合也进一步冲破了政府体系内的数字坚冰，全面实现了政务数据的远程、跨部门应用与维护，推动业务协同办理，优化文创产业的营商环境；进一步改造升级金融、物联网、智能制造、供应链管理等领域，提升跨企业、跨行业、跨地域多要素协同水平，培育文创产业新的、高效的生产关系，为整个产业的转型升级提供动力，推动文创产业繁荣发展。

参考文献

温远征：《基于区块链技术供应链金融发展的思考》，《三峡大学学报》（人文社会科学版）2017 年第 S1 期。

吴俊：《区块链技术在供应链金融中的应用——基于信息不对称的视角》，《物流技术》2017 年第 11 期。

龙云安、张健、艾蓉：《基于区块链技术的供应链金融体系优化研究》，《西南金融》2019 年第 1 期。

许荻迪：《区块链技术在供应链金融中的应用研究》，《西南金融》2019 年第 2 期。

张路：《博弈视角下区块链驱动供应链金融创新研究》，《经济问题》2019 年第 4 期。

朱兴雄、何清素、郭善琪：《区块链技术在供应链金融中的应用》，《中国流通经济》2018 年第 3 期。

Scott，A. J.，"Cultural – products Industries and Urban Economic Development：Prospects for Growth and Market Contestation in Global Context"，*Urban Affairs Review* 2004，39（4）.

Lazzeretti，L.，& Vecco，M.（Eds.），*Creative Industries and Entrepreneurship：Paradigms in Transition From a Global Perspective*，Northampton：Edward Elgar Publishing，2018.

Throsby, D. , " The Concentric Circles Model of the Cultural Industries", *Cultural Trends* 2008, 17 (3).

Gill, R. , & Pratt, A. , "In the Social Factory? Immaterial Labour, Precariousness and Cultural Work", *Theory, Culture & Society* 2008, 25 (7–8).

Snowball, J. , Collins, A. & Tarentaal, D. , "Transformation and Job Creation in the Cultural and Creative Industries in South Africa", *Cultural Trends* 2017, 26 (4).

Throsby, D. , "Culture, Economics and Sustainability", *Journal of Cultural Economics*, 1995, 19 (3).

Brown, J. R. , Fazzari, S. M. & Petersen, B. C. , "Financing Innovation and Growth: Cash Flow, External Equity, and the 1990s R&D Boom", *The Journal of Finance* 2009, 64 (1).

Mazzucato, M. , "Financing Innovation: Creative Destruction vs. Destructive Creation", *Industrial and Corporate Change* 2013, 22 (4).

Porfírio, J. A. , Carrilho, T. & Mónico, L. S. , " Entrepreneurship in Different Contexts in Cultural and Creative Industries", *Journal of Business Research* 2016, 69 (11).

Konrad, E. D. , " Cultural Entrepreneurship and Money: Start – up Financing Structures in the Creative Industries", *Problemy Zarzadzania* 2015, 13.

Didier, T. , Schmukler, S. L. , "The Financing and Growth of Firms in China and India: Evidence from Capital Markets", *Journal of International Money and Finance* 2013, 39.

Throsby, D. , *Economics and Culture*, Cambridge: Cambridge University Press, 2001.

Hesmondhalgh, D. , *The Cultural Industries*, London: Sage, 2002.

Cunningham, S. D. , *Creative Enterprises*, Creative Industries, 2005, pp. 282–298.

Hahn, G. , Kim, K. & Kwon, J. Y. , "Start-up Financing with Patent Signaling under Ambiguity", *Asia-Pacific Journal of Financial Studies* 2017, 46 (1).

Fleming, T. , Investment and Funding for Creative Enterprises in the UK, *Entrepreneurship in the Creative Industries: An International Perspective*, 2007, pp. 107–125.

Howell, S. T. , " Financing Innovation: Evidence From R&D Grants", *The American Economic Review* 2017, 107 (4).

Borin, E. , Donato, F. & Sinapi, C. , "Financial Sustainability of Small – and Medium – Sized Enterprises in the Cultural and Creative Sector: The Role of Funding", *Entrepreneurship in Culture and Creative Industries* 2018, 10.

Cunningham, S. , Ryan, M. D. , Keane, M. & Ordonez, D. , Financing Creative Industries in Developing Countries, *Creative Industries and Developing Countries: Voice, Choice and Economic Growth*, 2008, pp. 65–110.

Su, W. , " From Culture for the People to Culture for Profit: the PRC's Journey Toward a Cultural Industries Approach", *International Journal of Cultural Policy* 2015, 21 (5).

Klamer, A. , " Cultural Entrepreneurship", *The Review of Austrian Economics* 2011,

24（2）.

Hardin，C.，"The Politics of Finance：Cultural Economy，Cultural Studies and the Road Ahead"，*Journal of Cultural Economy* 2017，10（4）.

Swan M.，"Blockchain Thinking：the Brain as a Decentralized Autonomous Corporation"，*IEEE Technology and Society Magazine* 2015，34（4）.

B.6
成都市数字文化创意产业高质量发展的对策和建议

谭 莹*

摘　要： 数字文化创意产业作为国家战略新兴产业，在国家强有力的政策支持下，迎来行业大发展的机遇。本报告立足成都资源禀赋和产业基础，以科技为引领，催生文创新模式、新业态和新场景，从完善政策体系、打造原创 IP、加强人才建设等方面重点发力，通过数字文创产业的有效集聚、创新孵化与产业服务，全面推动城市传统文化创意产业的数字化升级，助力成都建设成为具有全国引领力、全球竞争力的世界文创名城。

关键词： 成都　数字文创　产业生态

一　引言

　　数字文化创意产业简称数字文创产业，是数字技术与人的文化需求互动发展形成的产业。数字技术拥有数字编码、永久保存、无限复制、网络传播、多向交互、大众参与、快速迭代等特征，其核心在于数字渠道技术、数字内容技术、整合性技术。人的文化需求主要包括认知与记忆、审美与娱

---

* 谭莹，中共成都市委宣传部产业发展处处长。

乐、抚慰与励志、社交与推广、多元体验与自我实现等内容。为满足人的文化需求，将数字技术应用于文化创意领域，是现代文化产业发展的必经途径，是城市文化和经济建设的重点方向。作为经济发展的重要动力、国际竞争力的重要指标，数字文创产业对国家创新发展的重要作用已经在全球范围内形成共识。① 近年来，我国互联网技术的发展和网民规模的扩大使数字文创产业的发展进程加快，并呈现爆发性增长态势。目前，数字文创产业已经成为我国文化产业发展的重点领域和数字经济的重要组成部分。②

成都长期将数字文创视为推动城市发展的重要内容。2006 年，成都提出了打造"中国数字娱乐第一城"的定位目标。2018 年，成都因其在产业活力、人才活力、政策活力、传播活力等指标上的优秀表现，在"2018 年中国城市新文创排行榜"上排名第一，在数字文创等诸多领域具有引领性。③ 本报告通过研究分析成都数字文创产业发展面临的机遇与挑战，找准产业链的不足之处，提出从完善政策体系、打造原创 IP、加强人才建设等方面重点发力，加快推动数字文创产业高质量发展。

二 成都发展数字文创产业的背景

（一）政策背景

党的十八大以来，以习近平同志为核心的党中央高瞻远瞩，推进社会主义文化强国建设，提出了一系列新思想新论断，推出了一系列新举措新部署。习近平总书记指出，要"把握好新一轮产业革命、数字经济等带来的

---

① 王相华：《数字文化产业中政府角色定位：欧美国家经验与中国对策》，《艺术百家》2020 年第 1 期。
② 《文化部关于推动数字文化产业创新发展的指导意见》（文产发〔2017〕8 号），2017 年 4 月 11 日。
③ 《中国城市新文创活力排行揭晓 成都排名第一》，百度网，2018 年 7 月 17 日，https：//baijia hao. baidu. com/s？id = 1606246762087960084&wfr = spider&for = pc。

机遇"。① 2020 年 11 月 18 日，文化和旅游部印发《关于推动数字文化产业高质量发展的意见》，提出顺应数字产业化和产业数字化发展趋势，实施文化产业数字化战略，加快发展新型文化企业、文化业态、文化消费模式，改造提升传统业态，提高质量效益和核心竞争力，健全现代文化产业体系等要求。

近年来，四川省高度重视文化产业发展。四川文化产业发展指数连续 3 年居西部首位，文化消费指数居西部第二位。② 2017 年，四川省人民政府办公厅印发了《四川省"十三五"文化发展规划》（以下简称《规划》），明确"十三五"期间，四川省文化发展主要指标要进入全国第一方阵，如期实现文化小康目标，基本建成文化强省。同时，《规划》指出，为配合"五大经济区"建设，四川省将在成都平原经济区打造"互联网＋公共文化创意示范区"，在川南经济区打造"公共文化＋产业整合示范区"，在川东北经济区打造"公共文化＋资源开发融合发展示范区"，在攀西经济区打造"公共文化＋工业化融合发展示范区"，在川西北生态经济区打造"公共文化＋生态旅游融合发展示范区"。③

根据成都市第五轮城市总体规划，成都定位为国家中心城市、美丽宜居公园城市、国际门户枢纽城市、世界文化名城。2019 年，中共成都市委发布了《关于弘扬中华文明发展天府文化　加快建设世界文化名城的决定》，提出大力发展文创产业，支持建设以成都为中心、辐射全国的数字音乐研发生产平台和网络传播、在线视听等流媒体音乐服务平台，打造世界级数字音乐产业基地。④ 成都在全国率先成立新经济发展委员会，先后制定出台推进数字经济、流量经济、智能经济、共享经济、绿色经济发展和现代供应链创新应用的配套政策，实施新经济企业梯度培育计划，规划建设独角兽岛等发

---

① 习近平：《习近平谈治国理政》（第二卷），外文出版社，2017，第 480 页。
② 《四川文化产业发展指数连续 3 年居西部首位》，新华网，2019 年 1 月 28 日，http：// m. xinhua net. com/sc/2019 – 01/28/c_ 1124050644. htm。
③ 《〈四川省"十三五"文化发展规划〉解读》，四川政府网，2017 年 6 月 2 日，http：// www. sc. gov. cn/10462/10778/10876/2017/6/2/10424302. shtml。
④ 《中共成都市委关于弘扬中华文明发展天府文化加快建设世界文化名城的决定》，2019 年 1 月 6 日，http：//cd. wenming. cn/wmbb/201901/t20190116_ 5651875. shtml。

展载体，设立 100 亿元新经济发展基金，为新经济发展提供精准的政策支撑，着力建设和完善现代化数字文创产业生态圈。

（二）行业背景

数字经济已经成为当今互联网时代经济发展的重要引擎。数字文创在数字经济格局中的占比越来越重，当今世界互联网公司已经成为重要的文化内容供应商和渠道运营商。总体来看，全球娱乐市场 1010 亿美元的收入中，数字产品占比达 56%。[1] 中国在全球数字文创体系中的重要性不断上升。从 2018 年全球互联网文化娱乐市场看，中国仅次于美国，成为全球第二大市场，在数字文创产业的细分领域（短视频、云服务等）比较优势逐步凸显，但也出现全球数字经济发展的失衡问题。

当前，国内数字文创产业出现了竞相发展的局面。据国务院发展研究中心等单位共同发布的《中国数字文化产业发展趋势研究报告》估算，2017年中国数字文化产业增加值为 1.03 万 ~1.19 万亿元，总产值为 2.85 万 ~3.26 万亿元。[2] 全国数字文化市场竞争激烈。从 2018 年城市数字文化指数的排名来看，北京、深圳、上海、广州数字一线城市继续占据前四，数字文化指数均值为 3.4。重庆、成都、杭州、武汉、西安、苏州数字二线城市紧随其后。值得注意的是，后线城市数字文化指数增速呈现"后起直追"态势，在短视频、音乐、文学、动漫等数字文化细分市场占全国的比重过半。后线城市多集中在中西部地区，其整体增速明显高于东部沿海地区，数字文化市场还存在较大的发展空间，未来市场潜力可期。总体来看，我国一、二线城市数字文化指数值较高（城市数量占比为 5%，贡献了 33% 的数字文化指数），市场基础较好。而数字四、五线城市数字文化指数相对较低，市场基础相对薄弱。

---

① 《流媒体强势推进 2019 年全球娱乐市场收入冲破千亿美元》，新浪网，2020 年 3 月 25 日，http://k.sina.com.cn/article_1198531673_4770245901900m3l4.html? from = ent&subch = oent。

② 《〈中国数字文化产业发展趋势研究报告〉发布，5G 或引领新一轮爆发式增长》，央广网，2019 年 8 月 4 日，http://m.cnr.cn/tech/20190804/t20190804_524718105.html。

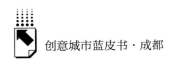

三 成都数字文创产业发展现状

文化产业的核心要素包括市场、文化资源、人力资源、资本、文化科技、管理、政策等七大要素，在不同的文化产业部类、企业的实践运作中，这些要素会形成不同的结构，进而形成文化产业发展的基本模式。[①] 本部分从文化产业发展要素出发，结合成都数字文创产业发展的实际情况，分别从政策、资金、技术、人才、市场等方面对其现状进行研究分析。

（一）政策体系日趋完善

2020 年 5 月 7 日，成都市人民政府办公厅出台《关于推进"电竞＋"产业发展的实施意见》，提出打造"电竞文化之都"。成都明确提出大力支持举办主题化、品牌化的电竞系列赛事，对自主培育、市场价值大、发展前景好、有国际影响力的品牌赛事，可给予每次不超过 500 万元的办赛补助。提出推动建设成渝地区双城经济圈电竞产业联盟，共建世界级电竞产业集群。鼓励高校结合实际开设电竞公开课，建立一种卓有成效的人才培养输送机制，为电竞行业培养未来的"主力军"，将电竞纳入世界文化名城建设内容统一宣传，打造"电竞文化之都"城市 IP 等。[②] 例如，武侯区发布的《成都市武侯区促进文化产业发展系列政策数字娱乐专项政策（试行）》，提出重点发展上游的网络文学产业和下游的根据 IP 改编的动漫、游戏以及数字内容传输和数字文化装备等领域，鼓励数字娱乐企业在武侯区落户并给予资金支持。

（二）资金支持力度持续加大

成都设立了百亿元新经济产业投资基金、百亿级成都市文创产业发展投资基金。成立了西南地区首家文创支行，研发了"文创通"贷款产品。"文

---

① 黄建康：《后发优势理论与中国产业发展》，东南大学出版社，2008，第 22 页。

② 《成都市人民政府办公厅关于推进"电竞＋"产业发展的实施意见》，成都市人民政府网，2020 年 5 月 9 日，http：//gk. chengdu. gov. cn/govInfo/detail. action？id =117553&tn =6。

创通"实现了对贷款利息和保费实施"双降双补贴"政策，补贴后企业实际融资成本不超过4%。此外，由政府部门联合成都银行等金融机构创新开展的"文创通同舟行动"信贷额增加至10亿元，以"专项额度、专属产品、专营机构、专业人才"服务更多的中小微文创企业，切实解决文创企业融资难、融资贵的问题，对数字文创产业发展起到一定推进作用。

（三）技术条件优势明显

成都通过多方合作努力为数字文创的发展提供有利条件。高校方面，四川大学计算机学院（软件学院）数据智能与计算艺术实验室，进行了 AI 绘画、AI 诗词、AI 音乐、AI 交互艺术等领域的研究，推出了一批创新技术运用案例。企业方面，成都红仓·完美世界文创产业园区内有全国首个5G 文创综合体、成都嗨翻屋科技有限公司拥有全球领先的音频技术等。高校和企业合作方面，成都有全球首个"5G 通信系统实验外场"，且腾讯成都团队已与电子科技大学在"静态模型资产的自适应多平台适配""玩家心流数据建模分析"方面展开深入合作，实现资源共享、联合制作等，专注于动漫游戏领域，致力于自主知识产权的原创动漫游戏软、硬件产品研发。

（四）人才队伍发展壮大

《中国经济的数字化转型：人才与就业》报告显示，成都拥有占全国2.5%的数字人才，在全国排名第六。2019 年，成都的全球人才竞争力指数在世界城市中排第93 位，超过深圳。目前，成都正大力推进"蓉贝"软件人才百千万引育计划，以优厚的政策措施广邀天下软件人才来成都发展，提出从2019 年起，每年将按"行业领军者、技术领衔人、资深工程师"层次评选优秀软件人才，并给予政策支持。近年来，成都相继吸引了赵季平、李宇春、谭维维、关晓彤、韩三平等知名音乐人、影视人设立工作室。对数字文创人才推出一系列奖项，包括金熊猫天府创意设计奖、天府文化青年创意设计奖、"金芙蓉"音乐奖、科幻星云奖等，吸引一批优秀的创意设计者和企业进入成都、看好成都，助力成都数字文创产业繁荣发展。

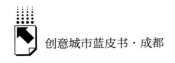
（五）市场主体日益活跃

数字文创成为助推成都发展的新动力、新引擎。据统计，成都现有各类数字文创相关企业1000多家，年产值上亿元的企业百余家。近年来，成都深入实施大型骨干企业培育计划，支持本土龙头企业做大做强，形成了包括可可豆动画影视、川大智胜、新飞翔、咪咕音乐、力方数字科技、尼比鲁、龙渊科技等一批优秀的本土市场主体，引进了今日头条、完美世界、慈文传媒、墨境天合数字图像、阿里巴巴娱乐文化集团等行业领军企业，涌现了《王者荣耀》《哪吒之魔童降世》等现象级文创产品，研发出《银河帝国》《王者帝国》《斯巴达战争》等月流水过千万的游戏力作，以及《尘埃落定》《康定情歌》《成都偷心》等影视演艺作品和《琅琊榜》《斗破苍穹》《妙医圣手》《成都爱情故事》《古蜀国密码》等网络文学作品。其中，"成都造"电影《哪吒之魔童降世》狂揽50.35亿元票房，荣登中国票房影史第二宝座，并荣获第33届中国电影金鸡奖最佳美术片。

四　成都数字文创产业面临的问题与挑战

在新的经济环境及技术的驱使下，数字文创产业迎来新一轮的发展机遇，新技术、新消费、新业态、新经济等文创产业增长迅猛。尽管成都在发展数字文创产业上有良好的市场环境、政策条件和智力支持，但与北京、上海、深圳等国内先进城市相比，在总体实力、顶层设计、产业整合能力、人才供给能力等方面尚有待提升。

（一）总体实力有待提升

与北京、上海、深圳等国内先进城市相比，成都缺乏具有国际影响力的企业和重大数字文创项目，其文化资源向数字文创产业转换力度不够，尚未形成大体量的产业竞争优势，数字文创产业还有广阔的发展空间。此外，尽管成都有丰厚的文化资源，但大熊猫文化、古蜀文化、三国文化等天府文化经典 IP 还未得到深入挖掘，缺乏具有世界标准、科技手段、市场意识的创意、创作、生产。部分文创作品有一定的专业水平，但从总体看，大部分文创作品在知名度、引领性方面都未在行业内产生大规模的现象级效应。尽管《王者荣耀》《哪吒之魔童降世》等成都本土孕育的现象级 IP，在全国乃至世界有一定的影响力，但其他作品还需进一步打造。

（二）高端领军人才缺乏

成都数字文创人才具有数量优势、后发优势，但目前中高端人才、领军人才仍不足。传统的高校教育、企业培训等都无法从根本上解决问题。数字文创产业高技术性、专业型人才培育机制有待完善，实行的人才政策偏于对人才学历、职称等方面的认定，将直接导致一些行业领军人物得不到更好的发展，易造成行业高端领军人才流失。因此，需要研究制定一套有针对性的人才评价、认定体系。

（三）产业运营体系不够完善

成都数字文创产业还处于成长期，产业运营体系有待进一步完善。其一，成都数字文创联盟实体化运行尚需加强。联盟对于企业交流、合作等还没有制订具体的实施方案，企业间的交流合作有待加强。其二，数字文创网络服务平台不完善。平台建设团队往往是技术性团队，对行业真实问题和需求了解不够清楚，造成供需不匹配。其三，缺乏发行渠道。成都本土创作了《伪装者》《十万个冷笑话》等一批具有影响力的精品，但由于本土发行渠道、市场影响力、知名度非常有限，成都超级原创作品往往都是在北京、上海、深圳以及国外发行才大获丰收。

五　推动成都数字文创产业高质量发展的对策建议

中国经济进入新常态以来，社会经济的发展出现了前所未有的新症候，亟待培育一批新业态，发展多种新经济。成都应深刻把握我国经济由高速增长阶段转向高质量发展阶段的基本特征，落实创新驱动发展战略，优化文化创意产业结构和布局，全面提升城市文化影响力、凝聚力和创造力，形成要素集聚、竞争有序的现代数字文创市场体系，着力推进建设具有全国引领力、全球竞争力的世界文创名城。

（一）强化顶层设计，完善政策体系

研究制定数字文创产业发展规划、实施意见及细分行业的配套政策。对标国内外数字文创产业发展较好的城市，做好产业现状、发展定位、空间布局等调研，聚焦壮大市场主体、强化品牌建设、吸引优秀人才等关键环节，全力提升产业政策的竞争力。强化知识产权全链条保护和赋能行业创新与发展，增强数字文创资产系统保护能力。加大政策宣传力度，扩大政策普及范围，加快建设金融投融资、数字版权、影视制作等综合服务平台，以构建产业生态圈和创新生态链为抓手推动优势项目、优质企业集聚发展，打造产业政策"成都口碑"。

（二）重视技术应用，打造原创IP

重点提升关键技术竞争力，加快5G、IPv6等核心技术攻关，重视机器人应用、数据挖掘、可视化分析、自然语言理解、知识图谱、人机交互等关键技术研发与应用。紧跟数字文创发展新技术、新业态、新产业、新模式，发展数字文创智能云、智能硬件、沉浸式体验平台、可穿戴设备、新兴媒介、数字艺术展示、计算机艺术等技术。充分发挥高校、企业在数字文创产业中的重要作用，推动数字文创各个环节的智能化，诸如智能写作、智能规划、智能策划、智能设计、智能新闻、智能艺术，等等。此外，成都可利用已有的文化IP，将同一个创意题材运用到数字影视、数字音乐、数字动漫、数字游戏等不同细分领域，做活做亮成都文化元素，打造更加持久、旺盛的原创IP。

（三）做实产业联盟，提升人才队伍水平

推动数字文创产业联盟实体化运行，充分发挥联盟信息整合、行业服

务、平台搭建的促进作用。具体来说，建立数字文创行业综合服务平台，加快实现"数创诊所""数创会所""数创研究所"等多维功能，形成综合性的世界级数字文创产业生态圈理论高地。发挥腾讯、融创文化集团等龙头企业的带动作用和川大智胜、咪咕音乐等本土领军企业的示范作用，培育一批如成都可可豆、尼比鲁、天象互动、完美世界等具有竞争力的龙头企业。建立数字文创人员的职称评审认定体系，完善大师工作室认定体系，针对不同数字文创的细分行业制定评估体系。注重考核数字文创专业人员的工作绩效、创新成果，增加技术创新、技术推广、标准制定、决策咨询、公共服务、社会影响等评价指标的权重。加快构建复合型、应用型人才培养体系，着眼于产业生态圈建设的需要，构建有效连接企业、学校、政府、媒体等各方面的培育体系，培养文化底蕴深厚、市场意识强烈、职业综合素质较高的复合型、应用型高端人才。

（四）加大创新力度，激发市场活力

在创新版权服务方面，发挥国家版权示范基地作用，争创全国版权创新发展基地，将熊猫文化、三国文化、古蜀文化、美食文化、诗歌文化等天府文化资源优势转化为市场优势，打造现象级文化精品。在激发市场主体活力方面，鼓励企业、院校设立或合作设立数字娱乐产业研发（技术、创作）中心，持续举办 IGS 全球数字文创大会、成都数字文创产业发展国际峰会等节会，搭建供需对接平台，建立应用展示交流中心，举办产业对接沙龙。建立持续性、权威性、系统性的信息整合制度，及时获取国内外数字文创产业最新的行业动态、市场数据等，加强政策的科学性、企业运营的可持续性。

（五）加强资源整合，增强支撑能力

充分发挥国家级文化产业示范园区、国家文化产业创新实验区、国家文化与科技融合示范基地等创意创新资源密集区域作用，培育若干各具特色、各有侧重的数字文化优势产业集群和产业链。加快推动数字文创产业服务于电子信息产业生态圈、绿色食品产业生态圈、智能制造产业生态圈、文旅

（运动）产业生态圈、现代商贸产业生态圈、会展经济产业生态圈等。以发展智慧城市为契机，大力拓展数字文创与城市各领域融合的深度和广度，不断提升数字文创对成都经济、文化、现代化社会治理的支撑能力。

结　语

数字文创产业为新兴产业，其发展给成都城市发展注入新的活力。当前，成都数字文创产业在现有的产业基础上还需进一步深化发展，结合成都自身优势，致力于培育音乐、影视、动漫、游戏、电竞，以及网络文化、数字文化装备、数字艺术展示等数字文创产业。从宏观上整体把控数字文创产业的发展布局，从微观上优化数字文创产业的细分行业、企业与项目。在政府政策引导下，加强产学研的融合，充分发挥成都优势、成都特色，以科技引领文创产业发展，激发数字文创新活力，推出更多现象级数字文创精品力作。汇集全国产业资源、弥补产业短板、塑造文创 IP 品牌，助力成都将自身建设成为具有全国引领力、全球竞争力的世界级文创名城。

参考文献

王相华：《数字文化产业中政府角色定位：欧美国家经验与中国对策》，《艺术百家》2020 年第 1 期。

习近平：《习近平谈治国理政》（第二卷），外文出版社，2017。

黄建康：《后发优势理论与中国产业发展》，东南大学出版社，2008。

《成都市人民政府办公厅关于推进"电竞 +"产业发展的实施意见》，成都市人民政府网，2020 年 5 月 9 日，http：//gk. chengdu. gov. cn/govInfo/detail. action？id = 117553&tn = 6。

B.7
天府绿道的文创产业植入策略研究

艾莲 赵泓*

摘　要： 天府绿道通过在设施、标识系统和景观节点等植入天府文化元素，打造了"博物馆长廊""天府沸腾小镇"等一批文化创意、旅游休闲等消费体验应用场景，有效提升了品质。在成都建设新阶段，应进一步探索有效途径，优化文创植入绿道的策略、方法和模式，构建高品质的生态、文化、旅游景观，营造新经济和消费新场景，使天府绿道成为一条生态、文旅及商业消费之路，实现生态、经济和社会效益的高效统一。

关键词： 天府绿道　文创植入　绿道价值转化

进入新时代，为加快经济转型升级，提高发展质量，成都市高度重视文创产业发展和生态文明建设，提出建设"三城三都"和美丽宜居公园城市的发展战略，其中打造天府绿道就成为全域增绿，建设美丽宜居公园城市的重要内容。天府绿道不仅具有生态价值，而且蕴含着丰富的文化、旅游、经济、社会和品牌价值。因此，推动天府绿道与文创产业有机融合，打造充分展示天府文化魅力的"绿道故事卷轴"，使其成为感知天府文化和历史的生态道路，不仅有利于提高其品质，而且有利于实现其生态价值向经济、社会

---

* 艾莲，四川省社会科学院文学与艺术研究所所长，研究员；赵泓，博士，四川省社会科学院文学与艺术研究所助理研究员。

价值的转换。目前，天府绿道与文创融合发展还处于起步阶段，需要进一步探寻有效的植入策略，使天府文化与绿道有机融合，实现生态效益与经济社会效益的高效统一，为"三城三都"和美丽宜居公园城市建设提供有力支撑。

一 城市绿道文创产业植入研究的理论和实践意义

（一）天府绿道文创产业植入研究现状

所谓绿道（Greenway）是指一种线形绿色开敞空间，通常沿着河滨、溪湖、风景道路等自然和人工廊道建立，内设可供行人和骑车者进入的景观游憩线路，是串联各类绿色开敞空间和重要的自然与人文节点的绿色廊道，包括连接各类公园、绿地、风景名胜区等自然节点，人文遗迹、历史村落、传统街区等人文节点，以及社区、中心商业区、大型休闲文娱区、公共交通枢纽等绿色廊道。其中与人文历史和文化创意紧密结合的绿道，已成为各地发展的重点。如美国波士顿的"翡翠项链"绿道、美国东海岸绿道以及伦敦、东京和新加坡等城市的绿道，都是与当地人文历史和文化创意结合较成功的典范。我国的武汉东湖绿道、上海黄浦江滨江绿道、厦门老铁路绿道、南京环紫金山绿道以及太原市府城文化绿道等，在建设过程中也积极探索文化创意产业植入绿道的有效途径，并取得了很好的成效。

众多国内外学者纷纷从不同角度研究了绿道植入文化创意产业的策略。如美国的法伯斯（Fábos）和杰克·埃亨（Jack Ahern）等学者提出将文化植入绿道，并研究了其文化、旅游、审美等功能，被后来的规划建设者广泛接受和采用。国内学者如颜佩楠、叶木泉研究了厦门铁路文化绿道的规划建设；陶莹、卢凯研究了基于历史文化遗产保护和利用功能的绿道规划策略；朱雪梅研究了基于文化线路的南粤古道、古村、绿道的联动发展策略；刘琳婕以广东增城为例，研究了文化景观的呈现策略；魏绮思对基于历史文化遗产保护和利用的绿道规划策略进行了研究，王洁还以成都锦城绿道建设为例，对城市绿道文化景观的营造策略进行了研究。这些研究取得了一些很有价值的成果，对我国城市文化型绿道的规划建设起到了很好的指导作用，但目前成熟体系的研究成果还不多，特别是对成都天府绿道植入文创因素，与文化旅游深度融合的相关研究才起步，规划建设也在探索实践中。

（二）天府绿道文创产业植入研究的意义

文化创意型绿道与普通绿道不同。普通绿道仅具有生态保护和休闲游憩的功能，而文化创意型绿道则通过将地域的历史、人文和旅游资源等植入绿道，使绿道景观可以集合人文特色与历史文化遗产保护、休憩旅游、教育审美、生态环保等众多功能，使自然景观与人文景观相协调，有效增强绿道的公众文化认同感和识别性，同时推动其生态价值向文化旅游和经济社会价值转化。

成都市自然气候条件优越，生态环境优美，且历史悠久，文化旅游资源丰富，非常适合发展文化旅游景观型绿道。天府绿道线路长、覆盖范围广、建设周期长，建设难度相对较大。如何依托现有条件，有效整合利用各类资源，以最小的投入建设、呈现最好的绿道，并能真正实现生态效益与经济社会效益的高效统一，需要进一步深化研究，充分借鉴国内外先进城市的成功经验，探寻最优的规划设计方案，为绿道的建设提供有效的支撑。

本报告将在系统梳理成都天府绿道建设现状的基础上，重点研究天府文创资源与绿道建设结合的有效途径，探讨文创产业植入天府绿道的策略和模式，打造体现天府文化特色的文化旅游型景观绿道，促进天府绿道的生态价值向文化旅游及经济价值转化，实现自然生态、人文旅游、休闲运动等的有机统一，为成都建设美丽宜居公园城市和世界文化名城提供有力支撑。

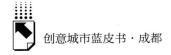

二 天府绿道建设及文创产业植入绿道现状分析

（一）天府绿道规划建设现状

2017 年 9 月，成都市公布了《成都市天府绿道规划建设方案》，提出建设"一轴两山三环七带"、总长达 16930 公里的全国最长、世界领先的城市绿道体系。其中，"一轴"是指沿锦江建设的锦江绿道；"两山"是指依托龙泉山与龙门山的旅游资源建设的龙泉山和龙门山森林绿道；"三环"是指利用三环路、环城生态区、二绕郊野绿带建设的熊猫绿道、锦城绿道、田园绿道；"七带"是指沿着主要水系建设的七条展示天府文化、串联城镇村的休闲绿道，包括走马绿道、江安绿道、金马绿道等。依据规划，天府绿道将分三期建设，到 2020 年建成 840 公里"一轴两环"绿道，建成区级、社区级绿道 2400 公里；到 2025 年建成 1920 公里区域级绿道，以及社区级绿道 8680 公里；到 2035 年将全面建成天府绿道三级体系。[①]

据统计，2018 年，成都市共完成天府绿道建设投资 219 亿元，建成各级绿道 1914 公里，使天府绿道总长达到 2607 公里，并沿天府绿道建成生态绿地 49.79 平方公里，串联生态区 44 个、1000 平方公里，绿带 123 个、79 平方公里，[②] 初步形成了生态区、绿道、公园、小游园、微绿地的五级城市绿化体系。在成都大力建设美丽宜居公园城市，突出生态价值背景下，绿道建设已成为推进生态本底保护和修复、连接贯通各类生态资源、带动整个城市生态环境改善的重要抓手。

（二）天府绿道文创产业植入及生态价值转化现状

天府绿道规划建设过程中非常重视与文化的结合和文创产业的植入，制

---

① 《成都市天府绿道规划建设方案》，2017 年 9 月 1 日。
② 严丹：《今年将开工建设绿道 1200 公里》，《成都商报》2019 年 1 月 5 日，第 3 版。

订了《天府绿道文化建设策划方案》，提出文化引领、景观营造、绿道为脉等规划策略。其中文化引领就是要结合成都悠久的历史和丰富的文化旅游资源，推动绿道建设与天府文化融合，打造文化旅游景观型绿道，充分展示巴蜀及天府文化魅力，使其成为一条文化旅游线路、休闲游憩之路，感知天府文化和人文魅力的道路。其中天府绿道中的"一轴"将主要体现水文化、古蜀文化、蜀都文化、创新创意文化等；"两山"在文化区域上定位为"多元文化之双屏，人文交流之绿道"；"三环"绿道的主要文化元素包括生态文化、创新创意文化、古蜀文化、川西民俗文化；"七带"的文化定位则为"星罗棋布的璀璨结晶，精巧灵动的文脉网络"，其主要文化元素有教育、古蜀、餐饮美食、郊游、诗歌及川西民俗文化等。

在天府绿道建设过程中也不断探索有效途径植入巴蜀特色文化元素，在合适的点位植入文创产业，如"百家博物馆绿道行"活动，以及美术、图书、非遗、演艺等公共文化活动空间等。沿四环的锦城绿道，散落着道明竹艺村、建川博物馆、刘氏庄园、安仁古镇、元通古镇、白鹿音乐小镇、天府芙蓉园等诸多历史及现代人文景观。据统计，2018年，成都市绿道植入了2191个文商旅体设施，其中文化设施577个，旅游设施506个，各类基本公共服务设施1080处，[①] 很好地推动了绿道与文旅的有机结合，增强了综合服务功能，使天府绿道成功入选2019年"四川十大文旅新地标"，成为成都的一张城市新名片，极大地提升了成都的城市品牌价值。

三　天府绿道文创产业植入存在的问题

（一）天府绿道文创产业植入规划体系有待进一步优化完善

天府绿道建设现有规划体系都对文创植入绿道、促进文旅与绿道的融合

---

① 王琳黎、袁弘：《"人城境业"和谐统一"公园城市"画卷渐次铺展》，《成都日报》2019年1月15日，第2版。

发展提出了一些指导性、原则性、方向性的建设思路和意见。如《成都市天府绿道规划建设方案》提出绿道建设要以文化引领、景观营造、绿道为脉为策略，促进生态与文旅及经济的有机融合，书写绿满蓉城、花重锦官、水润天府的蜀川画卷。成都市文化广电旅游局制订了《天府绿道文化建设策划方案》，对"一轴两山三环七道"各段分别应植入和展现的特色文化进行了策划。成都市规划局制定了《天府绿道锦江绿轴规划》。

这些规划对如何进行文旅融合，将文创产业植入天府绿道起到了很好的指导作用，是绿道建设的纲领性文件。但整体看这些规划基本都是指导性的、方向性的，仍较为宏观，对不同区域、不同线路及不同路段的绿道与当地特色文化结合的策略、模式和方法等，缺乏详细的规划和设计。事实上，天府绿道覆盖成都市 20 个区（市）县，线路总长 16930 公里，不同区（市）县、不同线路和不同路段所处的地势、拥有的自然景观及历史文化资源都不相同，可开发利用的价值、方法和模式等也各不相同。因此，应尽可能对每条线路进行详细规划，特别是对重点区域、重点线路和路段的建设进行精心策划和设计，依据不同的资源条件，设计最佳方案，打造最优景观和消费应用场景，使绿道建设真正与当地的历史文化及旅游发展有机融合，实现生态效益与经济社会效益的统一。

（二）天府绿道建设与文创产业融合的整体水平亟待提高

经过几年的建设，至 2020 年 5 月，天府绿道已完成投资 341 亿元，建成总长已达 3689 公里，[①] 覆盖成都各个区县，在全域增绿、串联全市各级生态绿地系统中发挥了重要作用。绿道建设过程中也非常重视与文化创意产业的有机融合，以增强绿道的综合功能。但整体来看，全市绿道建设里程长，覆盖范围广，各个区县的条件不同，真正实现与文旅有机结合及价值转化的成功案例还不多。多数绿道的功能还较单一，仅限于通行和增绿，与当

---

① 李艳：《建设公园城市示范区 成都推进绿道生态价值转化》，《西南商报》2020 年 5 月 29 日，第 3 版。

地的历史人文结合水平还不高，特别是在线路选择、景观设计、配套设施建设、关键节点打造、应用消费场景营造等方面还有较多需要改进的地方，文创植入的策略、模式和方法等也需要进一步深入探讨研究。

（三）缺少专业人才、资金、管理经验等关键要素的支撑

规划建设上万公里的三级绿道体系，且要与文化创意有机融合，将文创成功植入绿道，实现生态价值与经济社会价值的高效统一，对成都市及各区县来说都是一项较专业且复杂的任务，基本没有可供参考的实践经验，需要有更多的专业人才、资金、技术、土地和管理人员等关键要素来支撑。

规划建设能体现天府人文特色的绿道与简单地修建绿化带和打造自然景观不同，需要有专业的技术人员进行规划设计和建设运营，特别是要实现绿道与文化创意的有机融合及生态价值转换，更需要有既懂园林绿化设计，又非常熟悉天府文化，了解成都文化旅游发展现状，知道如何进行商业运作的复合型人才来进行策划、建设和运营。从文创产业植入绿道的方式、策略和模式等的整体设计，以及对具体线路的选择，景观的打造，配套设施、标识系统的建设和消费应用场景的营造，到后期的建设运营都需要有专业的技术人才。但从天府绿道规划建设状况来看，全市还较缺少这类复合型人才。此外，目前天府绿道的规划设计方案主要是通过招标形式选定的，普通市民和市内一些深刻了解天府文化和旅游资源状况的专业人士、研究机构很少参与设计方案的选择，也使规划难以聚集社会大众的智慧，形成最佳方案，促进绿道与文化创意的高效融合。因此，在绿道建设实践中，还应不断培养相关专业技术人才，并总结一些可复制的与文创植入有关的成功经验和做法在全市推广。

建设总长达16930公里的天府绿道，所需投入的资金总额也是巨大的。要进一步推动绿道的文创植入，提高其与文旅的融合发展水平，所需的投资还会进一步加大，仅靠政府财政性投资显然缺口很大，需要进一步完善投融资机制，吸引更多社会资金参与建设运营。

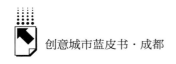

四　优化绿道文创植入策略，提升价值转化能力的对策建议

（一）完善天府绿道规划体系，加强其与文化创意有机融合

在充分借鉴国内外文旅植入绿道成功实践经验的基础上，进一步深化分析论证，探寻天府绿道文创植入的有效策略、模式和路径，通过精心策划、周密设计、广泛征求意见，全面优化完善以《成都市天府绿道规划建设方案》《天府绿道文化建设策划方案》《天府绿道锦江绿轴规划》等为主的规划体系，确保规划的科学性、系统性、指导性和可实施性，为绿道的生态、经济及社会等综合功能的提升和价值的实现提供依据。

将文创、旅游点位引入绿地，连接基层社区治理体系，搭建群众艺术生活共享平台。2019年底开馆的多宝寺壹号艺术中心，通过对房地产企业闲置售楼部的改造，设立了精品美术馆、天府名家工作室、天府名家讲坛、书画保护传承技艺展示中心、天府书画研究中心、文创产业部等，将常年开展书画展览、教育培训，并提供公共服务驿站所具备的咖啡、简餐等大众服务功能，展示艺术服务新经济形态，形成该社区绿道中独一无二的市民共享艺术文化驿站。

（二）延续生态本底，深挖天府文明，打造线性文旅集聚区

天府文化历史悠久，源远流长，内涵丰富。在绿道的规划建设中，要结合历史、现代等因素将天府文化的抽象内涵转换为具象表达。因此，要尽量避免对其他地区绿道建设经验的完全照搬，充分利用天府文化，打造线性文旅集聚区。

1. 根据当地特色，突出多样化

在绿道规划中，根据地理区位特征、自然资源和历史人文特色，"适才适用"，打造"一道一品"，形成连续可达的滨江、滨水、临山的路线，打

造不同的活力点位。从地区、城市、场所不同层面，有针对性地进行绿道规划，依据不同区市县、不同路段的文化旅游资源状况，以及与绿道结合的难易程度，分区域、分地段、分类型进行更专业、更精细化的规划设计。对重点地区、重点路段文创植入进行重点规划和重点设计，必要时可通过公开征集和全球招标的方式选择方案，并更多地征求沿途居民、市民和相关专业机构及专家的意见，通过市民评选、专家评审的方式，选择最佳规划设计方案，打造广泛融入天府文化基因的最优景区、景观和消费应用场景，使绿道建设真正与当地的历史文化、旅游发展深度融合，实现生态效益与经济社会效益的统一。

2. 强调差异性，避免同质化

根据消费人群，打造不同绿道"品牌"，着力培育不同区段绿道个性特色与专属功能，不追求"十项全能"，而是要"亮点"突出。充分利用当地人文历史特色，如在记载了城市的文化和历史的场地，要看到老旧建筑承载了人们对过去的追忆，它们都是社会、经济、文化发展的产物，因此要采取留、增、删等方式予以设计。这样既保留了"文脉"、融合了现代，又突出了本地的文化和形象。

3. 优化山水格局，串联文化脉络

用绿道串联起零散分布的各类公园、绿地，将能体现城市特色的内容用景观、建筑的手法表现其中，打造开拓创新、生态宜居的城市气质。尽量加强历史文化资源及文化遗存的联系性，串联各类文化遗址，如明蜀王陵、金沙遗址，既可以有效地保护历史文化遗产，又可以改善当地的自然状况，着力打造具有成都独特风格的历史文化游览景观。

（三）激活商埠文化，打造基于城市空间的生态商业集聚区

从成都已有的城市空间来看，目前已形成了以春熙路—盐市口为代表的多个商圈。如何借助绿道在商业发展成熟的区域适当植入文化创意和旅游购物环节，挖掘商业基础上的文化旅游内涵，打造高品质的文化创意、旅游观光、休闲娱乐等消费体验应用场景，形成基于城市空间的生态商业聚集区，

是后续建设重点。

1. 植入生活消费场景

用绿道将各大专业卖场、城市综合体、基础设施等有机串联,整合周边公共服务设施,打造以绿道为线的新型消费空间,以"场景营造 + 产业植入"促进价值转化和产业转型。推动场景营造引领功能叠加,依托生态场景叠加生态体验、文化创意、生活美学等新兴消费功能,推动公园城市成为新场景的价值增值之地。如新都区天府沸腾小镇以"绿道 + 火锅"营建模式,植入美食娱乐、水上音乐、田园体验等新兴业态,建设集特色火锅品鉴、火锅文化展示于一体的火锅特色街区,月吸引游客最高逾 10 万人次、营业收入近 1000 万元。[①]

2. 加大群众参与力度

发挥社会力量的创新活力、引导社会组织参与、注重激发民众热情,共同形成生态场景营造、业态植入、管理运营和维护提升的合力。例如,以活动策划提升市民参与度,举办越野跑、健步行、风筝节等活动;举办各类流行赛事,如王者荣耀比赛、歌唱比赛等。

(四)提升旅游品质,打造生态文旅集聚区

1. 打造综合旅游区

依托独特的自然、生态、文化等资源,围绕建设国际一流的旅游休闲度假目的地,通过绿道的有序连接,打造综合性的旅游区。如锦江沿岸可汇聚现有的成熟商圈,形成一个集观光、商业、休闲于一体的特色人文风情带。目前已经开放"夜游锦江"的游玩项目,未来还可在锦江沿岸继续开发,打造新的体验场景。如可依托 339 地标,打造酒吧、时尚餐饮等消费场景,推进休闲时尚业态。

2. 突出区域特色,紧贴天府绿道规划建设

以区域特色化和国际时尚化相融合为定位,以马拉松、徒步、自行车、

---

① 李艳:《建设公园城市示范区 成都推进绿道生态价值转化》,《西南商报》2020 年 5 月 29 日,第 3 版。

定向越野、登山、轮滑等项目为抓手，结合国际赛事引进充分开发利用绿道资源禀赋，科学规划、合理布局，形成大型赛事与全民健身相结合，体育赛事与文化、旅游等产业融合发展的特色名片。

3. 打造具有影响力的文化新地标和文产新高地

借助绿道，推动热门景点全域"空间贯通、业态融通、客流互通"，打造"从白天到夜间、吃住行游购娱"全通式体验消费新场景，加快推动"景点旅游"向"全域旅游"、"过境旅游"向"过夜旅游"、"观光旅游"向"体验旅游"跨越，打造具有影响力的文化新地标和文产新高地、西部最具特色的文创产业集群、全国知名的文化旅游消费体验目的地，努力跻身成都建设世界旅游目的地城市核心板块。

（五）完善管理运营体系，强化要素保障，实现可持续发展

1. 加强绿道建设

加强绿道建成后的运营管理和服务体系建设，营造专业团队运营管理与全民共享、共同维护相结合的管理体制。绿道建成后，其路面、配套设施、林木植被的维护保养等需要有专业的团队来进行。文化、旅游及商业活动的开展等，需要有专业的企业来进行商业化运营，以实现其经济社会效益。而绿道的品牌打造、宣传推广和管理制度制定还需要政府主管部门来主导。因此，需进一步完善政府监管，公司市场化、专业化运营的管理体系。从政府层面设立工作机构，专门负责统筹绿道的后期监管运营和宣传推广，组建专业的运营管理公司负责绿道的日常维护和商业开发。并积极调动各种社会力量，鼓励沿途社区、单位、社会团体、志愿者等共同参与绿道的维护与保养，通过组织开展爱护绿道志愿活动，如打扫路面，擦洗配套设施，修剪草坪、林木等，营造良好的爱护绿道、享受绿道的社会氛围，建立全民共享、共同维护的管理体系，做到每段路都有专人维护。

2. 建章立制，制定出台天府绿道管理办法

建立针对绿道管理和运营维护的政策法规体系，明确管理维护主体及其职责，完善管理维护细则，提高管理要求。对故意破坏绿道及其配套设施、

随意倾倒垃圾污水、擅自占用绿道、机动车乱进乱停、非法摆摊设点违规经营等行为，加大处罚力度。建立巡查制度，发现问题并及时处理，确保绿道不被任意破坏。

3. 完善绿道服务体系

对绿道进行分类建设管理，使绿道的服务功能更具特色，效率更高；优化"绿地＋公共服务设施"的布局，推动社区综合体与绿地结合设置，并通过绿道串联，形成环境优美、服务便捷的综合服务中心，提高绿道智慧化管理水平，通过绿道地图建立天府绿道公众号等载体，逐步完善绿道导航等各项功能；加强绿道与绿道、绿道与"公共目的地"，以及绿道与城市设施之间的联通，全面拓展和发挥绿道综合功能。

4. 完善绿道保障体系

加大政策支持力度，完善天府绿道建设所需的人才、资金、技术、土地等关键要素的保障体系。在绿道建设运营过程中，尽快培育引进一批既懂城市园林绿化规划、道路交通设计，又懂文化旅游专业知识，且深刻了解巴蜀及天府文化，熟悉成都市文化旅游发展现状，能有效地促进文创植入绿道，实现绿道与文旅有机融合的复合型人才。在天府绿道的规划设计、建设运营及后期管理服务等方面提供人才支撑。

B.8

文创产业功能区：理论逻辑与成都路径[*]

马　健^{**}

摘　要： 本报告从文创产业功能区的基本含义与要素构成入手，梳理了文创产业园区演进的三个阶段，分析了文创产业功能区建设的重要意义。文创产业功能区的建设，既是克服区域文创经济发展同质化的治本之策，也是优化文创空间布局和重塑文创经济地理的重要手段。成都文创产业功能区建设的"人城产"逻辑，将人本理念作为重塑成都文创经济地理的出发点，通过创新人才供给，吸引文创人才来蓉，发挥"人才场效应"；通过强化相关配套，解决产城分离问题，实现"职住平衡"；通过明确主导产业，精准定位，产业先导，完善文创产业链，最终实现以城聚人、以人聚产、以产兴城。从成都文创产业功能区的建设思路与实现路径来看，核心在产业——以竞争优势原则选择文创产业主导方向，关键在功能——科学谋划和统筹生产、生活、生态功能，支撑在园区——以生态圈理念引领文创产业的要素集聚。

关键词： 文创产业　产业功能区　产业生态圈　成都经验

---

* 基金项目：教育部人文社会科学重点研究基地四川师范大学巴蜀文化研究中心重大项目"四川文化和旅游发展指数研究"（项目编号：BSWHZD20－02）。

** 马健，博士，国家文化产业创新与发展研究基地西南研究中心执行主任兼首席专家，西南民族大学旅游与历史文化学院教授，西南民族大学公共管理学院和成都大学中国—东盟艺术学院硕士生导师。

2017 年 7 月召开的成都国家中心城市产业发展大会深入贯彻落实中共成都市第十三次党代会关于"重塑城市空间结构和经济地理"① 的重大部署，作出了"优化产业功能区布局，集成构建产业生态圈"② 的战略决策。中共成都市委和成都市人民政府于 2018 年 2 月印发的《建设西部文创中心行动计划（2017—2022 年）》明确提出"规划建设 26 个文创产业功能集聚区"③ 的工作目标。中共成都市委书记范锐平在 2018 年 11 月召开的全市宣传思想工作会议上特别强调："调整优化文化产业布局，进一步明晰文创产业功能区主攻方向。"④ 截至目前，成都已布局成都新经济活力区、成都科技影视文创产业功能区、成都东郊文化创意功能区等 10 个文创产业功能区，并且初见成效。

一 文创产业功能区：含义、要素及演进历程

（一）基本含义

文创产业功能区是为了有效破解传统文创产业园区"重地理集中、轻产业集聚""重运营成本、轻能力提升""重项目数量、轻企业协作""重产业发展、轻生活服务"等突出问题，通过完善文创产业生态链，构建文创产业生态圈，吸引文创人才、文创企业、文化资源、知识技术、金融资本等各类资源要素有效聚集和高效配置，形成集设计、研发、服务、生产、生活、生态等多种功能于一体，有效解决同质竞争、产城脱节、职住分离、基础设施不专业、公共服务不配套、产业协作不经济等现实问题的新型城市文创产业社区。

---

① 范锐平：《深化改革开放 聚力创新发展 为建设全面体现新发展理念的国家中心城市而奋斗——在中国共产党成都市第十三次代表大会上的报告》，《成都日报》2017 年 5 月 2 日，第 1 版。

② 钟文、黄鹏：《创新要素供给 培育产业生态 构建具有国际竞争力和区域带动力的现代产业体系——成都国家中心城市产业发展大会召开》，《成都日报》2017 年 7 月 3 日，第 1 版。

③ 中共成都市委、成都市人民政府：《建设西部文创中心行动计划（2017—2022 年）》（成委发〔2018〕7 号），2018 年 2 月 12 日。

④ 钟文：《范锐平在全市宣传思想工作会议上强调：守正创新开创全市宣传思想工作新局面 为加快建设全面体现新发展理念的城市凝聚强大力量》，《成都日报》2018 年 12 月 1 日，第 1 版。

（二）要素构成

文创产业功能区的本质是一种以多维网络体系形态呈现的城市文创产业社区。文创产业功能区主要由五大要素——文创人才、文创企业、专业服务、基础设施、政策体系构成。五大要素之间的关系是：文创人才是文创产业功能区建设的关键，文创企业是文创产业功能区建设的核心，专业服务是文创产业功能区建设的重点，基础设施是文创产业功能区建设的保障，政策体系是文创产业功能区建设的动力。

1. 文创人才

在文创产业功能区内，要有大量的艺术家、设计师、文创客，以及文创企业家、文化经纪人、文化策划人等各类文创人才。文创产业功能区的活力正是来自文创人才。

2. 文创企业

在文创产业功能区内，要有众多互相依存、互相协作、互促发展的文创企业。而且，这些文创企业还要有供应链、产业链和（或）价值链等不同维度上的战略合作关系、战略协作关系和（或）战略互惠关系。不仅如此，文创产业功能区内的文创企业既要有龙头企业和骨干企业，也要有小微企业和创业团队。

3. 专业服务

在文创产业功能区内，要有以市场化方式提供专业服务的各类企业和专业机构。一个文创产业功能区所能提供的金融服务、咨询服务、信息服务、代理服务越便捷、越高效，这个文创产业功能区的"功能"越强大。

4. 基础服务

在文创产业功能区内，要有能够保障社会经济活动正常运行的供水供电、公共交通、网络通信、商业服务、文化教育、医疗卫生等基础设施和服务体系。这是文创产业功能区得以正常运转的基本保障。

5. 政策体系

在文创产业功能区内，要有地方政府及有关部门出台的旨在支持文创人

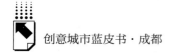

才成长和文创企业发展的扶持政策，要有明确的文创产业功能区发展规划，并提供相应的公共服务。

（三）演进历程

中国文创产业园区的演进，大致经历了三个发展阶段。

第一个阶段是粗放式的文创产业集中区（文创产业园区的 1.0 版本）。文创产业集中区是将"大文化"概念下的各类文创人才和文创企业简单集中到某个特定地理范围内的粗放式发展模式。文创产业集中区存在的主要问题是"重地理集中、轻产业集聚""重运营成本、轻能力提升"。

第二个阶段是精细化的文创产业集聚区（文创产业园区的 2.0 版本）。文创产业集聚区是根据专业化分工和互补式合作关系，将众多独立而互相关联的文创企业以及相关文创机构集聚到某个特定地理范围内的精细化发展模式。文创产业集聚区存在的主要问题是"重项目数量、轻企业协作""重产业发展、轻生活服务"。

第三个阶段是集约型的文创产业功能区（文创产业园区的 3.0 版本）。文创产业功能区是通过建设集生产功能、生活功能、生态功能于一体的文创产业社区，切实提高文创产业基础能力和文创产业链水平，具有优势互补和高质量发展特征的文创产业集约型发展模式。

由此可见，文创产业功能区的建设，既是克服区域文创经济发展同质化的治本之策，也是优化文创空间布局和重塑文创经济地理的重要手段。

二 成都文创产业功能区建设的"人城产"逻辑

成都国家中心城市产业发展大会在全国率先提出"人城产"理念，按照"产业先导、职住平衡、完善配套、塑造城市美学"[①] 的原则，统筹

---

① 范锐平：《深化改革开放 聚力创新发展 为建设全面体现新发展理念的国家中心城市而奋斗——在中国共产党成都市第十三次代表大会上的报告》，《成都日报》2017 年 5 月 2 日，第 1 版。

布局建设 66 个产业功能区，探索城市发展方式和经济组织方式的调整路径。简单来说，成都文创产业功能区建设的"人城产"逻辑就是：将人本理念作为重塑成都文创经济地理的出发点，以城聚人、以人聚产、以产兴城。①

（一）创新人才供给：吸引文创人才来蓉，发挥"人才场效应"

文创产业发展的核心在于人的文化创意。在文创产业的诸多生产要素中，最重要的生产要素是人力资源，而不是人们通常认为的文化资源。② 范锐平在成都市产业功能区及园区建设工作领导小组第三次会议上明确要求，"推动高水平人力资源协同，大力引进一批行业领军人才、运营管理人才，引育一批专业技能人才，夯实产业功能区高质量发展的人才保障"。③

虽然成都的文化生态环境对文创人才具有天然的吸引力。"乐观包容"的文化态度既是成都人达观向上、求同存异、兼收并蓄的生活智慧，也是成都以开放的胸怀和温暖的召唤汇聚文创人才的重要优势。不仅如此，成都近年来已在推进文创人才队伍建设方面出台了一系列力度颇大的人才政策。在区（市）县一级，武侯区还在全市率先制定了《成都市武侯区文化创意优秀人才培养扶持细则》。但整体来看，一方面，各区（市）县在文创领域贯彻落实《关于实施"成都优秀人才培养计划"的办法（试行）》（成组通〔2015〕103 号）精神的整体效率还有待提高；另一方面，各区（市）县在

---

① 在思想认识层面，2019 年召开的中共成都市委十三届四次全会、成都市产业功能区及园区建设工作领导小组第二次会议暨全市产业协同发展推进会等多个重大会议都反复强调"人城产"建设逻辑。在城市规划层面，已初步形成"人才引领发展、区域边界跨越、主题公园建设、产业优化提升、现代服务优化、产城融合发展"的整体思路。在政府政策层面，《成都市房地产业发展五年规划（2017～2021 年）》要求"房地产业发展规划应遵循职住平衡原则"。《成都市住房租赁市场发展五年规划（2017～2021 年）》也强调"调整供需结构，强化职住平衡"。

② 马健：《人力资源要素导向的区域特色文化产业发展战略研究——兼论成都特色文化产业发展战略》，《四川戏剧》2019 年第 4 期。

③ 钟文：《聚焦质量变革效率变革动力变革 以产业功能区建设为抓手助推高质量发展》，《成都日报》2018 年 10 月 23 日，第 1 版。

优秀人才的培养和扶持上依然偏向于科技人才，对文创人才的培养和扶持工作做得还远远不够。

事实上，成都文创产业功能区的有生力量，除了从事文化创意的高端文创人才和文创企业的优秀经营管理人才外，还包括文创企业的中层骨干和文创领域的"奇才""怪才""偏才"。与科技人才不同，许多文创人才既没有抢眼的高学历，也没有亮丽的高帽子，更没有光鲜的高职位，并因此长期以来被传统的人才政策所忽视。但对于成都文创产业功能区的建设来说，只有在文创人才政策创新上有所突破，才有可能在日趋激烈的"城市文创人才争夺战"中"突出重围"，从而更好地吸引、用好和留住文创人才。

成都的文创人才政策是建设好文创产业功能区、促进文创人才就业创业、重塑成都文创经济地理的关键。成都文创人才政策的创新，要在坚持物质激励和精神激励并重、高级文创人才和"草根"文创人才并重的基础上，通过深入调研成都文创人才的发展现状及政策诉求，全面比较其他"国家中心城市"的文创人才政策，反复论证优秀文创人才的认定标准，尽快出台专门针对文创人才特点的"关于实施'成都文化创意优秀人才培养计划'的办法"和"成都市文化创意优秀人才培养扶持细则"等相关政策，重点吸引、用好和留住文体旅游业、音乐艺术业、会展广告业、创意设计业、传媒影视业、现代时尚业、信息服务业、教育咨询业等细分产业领域的文创人才。真正通过文创人才要素供给的创新，吸引全球各地的优秀文创人才会聚成都，激发成都文创产业功能区的"人才场效应"。

（二）强化相关配套：解决产城分离问题，实现"职住平衡"

范锐平在成都市产业功能区及园区建设工作领导小组第五次会议上特别强调三个"着眼"。一是着眼"治本"。通过建设集生产、生活、生态的复合功能于一体的产业功能区，探索有效破解城市发展困境和社会发展难题之路。二是着眼"转型"。彻底扭转传统的产业园区思维。通过做强产业功能和补齐生活短板，建设能够真正体现新发展理念的城市空间载体。三是着眼"提质"。按照"生产空间集约高效、生活空间宜居适度、生态空间山清水秀"的要求，建设"人城境业"和谐统一的产业功能区。①

按照上述要求，成都文创产业功能区的产城布局思路就应该是：坚持美丽宜居公园城市的建设理念，以实现高产出效率和高宜居水平为目标，以集约节约、绿色低碳、生态宜居为方向，按照以城聚人、以人聚产、以产兴城的部署，统筹生产、生活、生态布局，将成都文创产业功能区建设成为文化体制改革先行区、先进文创要素集聚区、特色文创产业优势区、高品质宜居生活社区，建设成为"人城境业"和谐统一公园城市的重要承载地和标杆展示区。

从生产的角度来看，成都文创产业功能区要提供文创产品设计、研发、生产的基础条件，有效利用文创人才、文创企业、文化资源、知识技术、金融资本等资源，通过众多文创企业的集聚，为广大文创人才提供充裕的就业机会、充足的创业机遇、充分的创意空间。

从生活的角度来说，成都文创产业功能区必须明确"小而精、秀而活、绿而美"的城市文创产业社区建设理念，实现文化、体育、休闲、娱乐的空间载体充足，购物、出行、求学、就医等日常生活便利的建设目标，为吸引和留住文创人才提供便捷舒适的高品质社区生活环境。

从生态的角度而言，成都文创产业功能区必须坚持"绿色发展"的产城空间优化布局思路，为世界文创名城、世界旅游名城、世界赛事名城、国际美食之都、国际音乐之都、国际会展之都的建设奠定"绿色宜居、产城融合"的产城布局基础。

总之，成都文创产业功能区的产城布局必须树立产城融合理念，按照产业先导、职住平衡、完善配套和塑造城市美学的原则，科学优化城市文创产

---

① 钟文、杨彩华：《加快建设产业功能区 形成优势互补高质量发展区域经济布局》，《成都日报》2019 年 9 月 19 日，第 1 版。

业社区的规划和设计，建设能够彰显天府文化的当代价值，体现绿色生态宜居特色的城市文创产业社区，从而实现城市与产业"在时序上同步演进，在空间上分区布局，在功能上产城一体"① 的规划理念与建设目标。

（三）明确主导产业：精准定位，产业先导，完善文创产业链

成都文创产业功能区的建设，要从深刻认识文创产业发展规律的高度出发，全面理解和充分激发创意引领创新、创新推动创业、创业带动就业、就业激发创业的"创意—创新—创业"链式效应。不仅要充分发挥成都文创产业功能区内的文创企业群落在"孵化培育—成长成熟—再孵化"方面的天然优势，实现成都文创产业功能区的产业结构优化升级与产业生态系统和谐，而且要充分发挥文化创意和设计服务与相关产业在融合发展过程中，对提升相关产业的产品和服务附加值所起到的赋能作用。

1. 坚持整体布局理念，形成"两个循环"格局

成都文创产业功能区的建设，要坚持成都全市"一盘棋"的整体布局理念，在明确文创产业功能区的主导产业定位和关联产业布局的基础上，遵循文创产业发展的客观规律，形成具有成都特色的成都文创产业全景图、成都各区（市）县文创产业链全景图、成都文创产业生态发展路径图、重点文创企业和配套文创企业名录。构建以文创产业功能区为核心单元和主要内容的成都文创产业生态圈，将成都文创产业功能区建设成为具有国际竞争力、全国标杆性的新型城市文创产业社区群落。一方面，坚持改革创新，对内加快引导各类资源要素打破行政壁垒的约束和地域市场的分割，主动融入以国内超大规模的文化市场为核心的国内文化经济大循环体系。另一方面，坚持开放引领，对外主动对接全球文化价值链的核心内容和文创产业链的高端环节，建立和完善具有国际竞争力的成都现代文创产业体

---

① 李秀中：《构建产业生态圈：产业园区即城市新区》，《第一财经日报》2017 年 7 月 31 日，第 T04 版。

系和市场体系，积极融入以国内国际"双循环"相互促进为特征的文化经济新发展格局。

2. 聚焦人才要素供给，建设文创资本市场

成都文创产业功能区的建设，要加强天府文化资源禀赋和成都文创产业发展的内在联系。通过打造以"校、院、地、企"为主体的利益共同体、责任共同体、命运共同体，将沉淀的天府文化资源优势创造性地转化为成都文创产业发展的不竭动力。一方面，坚持文创企业的需求端导向和市场化的人才评价标准，围绕成都文创企业对文创人才资源的"全生命周期"需求，既大力引进高层次的文创领军人才和紧缺急需人才，也要重视文创企业的核心业务骨干和确有特殊才能的文创人才。不断探索文创人才引进的"一企一策"，确保文创人才的"引育培用"更加精准。另一方面，既要重视资本平台的作用，通过搭建文创资本与文创项目的对接平台，合理引导社会资本更多更快更好地参与和更实更准更细地支持成都文创产业的发展，为成都文创企业的高质量发展提供市场化、专业化、国际化的全过程投融资服务。也要重视引导基金的作用，由政府部门主导设立成都文创产业发展引导母基金，充分发挥地方财政资金的杠杆放大效应，通过引导母基金和股权投资机构合作发起子基金的方式，吸引和引导社会资本投资成都文创产业的重点领域和薄弱环节。

3. 加强专项政策供给，完善文创政策体系

成都文创产业功能区的建设，要加强文创主导产业的专项政策供给，为将成都文创产业功能区建设成为具有国际竞争力、全国标杆性的新型城市文创产业社区群落，提供全国领先的文创政策体系支撑。一方面，打造专业化的文创服务平台，建立人性化的文创服务机制。逐步实现"有一个美丽宜居公园城市生活设计模型、有一张文创产业链全景图、有一套专业性文创政策支持体系、有一批国家级文化创新中心、有一批市场化的文创投融资平台、有一批'政产学研用'五位一体的文创协同创新平台"的"六有"文创服务平台和文创服务机制。另一方面，加强专业文创人才队伍建设，创新文创经济工作组织方式。坚持引进人才与培养人才并重原则，在引进"懂

文创、擅策划、会管理"的文创人才的同时，通过举办培训班、文创沙龙、专题讲座等形式，不断提升文创人才的工作能力和业务水平。坚持"有为政府"和"有效市场"的良性互动原则，将"集中力量办大事"的显著优势与"分布式创新谋发展"的高效模式有机结合，加强文创主导产业的专项政策供给，逐步实现政府从"土地供给"向"平台供给"的转变，从"优惠政策供给"到"发展机会供给"的转变，逐步形成全国领先的成都文创政策体系。

三 成都文创产业功能区的建设思路与实现路径

（一）核心在产业：以竞争优势原则选择文创产业主导方向

成都文创产业功能区建设的成败，关键取决于是否以竞争优势原则[1]选择对了成都文创产业的主导方向。因此，必须坚持成都全市"一盘棋"思想和"三图一表"[2]差异化产业协同发展思路，以构建成都的现代文创产业体系和市场体系为目标，以精准化确立文创主导产业为出发点，以前瞻性培育新的文创产业形态为落脚点，不断提升成都文创产业功能区的布局质量、项目质量、配套质量。通过深度研判全球文创产业的发展规律和未来趋势、龙头文创企业的竞争战略和投资方向、新兴文创企业的国际化战略和全球化布局，以及文创领军人才的卓越贡献和最新进展等基础性工作，将创新突破口和工作着力点放在引进战略性新兴产业的龙头文创企业、文创产业的创新型领军人才和拔尖人才、文化与科技交融式创新平台上，在文体旅游业、音乐艺术业、会展广告业、创意设计业、传媒影视业、现代时尚业、信息服务

---

① 文创产业的比较优势强调的是文创产品生产的机会成本（自己与自己比较的结果）。文创产业的竞争优势强调的是文创产品的生产率和多样性。这就是说，比较优势的基础是文创产品在生产技术和生产方式等方面的相对差别，以及由此产生的文创产品的相对成本差别。竞争优势的基础则是文创人才、文化资源、知识技术、金融资本等要素。

② "三图一表"：成都文创产业全景图、成都各区（市）县文创产业链全景图、成都文创产业生态发展路径图、重点文创企业和配套文创企业名录。

业、教育咨询业中进一步精准定位、集中资源、重点突破，增强成都文创主导产业的创新力、影响力、竞争力。

从竞争优势的角度分析成都文创产业，成都应该进一步集中资源，聚焦于产业基础积淀深厚、文创人才储备丰富、辐射带动能力较强、有望赋能传统产业的五大文创主导产业——文体旅游业、音乐艺术业、会展广告业、创意设计业、信息服务业（数字娱乐业）（见表1）。

表1　成都应优先发展的五大文创主导产业门类与优势

产业门类	产业积淀	人才优势	代表人物/企业
文体旅游业	2019年，成都共接待游客2.8亿人次，比上年增长15.2%；实现旅游总收入4663.5亿元，增长25.6%。截至2019年末，成都市共有4A级以上景区48个、旅行社648家。2019年，成都共举办国家级体育赛事66场，成功申办2021年第31届世界大学生夏季运动会、2022年世界乒乓球团体锦标赛、第18届亚足联亚洲杯足球赛、2025年世界运动会。全年参与全民健身活动人数达1500万人次	除四川旅游学院（中国第一所独立设置的旅游类普通本科高校）外，成都还有10余所高校开设了旅游管理本科专业	人物：尹建华、李亚林、杨振之等 企业：四川旅投、成都文旅、来也股份等
音乐艺术业	2019年，成都开展各类音乐演出1700余场、街头艺术表演3000余场。城市音乐厅、凤凰山露天音乐公园建成并投用。2019年，成都音乐产业产值和投资增长均超过20%。截至2019年底，成都的数字音乐、音乐影视制作、艺术培训等相关企业和机构已达4000余家	除四川音乐学院外，成都还有10余所高校开设了与音乐、表演相关的本科专业	人物：成都为中国乐坛输送了李宇春、张靓颖、张杰等歌手，被誉为"选秀之都" 企业：咪咕音乐、成都演艺、星娱文化等
会展广告业	2019年，成都共举办国际性展会206个，会展业实现总收入1332.6亿元，增长22.0%。在中国会展经济研究会发布的"2019年中国城市会展业竞争力指数"中，成都列第四位，领跑西部。成都展览业国际合作指数从2017年的19.048上升至2019年的25.810；国际会议举办指数从2015年的14.423上升至2019年的36.26	成都已有10余所高校开设了与会展经济与管理、广告学相关的本科专业	人物：邓鸿、蒋丹、何春 企业：环球融创会展文旅、新东方展览、大西南广告等

产业门类	产业积淀	人才优势	代表人物/企业
创意设计业	成都拥有上千家建筑设计、工业设计、专业设计和广告设计企业。在某些细分产业还有一些"隐形冠军"。例如，名列"2019中国十大民营建筑设计公司"榜首的基准方中。又如，占据中国国产影视场景设计70%市场份额的黑焰文化	成都已有10余所高校开设了建筑设计、工业设计、产品设计等相关的本科专业	人物：建筑设计师刘家琨、包装设计师许燎源、平面设计师殷九龙等 企业：中建西南院、基准方中、丙火设计等
信息服务业（数字娱乐业）	2018年底，成都动漫游戏企业已近400家，动漫游戏相关从业人员约5万人，产值超过300亿元。近年来，每年在成都举行的各类大大小小电竞比赛有400项左右。在全球iOS & Google Play收入排行榜名列中国第一的手机游戏《王者荣耀》就诞生于成都	成都已有10余所高校开设了与数字娱乐相关的本科专业，还有五月花、汇众教育等多家数字娱乐职业培训机构	人物：饺子、杨祥吉、毛启超等 企业：可可豆动画影视、尼毕鲁科技、魔法动画等

资料来源：根据公开资料整理。

（二）关键在功能：科学谋划和统筹生产、生活、生态功能

成都文创产业功能区的建设，必须坚持生产、生活、生态并重的产城空间优化布局原则，以宜业宜居为目标塑造城市新形态。以满足文创人才成长的"全生命周期"需求和文创企业发展的"全生命周期"需求为目标，坚持"功能复合、职住平衡、服务完善、宜业宜居"的发展导向，形成和完善基于文创产业功能区规划编制导则、设计导则、建设指引的"三图一表"。具体来说，要坚持"三个围绕"。一是围绕文创产业形态，构建现代化设施平台，加强供水供电、公共交通、网络通信、商业服务、文化教育、医疗卫生等基础性公共服务设施的规划和建设。二是紧密围绕文创人才和文创企业的实际需求，打造"问题导向"的应用型多功能科研平台，面向社会服务，强化应用研究，推动跨界融合，提供智力支持，解决现实问题。三是围绕文创产业人群构建生活性服务平台，从交通便捷性、环境健康性、社会人文环境舒适性、公共服务设施方便性等方面入手，提高成都的城市宜居性和成都市民的幸福感。

根据上述目标和要求，成都文创产业功能区的建设，要从完善文创产业链的上下游入手，全面提升成都文创产业能级（见图1）。具体做法有以下几个方

面。第一，加强上游制作，聚焦发展影音娱乐、数字娱乐、文艺创作，以及建筑、工业、广告等领域的创意设计。第二，丰富放送渠道，聚焦发展数字出版和现代传媒。第三，升级下游消费场所，聚焦发展博物馆、文化展馆、主题公园等可选主题场所的建设，音乐演艺、影视娱乐等特定主题场所的建设。①

（三）支撑在园区：以生态圈理念引领文创产业的要素集聚

文创产业功能区的建设，一方面，要加快建设以文创产业新城、特色文创街区、特色文创小镇为主要物质形态和空间载体的现代文创产业园区，推动成都的文创产业园区从"规模速度型"向"质量效益型"转变。另一方面，要加快建设以政府为主导、以需求为导向，"政产学研用"共建共享的成都文创产业生态圈。推动"形聚"的成都文创产业园区向"神聚"的成都文创产业生态圈转型升级。以文创产业生态圈的建设理念，引领文创主导产业集群要素的集聚，引导文创人才、文创企业、专业服务、基础设施、政策体系等各类要素打破地域约束和行业壁垒，推动文创产业园区跨界跨区发展壮大，逐步形成文化生产要素的价格形成机制和市场运行机制都很完善的成都文创产业生态圈。

根据上述目标和要求，目前成都文创产业功能区布局情况如下：影音娱乐主要布局在天府文创城、成都东郊文化创意功能区、成都新经济活力区、成都科技影视文创产业功能区、三国文创产业功能区；数字娱乐主要布局在成都科技影视文创产业功能区；文艺创作主要布局在成都科技影视文创产业功能区、环交大科创文创功能区、少城国际文创硅谷、安仁·中国文博文创产业功能区；文化创意设计主要布局在环交大科创文创功能区、少城国际文创硅谷、锦江新兴媒体融合发展功能区；出版产业主要布局在成都东郊文化创意功能区；新媒体产业主要布局在锦江新兴媒体融合发展功能区。可选主题场所体验主要布局在安仁·中国文博文创产业功能区、李冰文化创意旅游产业功能区；特定主题场所体验主要布局在三国文创产业功能区。

---

① 成都市发展和改革委员会：《成都市产业发展白皮书（2019）》，成都市人民政府网，2019 年 9 月 23 日，http：//cddrc. chengdu. gov. cn/cdfgw/ztlm028003/2019 – 09/23/content_ dd8b2a645ff740eb be8ca57f4a1ddb33. shtml。

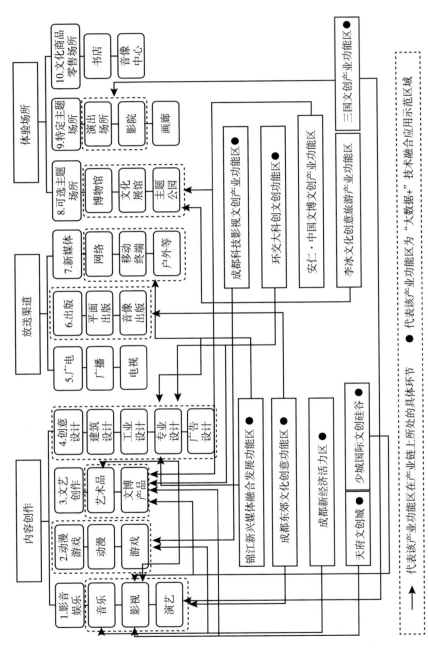

图 1 成都文创产业功能区的产业布局示意

成都市发展和改革委员会：《成都市产业发展白皮书（2019）》，成都市人民政府网，2019 年 9 月 23 日，http：//cddrc.chengdu. gov. cn/cdfgw/zhm028003/2019 - 09/23/content_ dd8b2a645ff740eb be8ca5f4a1ddb33. shtml。

附表　成都文创产业功能区概况

产业功能区	所在区（市）县	空间边界（备注：产业规划保障用地）依据法定规划保障用地	主导产业方向	细分领域	重要功能
天府文创城	天府新区	规划面积60.9平方公里，东至东山大道及成自泸高速路，南至彭三快速路，西至益州大道，北至大件路。涵盖中意文化创新产业园区，天府国际旅游度假区，环雁栖湖文旅游览区，影视传媒和数字文创意区，田阿文创和利体验消费区，时尚艺术和文娱商业区等产业社区	影视传媒，文博游	以影视传媒，创意设计，文博旅游，数字文创，时尚艺术，田园文创产业等产业为主导，以主题旅游为特色，把天府文创城建设成为蜀都味，国际范的天府文化集聚地，国际知名都市文创旅游目的地	全国重要文创中心支撑功能
少城国际文创硅谷	青羊区	规划面积4.6平方公里，包含少城社区，祠堂街社区，文殊坊社区，草堂浣花社区等多个产业社区。其中，少城社区东至东城根街，西至西郊河，南至蜀都大道，金河路，北至西大街，建设"成都文化集中展示和体验核心区"；祠堂街社区东至东城根南街，文翁路，西至蜀都大道，北至君平街，陕西街，南至成都新文化荟萃地，西至人民路，南至新华大道，北至西府河，将建设成为"成都市的国际文化交流中心和具有'文、静、雅'气质的国际文化性消费区"；峨影厂社区东至石人南路，西至西二环路，南至清江东路，北至罗家碾街，建设"国际影视文化交流中心"；草堂浣花社区东至琴台路，西至浣花溪路，青华路，西二环路，南至清水河，北至蜀都大道，建设"成都文博生态旅居示范区"	影视娱乐，文博艺术	以"国际文博产业创新谷，千年成都文脉彰显地，市井文化特色活力城"为总体定位，建设成都首善区，"三城三都"样板示范区，原真文化集中展示区，重点发展以影视IP孵化，影视衍生品开发为主的影视娱乐产业，以产品交易，原创设计为主的文博艺术产业	全国重要文创中心支撑功能

续表

产业功能区	所在区（市）县	空间边界（备注：产业功能区依据法定规划保障用地）	主导产业方向	细分领域	重要功能
锦江新兴媒体融合发展功能区	锦江区	总规划面积5.19平方公里。核心区西起梓潼桥正街，东至庆云南街，北起东成拐街，南至华兴上街；拓展区西起枫香街，幸福梅林路，北起驿都大道西段，百日红中路，成龙大道西段，南至菊园路，东簧路，规划玲兰路，柳荫路，中环锦绣大道段北侧区域，涵盖创意设计社区，现代传媒社区，教育服务社区，文化艺术博览社区，音乐演艺社区等产业社区	AI与新媒体融合、创意设计	重点发展大数据支撑下AI与新媒体融合发展的现代传媒业，文化艺术博览，广告设计等创意设计产业，发展网络视听，电子竞技，音乐演艺等数字娱乐业，发展高端文化产业乐医疗及健康管理，特色康养等康养文化产业	新经济发展承载地
成都新经济活力区	高新区	总规划面积87平方公里，东至锦江和成自泸高速路；南与天府新区成都直管区及交流交界（天府大道以东区域自泸高速路北路为界，天府大道以西区域以天府软件园为界）；西与双流，武侯交界（绕城内以成庆安片区，绕城外以成昆铁路为界）；北至一环路南三段及火车南站，涵盖腾骏谷，骑龙湾，AI创新中心，中国—欧洲中心，新川创新科技园，天府软件园等功能社区	数字文创、5G和人工智能	网络游戏，动漫，音乐，视频等网络视听应用和数字文化创意活动；网络架构，终端应用，大数据，网络安全等5G通信；智能芯片，智慧医疗等人工智能	国家科技创新中心和新经济发展支撑功能
三国文创产业功能区	武侯区	规划面积20.55平方公里，东至武侯高新区界，东至浆街，洗面侯清街，南至武侯高新区界，西至三环路，北至三环路一段，锦江围合区域水河	文创文旅、商务商贸	挖掘蜀汉非物质文化遗产，发展以三国蜀汉文化为底色的大型演艺，影视音乐，展览展示，休闲旅游，文博等文化创意产业；发展中高端零售，TOD商业，特色商贸等现代商务商贸业	特色文创载地
成都东郊文化创意功能区	成华区	规划面积16平方公里，东至东三环路二段，南至二环路万年场路口，西至府青路三段，北至致兴路	影视音乐、数字娱乐	重点发展音乐演艺等音乐艺传播，版权交易，出版发行等，数字娱乐等衍生动画漫画，电子游戏的创作，相关交易平台发行及在场线下运营建设，线上线下电子竞技平台及电子竞赛节会组织等	特色文创承载地

续表

产业功能区	所在区(市)县	空间边界(备注：产业功能区依据法定规划保障用地)	主导产业方向	细分领域	重要功能
成都科技影视文创产业功能区	郫都区	规划面积12.99平方公里，东侧以沙西线及现状村道为界，西侧以犀团路及现状村道为界，南侧以环城生态区区为界，北侧以规划五环路、毗河为界	影视文创、动漫电竞、时尚艺术	重点发展构建集影视文创、动漫电竞、时尚艺术类的公共技术支撑平台、创新产业园、研发基地、孵化中心于一体的中国影视文创高地和国家超高清科技创新基地	特色文创承载地
环交大科创文创功能区	金牛区	规划面积11.6平方公里，其中茶花智慧科技社区东至福源路—锦江，西至蜀兴西路、北至三环路，南临二环路，国宾天府文化社区东临沙西线—锦江，西临金牛大道—金瑞路，北至三环路，北全金芙蓉大道—盛金路—铁路西环线	科技研发、文化创意	重点发展科技创新与研发、技术转移与孵化，科技成果产业化应用与服务等科技服务业文化创意成果应用及成果产业化，文化展览贸易等	国家科技创新中心和特色文创承载地
安仁·中国文博文创产业功能区	大邑县	核心区面积8.39平方公里，总规划面积56.9平方公里，东与大邑县韩场镇接壤，西与大邑县三岔镇接壤，南与大邑县镇接壤，北与崇州市杞泉农商文旅融合社区、乡村旅游社区等产业社区	文博旅游、文博艺术	重点发展博物馆旅游、会议会展、鉴定评估、拍卖交易四个主导产业细分领域，配套发展文化创意（音乐创意、影视娱乐、艺术品生产）和文化旅游（民俗演艺、民俗文化体验、信息服务、休闲农业、旅游配套服务）两大配套产业	全国重要文创中心支撑功能
李冰文化创意旅游产业功能区	都江堰市	核心区面积31平方公里，总规划面积约58平方公里，东至江安河和成都经济区环线高速公路，南至四川外国语大学成都学院，西至青城山—都江堰风景名胜区，北至李冰冰文化湿地公园	文化旅游、康养旅游	重点发展围绕李冰文化、道文化、熊猫文化资源丰富的自然产的文化资源，聚力发展以主题游乐、主题运动为主的文化旅游产业，以康养度假、医疗健康为主的康养旅游产业	世界旅游目的地支撑功能

资料来源：成都市发展和改革委员会：《成都市"16+1"（军民融合）产业生态圈战略布局》，成都市人民政府网，2019年6月17日，http://cddrc.chengdu.gov.cn/cdfgw/ztlm025002/2019-06/17/content_d41e1f06bd254469ba193929b1ac4f1.shtml。

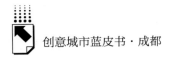
参考文献

李秀中：《构建产业生态圈：产业园区即城市新区》，《第一财经日报》2017年7月31日。

马健：《文化产业生态圈：一种新的区域文化产业发展观与布局观》，《商业经济研究》2019年第2期。

马健：《人力资源要素导向的区域特色文化产业发展战略研究——兼论成都特色文化产业发展战略》，《四川戏剧》2019年第4期。

钟文：《聚焦质量变革效率变革动力变革 以产业功能区建设为抓手助推高质量发展》，《成都日报》2018年10月23日。

钟文、杨彩华：《加快建设产业功能区 形成优势互补高质量发展区域经济布局》，《成都日报》2019年9月19日。

B.9 产业融合视角下成都文商旅体融合发展策略研究

白 硕 郑正真*

摘 要： 文化、商贸、旅游、体育融合作为产业发展的新趋势和城市转型升级的新方向，是成都加快建设践行新发展理念的公园城市示范区的重要抓手、路径和方法。本报告综合分析成都文商旅体融合发展的优势与现状，提出推进产业融合发展应以文化为引领、业态融合为核心、产城融合为路径和项目融合为支撑，促进文商旅体产业功能集成、相互赋能，培育经济发展新动能，加快形成文商旅体融合发展的新格局。

关键词： 文商旅体 融合发展 公园城市示范区

产业融合是指不同行业或产业因制度和技术创新，导致技术、业务等相互渗透交叉，改变产品功能，产业组织出现新形态，产业边界变模糊，最终融为一体，形成新型业态的动态发展过程。当前，成都正处于转变发展方式、优化经济结构、转换增长动力的关键时期，推动文商旅体融合发展是聚焦产业高质量发展，加速推进城市转型升级的重要举措。推进文商旅体融合发展要以创新融合发展模式为主要抓手，提高文商旅体供给体系的质量和效率，充分释放产业融合叠加的倍增效应，培育壮

---

* 白硕，中共成都市委宣传部产业发展处副处长；郑正真，博士，中共成都市委宣传部产业发展处一级主任科员。

大产业融合发展的新动能，助推成都建设践行新发展理念的公园城市示范区。

一 成都推动文化、商贸、旅游和体育融合发展的优势

产业融合发展作为消费需求改变、经济结构调整、社会高质量发展的必然产物，可以在产业间产生叠加效应，实现互利共赢。成都是西南地区的中心城市和四川省会城市，拥有深厚丰富的历史文化和开放包容的现代文明，山水风光、文物古迹、大熊猫、特色美食等在世界范围内享有盛誉，足球、篮球、乒乓球等体育运动向来火爆，拥抱文化、热爱运动、亲近自然一直是成都这座生活城市的内在特质。成都有着强劲的消费能力和良好的政策环境，为文商旅体融合提供现实基础和必要条件。

（一）深厚的文化底蕴为融合发展提供强大支撑

成都历史悠久，文化灿烂，是中国的国家历史文化名城和十大古都之一，拥有 4500 年文明发展史、2300 年城市规划建设史，数千年城址未迁、城名未改、中心未移，素有"天府之国"和"休闲之都"的美誉，积淀了三国文化、三星堆文化、金沙文化、巴蜀文化等文化元素。成都平原孕育的天府文化根源于中华文化，涵育于巴蜀文明，与时代同发展、与城市共成长，是历史文化与现代文明交相辉映的时代表达，也是贯通历史、当下和未来，具有开放性和发展性的城市文化，为产业融合发展提供了强有力的文化支撑。

天府文化发展至今，既包含了历史上天府之国文化的总括，又囊括了现代成都市域文化的特质，与城市发展相伴成长，凝聚出"创新创造、优雅时尚、乐观包容、友善公益"的天府文化现代表达和当代价值。其一，创新创造，是成都与生俱来的文化基因。创新创造既是中华民族崛起的精神基因，也是天府之国革故鼎新、善谋图变的文化基因。从历史来看，成都先后涌现了都江堰水利工程、文翁办学、《华阳国志》等创新之举，不断地为成

都优雅城市生活注入主动变革的创新活力，彰显厚重的创新创造文化。其二，优雅时尚，是成都别样精彩的文化特质。优雅时尚既是中华民族追求的文明风尚，也是成都独一无二的生活哲学。自古以来，成都平原被誉为"天府之国"，是古蜀文明重要发祥地，孕育积淀出思想开明、生活乐观、悠长厚重的天府文化特质，汉赋、蜀学等都能映衬出成都的优雅品质和时尚气息。其三，乐观包容，是成都兼容并蓄的文化气度。乐观包容既是中华民族崇尚的生活态度，也是成都文化达观向上、兼容并包的深刻体现，蕴含着成都市民对于自然、社会乃至人生的乐观态度和包容气度。成都从建城之初就是一个不断有外来人士参与开发而发展起来的城市，曾汇集了中原、关中等多元地域文化、民族文化，形成了古蜀文化与外来文化交汇融合、和谐共荣的文化氛围，成就了开放包容的城市美名。其四，友善公益，是成都外化于行的文化表达。友善公益既是中华民族传承的大爱情怀，也是成都友爱善良、兼济天下的文化温度。杜甫曾在《成都府》中写道"但逢新人民"，赞扬成都人的善良与热情，彰显城市的温暖与大爱，充分诠释了成都厚积千年的文化温度，也透射出天府文化的澎湃力量，为产业融合发展营造良好的发展环境。

（二）丰富的旅游资源为融合发展提供广阔空间

成都名胜古迹众多，自然风光绮丽，种类丰富，旅游资源得天独厚，呈现多元化的特点。据统计，2019年，成都市接待游客2.8亿人次，实现旅游总收入4663.5亿元，同比增长25.6%。国庆黄金周期间，接待游客总数首破2000万人次，居全国第三位；实现旅游总收入286.46亿元，居全国第一位。成都拥有丰富的旅游资源，为产业融合发展提供广阔空间，不断衍生新产品、新业态、新供给，推动产业转型升级，为产业结构调整注入新活力。

伴随旅游业迅速发展，成都旅游主题也在不断地发生变化。通过旅游业融合创新，实现旅游资源与其他资源的共建、共享、共融，能够有效地提高市场资源配置效率，也有利于产业链条的延伸，推进新的价值实现和产业转型升级。实施"旅游+"战略，推动旅游与文化、商贸、体育等产业融合发展，不断创新丰富"旅游+"业态，构建多维度、多层次的泛旅游产业发展链条，推动旅游业发展模式的创新转变，由"景区景点旅游"转向为"全域旅游"。其一，发展文化旅游。以武侯祠博物馆、金沙遗址博物馆、杜甫草堂博物馆、成都博物馆等文博单位为重要载体，充分运用现代科技手段，提高博物馆展陈设计制作水平，提供更加人性化的博物馆体验，促进博物馆展陈社会功能的实现，着力提升文博旅游品质。其二，发展体育旅游。成都拥有龙泉山脉、龙门山脉两大山系，充分利用青城山、西岭雪山、天台山、丹景山等山地旅游资源，开展登山、露营、徒步、户外拓展等体育旅游活动；以都江堰双遗马拉松、金堂铁人三项、彭州龙门山国际山地户外运动挑战赛等具有成都特色的国际化赛事，大力发展赛事体育旅游。其三，发展会展旅游。成都拥有中国西部国际展览城、世纪城新会展中心、天府国际会议中心等大型场馆，总面积突破20万平方米，居全国第4位。结合成都发展优势和特点，开发会展旅游产品，建立操作性强的旅游会展营销体系，优化提升城市会议会展承载功能，提升成都会展的品牌影响力和国际化水平。

（三）强劲的消费能力为融合发展提供有力保障

成都素有"千年商都"的美誉，是西部消费中心、西南生活中心，消费城市是成都的鲜明特质。成都市统计局发布的《2019年成都市经济运行稳中提质》显示，2019年成都市实现社会消费品零售总额7478.4亿元，比上年增长9.9%，高于全国1.9个百分点。按经营单位所在地分，城镇消费品零售额7158.1亿元，增长9.9%；乡村消费品零售额320.3亿元，增长11.6%。强大的消费能力为成都产业融合发展提供了强有力的保障，也是扩大内需、提振经济发展活力的重要手段，能够促进产业结构优化，推动产业转型升级，极大地拓展了融合发展的动力和空间。

巩固提升西部消费中心和生活中心地位，加快培育专业化国际化新型消费中心，已经成为保持成都战略优势的长期目标。其一，培育结构合理、均衡布局的区域性特色商圈。以引进先进商业设施、实现品牌集聚效应、推进传统业态转型升级为主要方式，着力打造国际时尚娱乐消费、专业服务型消费、特色文化旅游消费等新型消费方向，不断强化春熙路、金融城、双流空港、熊猫星球等核心商圈，培育天府锦城、天府中心等特色商圈，保持在中西部消费结构和层次的领先优势。其二，提振成都创造、成都消费和成都服务的品牌影响力。以全球视野、战略思维持续谋划和推进"三城三都"（世界文创名城、赛事名城、旅游名城和国际美食之都、音乐之都、会展之都）建设，加快推进天府锦城、天府奥体城、天府绿道等重大地标文化设施建设，推动大型体育设施商业化运作，利用举办世界警察和消防员运动会、世界大学生运动会等重大体育赛事机遇，塑造多元价值认同、具有成都特色、国内领先的消费品体系。其三，培育社区商业新模式和夜间消费新场景。加快打造参与性、共享性、体验性较强的邻里中心，发展"O2O＋社区"新零售商业模式，布局集购物、养老、家政、健身、教育培训等服务功能于一体的一站式生活体验馆，不断提升社区消费便利度。加强夜间经济的环境营造，深度挖掘夜间消费的新动能，塑造一批具有成都地域特色的夜间旅游、购物、观光、学习、视听的消费新场景，不断增强消费者在消费中的幸福感、获得感和体验感。

（四）良好的政策环境为融合发展提供优越条件

文化、商贸、旅游和体育相关部门对融合发展的优势效应具备一定程度的认识，在研究制定行业实施意见、行动计划、政策措施时积极回应融合发展现实需求，相继出台了"十三五"期间文化、商贸、旅游、体育发展规划，制定了《成都市人民政府关于加快发展体育产业促进体育消费的实施意见》《成都市文化创意和设计服务与相关产业融合发展行动计划》《成都市促进旅游业改革发展若干政策措施》《成都市促进西部文创中心建设若干政策》《关于深入推进文创金融合作支持高质量发展文创产业的实施意见》等专项政策，提出要加快顺应与其他行业融合发展的趋势，推进文化旅游、康养休闲、体育旅游、电子竞技等融合型新业态、新模式快速发展。当前，在成都统筹布局建设的 66 个主导产业明确、专业分工合理、差异发展鲜明的产业功能区中，有 15 个文旅（运动）产业功能区，有利于推进建设产业活力强劲、城市品质高端、服务功能完备的现代化城市新区。

在推进文商旅体融合发展过程中需要坚持四项基本原则。其一，树立以人为本理念。坚持以人民为中心的发展思想，以创造高品质生活为根本要义，坚持共享发展，顺应消费结构升级趋势，扩大优质供给，丰富体验式、场景式、定制式、智能式融合产品，巩固消费城市地位，建设美丽宜居公园城市，更好满足多样化、个性化、品质化、高端化需求。其二，拓展国际视野。主动将全球意识贯穿文商旅体融合发展全过程，整合国际资源、对接国际标准、强化国际营销、拓展国际市场，形成具有国际竞争优势的文商旅体创新业态，切实增强城市国际影响力。其三，强化市场导向。充分发挥市场在资源配置中的决定性作用，激发市场主体参与文商旅体融合的动力与活力，积极引导社会多元投入，促进多元供给与多样化需求有效对接，提升文商旅体融合发展的社会效益和经济效益。其四，推动跨界融合。以相互渗透、相互赋能为抓手，把握产业边界日益模糊、业态裂变融合的趋势，通过文化植入、技术支撑、功能互补、市场共拓，促进要素资源整合利用、产业重组升级、产业价值链延伸突破，赋予城市经济发展新动能，形成高质量的文商旅体融合发展新格局。

二　成都推进文化、商贸、旅游和体育融合发展面临的挑战

围绕激发文化创新创造，以文化为引领、特色为主导、产业为支撑，成都将加快建设践行新发展理念的公园城市示范区摆在了重要位置。在新阶段、新形势下，成都在推进产业融合发展过程中，还存在产业基础薄弱、产业发展不一、政策支撑不力等问题，要顺应新时代产业融合发展方向，牢牢把握文商旅体产业间的紧密关联性，推进文化、商贸、旅游和体育融合发展，促进城市经济社会的转型升级发展。

（一）文商旅体融合产业基础薄弱，缺乏融合体系性建构

成都文商旅体产业在信息、科技、品牌、场馆设施、赛会节庆设计策划等方面缺乏资源共享平台，未能真正实现文商旅体全行业资源聚合、标准统一、数据共享、互惠互利。目前，由于文商旅体产业数据统计缺乏统一标准，难以实现统计口径归结一体，存在交叉重复、数据孤岛等现象。在产业要素资源方面，资金、人才、技术、版权、信息等核心要素跨业流通不畅，高端复合型人才急缺，市场融合性产品单一，制约产业链延伸。在公共服务基础设施方面，城乡差距和区域差别明显，大型体育场馆建设由于各种原因停滞不前，导致中心城区体育硬件设施不足，难以举办大型赛事及广泛开展全民健身活动。在推进资源转化利用方面，成都拥有大熊猫文化、三国文化、非遗民俗等众多知名文化资源，但挖掘不够、利用不够、包装不够，在将文化资源转化成知名 IP 层面，缺乏有效的发展措施。

（二）文商旅体产业发展不一，缺乏融合整体性推进

成都文商旅体产业融合发展整体实力不足，与北京、上海、深圳、杭州等城市相比还有明显差距。从行业领军企业的规模来看，成都涌现了一批代表性企业、龙头企业，仅在出版传媒、文化、旅游等领域形成了大型文化集团，但市场主体整体能力偏弱，骨干企业带动作用不强，尚未形成以龙头企业为主、骨干企业为中坚、产业集群协调发展的态势，在多个领域缺乏具有全国影响力和行业整合能力的骨干企业。例如，深圳依靠腾讯、华强方特、华侨城集团等一批文创领军企业引领示范，培育出系列"文化＋科技"新业态、新产品。杭州的数字内容产业以阿里巴巴系为主，数字内容产业占全部文创产业的 63%，宋城演艺、华策影视等领军企业位列 2018 年"全国文化企业 30 强"。从产业集聚方面来看，成都产业集聚效应还不明显，重大项目的规模效应和品牌效应还不突出，已举办的中国西部国际博览会、全国糖酒商品交易会等虽已初具风格，但在标识性、显示度和品牌价值等方面还有不足，特别是缺乏重大标杆性的国际会议和具有主场外交功能的展会项

目，行业整体能级不够。从产品研发方面来看，文商旅体产业均缺少创新品牌和创新产品，资金实力、市场化程度、产品开发能力较弱。以旅游和体育为例，体育产业增长虽快但体量偏小，与文化旅游发展程度不相匹配。旅游产业缺乏创新型旅游产品、旅游业态，发展模式单一。总体来看，成都文商旅体产业还存在资源深度挖掘不够、融合路径单一、融合深度不够、融合产品缺乏创新等问题。

（三）文商旅体政策支撑不力，缺乏融合创新性措施

从公共服务方面讲，文化、旅游与体育融合具有共同推进社会公共服务事业的本质属性，即使是商业公共空间也具有为顾客提供休闲、交流、品鉴等服务的特殊文化功能，能够提供丰富多彩、高质量的知识文化传播和公共服务。文商旅体产业融合发展的经济价值更为明显，成都先后出台了产业规划和配套政策，但政策的支撑作用有待提升，主要体现在四个方面。其一，产业政策实效性和可操作性有待加强。对行业前沿、发展趋势和全新业态的研判不够深入、研究不够透彻，土地、金融、技术、税收、人才等政策不配套，还没有形成围绕全产业链的政策生态，还普遍存在"用地难""融资难""融资贵"等问题。其二，产业政策系统性有待加强。文化、商贸、旅游、体育等产业具有交互性，政策之间存在较高相关性，但一些政策在出台前沟通协调不足，造成产业政策较为分散，在市场准入、连带经营、专业扶持、成长阶段减免税收等方面的政策倾斜不足。其三，产业政策抓落实有待加强。产业政策出台后，由于制定配套实施细则不及时，或相关细则操作性不强，出现落地实施的效果不理想的现象。其四，产业融合发展的专项基金尚未成立。2018年成都市文创产业发展投资基金成立，主要投向成都确定的传媒影视、创意设计等八大重点文创领域，但还未设立体育产业及相关产业融合发展专项基金。因此，政策措施的单向性必然带来融合发展的缺位，要坚持对标先进、科学施策，增强政策引领力、吸引力和创新力，全面推动政策体系优化与完善。

三 成都推进文化、商贸、旅游和体育融合发展的具体路径

文化、商贸、旅游、体育产业具有天然耦合性和产业关联性，推进文商旅体融合是产业发展的新趋势和城市转型的新方向，要坚持以文化为灵魂、商贸为依托、旅游为载体、体育为推手，以深度融合促进资源要素高效配置、产业提档升级、品质优化提升、消费有效释放，培育发展文商旅体融合型新业态、新模式和新消费，以高质量的产品和服务供给满足不同群体的消费新需求，不断增强人民群众的获得感和幸福感。

（一）以文化为引领，加快形成融合发展的新格局

突出文化导向，加强文化保护，传承文化基因，厚植文化底蕴，深入推进天府文化内涵、元素融入城乡空间和文商旅体设施、产品、服务，全面彰显天府文化作为成都城市精神和独特标识蕴含的独特文化魅力。其一，着力推动天府文化创造性转化、创新性发展。以天府文化为内核开发原创 IP 群，创造一批思想性、艺术性、观赏性俱佳的"大戏、大片、大作"，打造有故事、有形象、有温度的文商旅体融合"现象级"IP。其二，加强历史文化保护，提升城市价值品质。保留历史文化名城古城格局、街巷肌理和川西林盘文化形态，以历史文化城区、名镇、名村、遗迹、名人故居、博物馆、实体书店、体育场馆、商业老字号等为文商旅体融合发展的文化载体，加强物质文化和非物质文化遗产存续空间、历史环境和生活方式的综合保护。其三，推进生活美学化、创意常态化、产业文创化、建筑艺术化。推进金沙、三国、诗歌、大熊猫、芙蓉等文化资源生成特殊文化符号融入城市空间，在产业功能区（园区）、旅游景区、商业商务楼宇、城市综合体、体育场馆、文博书店、购物中心等凸显文化特色与价值，借助创意设计和现代信息技术手段营造体验式、沉浸式文化场景，彰显形神兼备、情景交融的城市美学，增强文商旅体设施的文化体验功能。

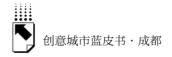

（二）以业态融合为核心，构建产业生态圈和消费体验链

IP 在融合发展过程中有"桥梁"和"中枢"作用，可通过"IP＋产业"、场景体验、科技创新促进文商旅体融合发展，发展具有时尚美学、文化体验、智慧智能特色的融合型业态，满足个性化、定制化、高端化的市场需求。其一，培育时尚美学类业态。把握现代时尚、运动休闲等消费潮流趋势，在产业功能区（园区）、购物商圈、园林景区等载体中植入美学创意，强化时尚内容、美学外观的创意设计，发展时装设计、工业设计、城市设计、电音娱乐、冰雪运动、低空飞行、房车露营、医美旅游等引领时代风尚、体现生活美学的融合型业态。其二，提升文化体验类业态。增强文商旅体产品和服务的文化创意融入，挖掘大运会等重大体育赛事举办的深层价值，在博物馆、实体书店、遗产资源、城市绿道等载体中植入天府文化元素，以多元文化形态迭代开发，促进内容形式交叉融合，推动形成"核心IP＋体验店＋餐饮＋衍生品销售"产业链，发展博物馆书店旅游、民宿休闲、遗产观光、景区赛事、美食品鉴等融合型业态。其三，发展智慧智能类业态。推进大数据、云计算、人工智能等高新技术在文商旅体领域的创新应用，加强对文商旅体智能产品的研发及推广，积极布局影视、音乐、VR 等泛娱乐产业，提供菜单式、预约式定制服务，发展数字文博、电子竞技、旅游直播、智能穿戴等应用现代前沿科技的融合型业态。

（三）以功能融合为基础，打造共建共享的功能体系

坚持设施建设支撑有力、承载功能复合提升、发展方式关联集聚，统筹文商旅体设施建设和服务功能提升，实现文商旅体服务设施配套、功能兼容、服务高效、惠及全民。其一，构建复合设施体系。优化规划布局，打造一批文商旅体融合发展的高端商圈，推动单一功能文商旅体场馆向复合功能综合体转变，促进 15 分钟城市社区健身圈、公共文化服务圈、社区生活服务圈融合发展，建设一批能够承办国际国内高等级活动、科技含量高、产业吸附力强的文商旅体综合设施，实现文化展演、运动休闲、会议展览、旅游

观光、时尚消费、美食品鉴、对外交往功能耦合。其二，提升融合服务功能。不断完善文创空间、运动场馆的旅游商贸等配套服务，推进体育教育与校园、社区、街道等文化建设融合，群众性体育活动与公共文化服务建设融合，提供更多的优秀文化产品和优质文化服务，着力提升人们的获得感、幸福感和认同感。其三，建立健全服务机制。研究开发文商旅体融合服务的导购、导游、导视集成供应平台，增强和提升游客在旅游消费中的便捷性和满意度。推动制定旅游及相关行业服务的规范标准，在商贸、体育、旅游等领域评选出一批服务质量标杆单位和标杆培育试点单位，引进和培育国际化、品牌化、专业化服务团队，建立和完善以"节赛会展"育"市"，以"市"促"节赛会展"的多边服务机制。

（四）以产城融合为路径，形成科学合理的空间布局

实现产与城的持续协调融合发展，最终实现职住平衡的模式。构建科学合理的空间布局，成都要突出公园城市示范区特点，着力构建农耕文明、现代文明、生态文明交相辉映和人城境业高度和谐统一的大美城市形态，着力打造一批与城市建设精准匹配、与城市功能有机兼容的产业项目和空间载体，促进城市产业、功能、品质和魅力全面提升。其一，打造文商旅体融合发展示范带。以成都天府绿道骨干体系为载体，建设生活型、生产型、渗透型场景，依托各类体育设施、旅游配套设施、林盘院落等，在天府绿道中有机植入文化、体育、旅游、休闲、康养等项目，发展文化会展、体育赛事、乡村旅游、绿色消费等业态，推动绿色资源创造性转化成为绿色产业、景观环境、消费场所和文化品牌、城市品牌。其二，加快推进特色镇村建设。坚持以特色鲜明、形态丰富、产城一体为导向，把握特色镇村在人文、历史、形态、功能方面的本质特征，利用丰富的天府古镇资源，建设一批要素集聚、宜居宜业、业态丰富、富有活力的特色小镇，强化文商旅体融合发展的城乡创新创业发展平台和新型城镇化有效载体。其三，加快推进特色产业园区建设。围绕核心产业打造产业链上下游，打破不同业态的壁垒，实现多元业态跨界融合、良性共生。推动龙泉汽车城等工业园区，东郊记忆等文

创园区，天府软件园等高新技术园区和青羊总部基地等现代服务业园区，发展工业旅游、研学科考、创意体验、免税购物、美容健身等业态，建成一批文商旅体多业态融合发展的特色园区。其四，加快推进田园综合体建设。以文商旅体融合发展推动乡村振兴战略深入实施，在有基础、有特色的赏花基地、川西林盘、乡村绿道和旅游景区周边，加快建设一批集创意农业、乡村旅游、运动休闲、田园社区、特色餐饮于一体的田园综合体，打造开放共生的空间形态与文化生态，集成绿色发展、文化体验、教育传承功能，形成休闲农业和乡村旅游发展新模式，促进城乡居民体验式、便利化消费，丰富城乡居民精神生活，拓展文商旅体融合发展的新兴领域。

（五）以项目融合为支撑，着力提升产业发展能级

发挥重大项目的龙头和引擎作用，按照高起点、高标准和适度超前的要求，规划建设一批融合型重大引领性、功能性、国际性项目，促进文商旅体融合发展不断优化升级。其一，高起点建设一批融合型重大综合项目。突出重大综合项目的引领作用，以天府奥体城、天府绿道、龙泉山城市森林公园、天府锦城、天府中心、天府艺术公园等重大项目建设为契机，形成一批具有国际水准、功能复合、业态集聚的文商旅体综合体，不断增强城市发展的文化魅力、商贸活力、体育影响力和旅游吸引力。其二，高质量建设一批融合型重大产业项目。充分发挥重大产业项目的经济带动作用，积极培育经济新增长点，推进少城国际文创硅谷、华侨城黄龙溪旅游度假区、临邛文博创意产业示范区、梵木创艺区、温江国家体育产业示范基地等重大产业项目建设，夯实文商旅体融合发展的产业基础。其三，高标准建设一批融合型功能设施项目。突出重大功能型项目的城市支撑作用，按照国际一流标准推进天府文化国际中心、凤凰山体育中心、国际会议中心、四川大剧院、成都音乐坊、成都露天音乐广场、成都自然博物馆、成都健康城、亚蓉欧国家（商品）馆、香城国际艺术港等重大项目建设，满足城市承载重大文商旅体活动和交流交易的功能需要。

结　语

　　成都推进文商旅体融合发展是以满足人民日益增长的美好生活需要为出发点和落脚点，坚持高质量发展的根本要求，以供给侧结构性改革为主线，主动融入"双循环"相互促进的新发展格局，抢抓成渝地区双城经济圈建设机遇，实施生态优先绿色发展战略，构建蜀风雅韵、大气秀丽、国际现代的城市形态，加快建设践行新发展理念的公园城市示范区。推进文商旅体融合发展是成都顺应城市发展规律的重要举措，有利于统筹空间、规模、产业三大结构，全力塑造"三城三都"城市品牌，集中力量、集成功能、集合空间、集约资源、集聚业态，创造新供给、激活新消费，发展新经济、培育新动能，不断提升产业能级，为成都加快建设全面体现新发展理念的城市、奋力实现新时代成都"三步走"战略目标提供有力支撑，为推动治蜀兴川再上新台阶做出新的更大贡献。

产业发展篇

Industrial Development

B.10
成都市影视产业发展报告

成都市影视产业发展课题研究组*

摘　要： 近年来，成都市立足于区域特色优势，聚焦"出作品、出人才、出品牌、出产值"的发展目标，以务实管用的举措推动成都市影视产业持续快速发展，本土影视企业逐步成长，一批重大影视载体项目相继签约落地，优秀影视作品不断涌现，消费市场持续繁荣，成都影视产业发展迈上新台阶。本报告基于成都市影视产业发展现状研究，深入解析成都影视产业发展的优势与困境，并提出立足于成都特色，以互联网影视为主要发展方向，建立影视产业生态圈，推动文化、科技、金融等相关产业融合发展，形成影视企业集聚、产业链完整的国际化影视创制中心和生产基地，将成都市建设成为现代影视文化枢纽的对策建议。

---

* 执笔人：张科明，中共成都市委宣传部文艺处（电影处）工作人员。

关键词： 影视产业　影视精品　产业融合发展

2019 年，全国电影票房突破 642.66 亿元，同比增长 5.4%，再次创下票房新纪录，全年生产影片 1037 部，其中上映国产影片 329 部。① 截至 2019 年 12 月，成都市拥有影视制作机构 613 家，网络视听企业 1485 家，广播电视台 14 个，电影院线 20 余条，影城 237 家。据统计，2018 年，成都市传媒影视产业总产值达 528 亿元，其中影视产业产值 293.52 亿元，2019 年全年产值达到 352.2 亿元。②

一　成都市影视产业发展情况

（一）影院建设领先，影视消费旺盛

2015～2019 年成都市电影院数量稳步增长（见图 1）。截至 2019 年 12 月，成都市已拥有数字影院 226 家，较 2018 年新增 34 家，影院数量仅次于深圳、广州，在副省级城市中领先，球幕电影、3D 电影、4D 电影、IMAX 电影等新型电影快速发展。2019 年全年实现票房收入 18.68 亿元，放映 312 万余场，观众达 5430 万余人次，成都市人均观影 3.1 次。③ 2012～2019 年票房连续八年排新一线城市首位。超大城市的人口规模，国内领先的城市经济实力，以及独特的休闲文化和消费习惯，滋养了旺盛的电影文化消费需求。强劲的市场消费，使成都成为电影宣传、首映不可忽略的目标城市。

（二）影视作品产能提升，社会经济效益突出

近年来，成都市各类电影剧本（梗概）备案立项数年均增速超过 20%，

---

① 数据来自国家电影局全国电影综合信息管理平台。
② 数据来自 2019 年成都市音乐影视产业发展领导小组会议工作汇报。
③ 数据来自国家电影局全国电影综合信息管理平台。

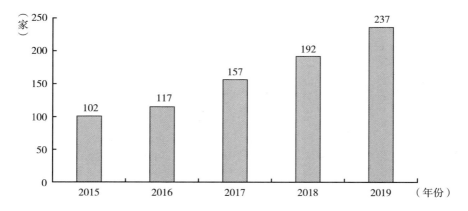

图 1　2015～2019 年成都市电影院数量变化

通过备案的成都市电影、电视剧数在国内新一线城市中相对领先。2018～2019年，经备案公示电视剧剧本 22 部，取得电视剧发行许可的 3 部；电影剧本备案 185 部，完成制作生产的 23 部，其中已有 8 部（2019 年 3 部）在全国院线上映（见图 2）。2012～2019 年，成都市电影票房呈上升趋势（见图3）。2019 年，成都可可豆动画公司创作推出全国首部 IMAX 动画电影《哪吒之魔童降世》，凭借优质的故事内容和精良的制作，票房突破 50 亿元，位居中国电影票房第二名，创国产动画电影票房最高纪录，并代表中国内地参评第 92 届奥斯卡"最佳国际电影奖"，取得了票房、口碑双丰收；由峨影集团参与出品的《十八洞村》荣获第十七届中国电影华表奖优秀故事片奖和中宣部第十五届"五个一"工程奖；本土影视企业创作的《守望者》《巴铁女孩》《父子拳王》等影片陆续在全国院线上映，成都市影视作品知名度、影响力大幅提升。

（三）产业集群初显，企业成长迅速

目前，成都影视城六大功能板块基本建成，1.6 万平方米摄影棚启动建设，投入社会资金 15 亿元，注册落地影视企业 80 余家，注册资金约 14 亿元，协议资金约 550 亿元。天府影都（金砖国家电影产业园）、四川国际影视文化科幻旅游产业城、中国电影小镇等重大影视载体项目相继落地并持续

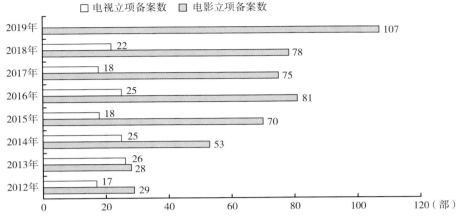

图 2　2012～2019 年成都市备案立项的电影、电视剧数

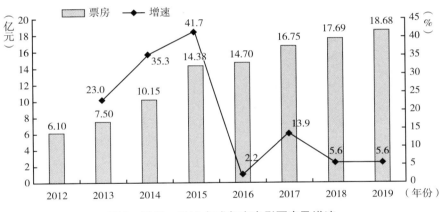

图 3　2012～2019 年成都市电影票房及增速

推进，以上项目建成后，将形成集项目孵化、影视融资、拍摄制作、宣传发行于一体的综合性产业园区，为成都市影视企业提供更加全面的配套服务和发展空间，进一步促进产业集聚，每年可承载生产影片 300 部以上。近年来，博纳影业、阿里文娱、慈文传媒等国内知名影视企业在蓉建立西南总部，成都艾尔平方、成都可可豆、墨镜天合等一批具有可持续发展潜力的影视企业活力日益显现，积极在内容创作与产业布局上不断探索，为影视产业发展提供了重要支撑。

（四）影视科技基础良好，电影工业化前景可观

随着云计算、大数据、AI、CG 等技术的出现和普及，中国动漫、科幻电影将进入飞速发展期。成都市作为动漫游戏"第四城"，聚集了腾讯、金山、完美世界等国内游戏领军企业以及成都可可豆动画、墨镜天合、冰翼数字、魔法动画工作室、成都卓兴科技有限公司、成都奇影动漫等 2000 余家动漫游戏企业和视觉特效制作公司，在动画原画、视效设计、动态捕捉、包装渲染领域人才充实、技术领先。动漫游戏企业的优良后期制作技术为成都市影视产业快速发展提供了重要科技辅助，是成都市影视产业发展的极大优势，从《王者荣耀》到《花千骨》、《流浪地球》以及《哪吒之魔童降世》都与这些科技型动漫企业有着密切的关联。同时，以成都索贝数码科技为主的影视装备制造公司在蓉深耕多年，已成为国内广电行业规模最大的软件开发及系统集成供应商，为成都影视工业发展提供了支撑。

《2019 中国城市科幻指数报告》通过产业发展、政策支持、媒体覆盖和居民接受四个维度 16 项指标，综合评估国内主要城市的科幻指数，成都市荣获"中国最科幻城市"称号。成都市不断推动其强力的高新技术产业与影视产业融合，以其产生的强大产业协同效应促进影视产业的进一步发展。2019 年 10 月，国家广播电视总局授牌"中国（成都）网络视听产业基地"和"中国（成都）超高清创新应用基地"，为成都市影视产业科技创新发展奠定了坚实基础。

（五）国际交流活跃，人才基础良好

2019 年 12 月 18～19 日，第八届中国大学生电视节闭幕盛典和第六届"中国电视好演员"年度盛典相继在电子科技大学清水河校区和四川传媒学院成功举办。此类活动的举办，以影像为媒介，全面展示了天府文化的魅力，以及影视行业取得的丰硕成果和欣欣向荣的态势，积极推动成都市影视产业发展和更多的成果落地，助力世界文化名城建设。近年来，第二届金砖国家电影节、中国网络视听大会、中国网络电影周、山一国际女性电影展、

法国电影、欧盟电影展、意大利电影展等十余个国际电影展映活动先后在成都举办，通过搭建高层次国际性影视节会平台，为成都影视"走出去"提供了良好契机。市域内20多所影视院校或设有影视专业的院校，每年培养影视及相关专业人才3万余人，培养的文学、音乐、设计、创意等与影视密切关联的专业人才数量则更加庞大，为影视产业发展提供了充足的人才储备。

二 成都市发展影视产业面临的问题

（一）产业发展水平不高，缺乏影视精品

成都市备案的影视剧数量较高，但获得发行许可的数量呈下降趋势，能够播映并且叫得响的作品更是少之又少。如2019年，北京制作生产215部影片，其中75部在全国院线上映，上海制作生产70部影片，全国院线上映33部，而成都完成影片拍摄13部，全国院线上映仅3部（见表1），市场份额总体偏低。2019年爆红的《哪吒之魔童降世》虽整个创作生产全在成都，但项目出品方为光线传媒，其经济效益和社会效益与成都市失之交臂。

表1 2019年部分城市电影生产上映情况

单位：部

城市	制作生产数	全国院线上映数
北京	215	75
上海	70	33
天津	88	38
重庆	15	6
西安	44	8
深圳	32	10
成都	13	3

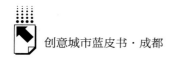

（二）产业集聚能力较弱，产业链条不完整

目前，成都尚未形成有规模、有影响力、产业配套完整的影视产业集聚区，位于郫都区的成都影视硅谷项目一期工程虽已竣工，但摄影棚、拍摄外景地等影视配套设施尚未建成，拍摄场地和制作工作室等资源缺乏整合。从影视产业链来看，成都市在项目策划、后期制作、宣推发行、衍生品开发等环节较为薄弱，此外，成都市能提供影视剧摄制取景置景、器材租赁、道具服装等全流程协调服务的场地和专业机构缺位，制约了影视产业的发展壮大。全国直辖市及副省级城市影视龙头企业数量比较如表2所示。

表2　全国直辖市及副省级城市影视龙头企业数量比较

单位：家

城市	取得甲种电视剧制作许可证机构数	上市影视企业数	城市	取得甲种电视剧制作许可证机构数	上市影视企业数
北京	26	9	长春	2	—
上海	16	4	深圳	1	—
天津	4	—	成都	1	—
重庆	3	—	济南	1	—
广州	7	2	沈阳	1	—
杭州	5	2	宁波	—	—
南京	5	1	青岛	—	—
武汉	5	—	厦门	—	—
西安	4	—	大连	—	—
哈尔滨	2	—	—	—	—

（三）优秀人才有待挖掘，人才流失严重

成都市闲适、安逸的生活环境造就了一大批影视文学创作者，涌现了张勇、苏晓苑、杨涛、乔兵、陈岚等四川编剧"五朵金花"，他们先后创作了诸如《伪装者》《楚乔传》《三生三世十里桃花》等火爆的影视文学作品，但这些作品的版权交易和拍摄都没能在成都进行。长期实践证明，成都市在

影视人才培养方面还缺乏人才挖掘机制、人才认定机制和人才留驻机制。据统计，成都市域内有 10.1 万余人从事传媒影视行业，但对优秀人才储备情况掌握不够，如饺子（本名杨宇）、刘文章在成都创业多年，但在《哪吒之魔童降世》上映后才广为人知，前期缺乏挖掘和掌握，而李易峰、李宇春、王迅等在成都市成长起来的演艺人才也均未在成都市发展，每年从成都市毕业的影视类专业人才流失也非常严重。

（四）产业发展环境有待优化，要素保障不力

目前，成都市虽有相关政策支持文化产业发展，但对影视产业扶持不够，没有制定针对影视产业发展的政策和措施。尤其是自《中华人民共和国电影产业促进法》实施以来，部分省份相继出台了适应本地影视产业发展的配套政策，加快步伐大力推进影视产业发展。由于总体战略规划不清晰，成都对影视产业未来发展的整体性、长期性、战略性思考不充分，对影视产业未来发展目标、定位、行动举措还缺少科学明确的规划引导与设计论证。

三　成都市影视产业发展对策建议

人民日益增长的美好生活需要不断提升，在文化消费领域的需求持续旺盛。影视产业作为文化创意产业中最具影响力和传播力的领域，新经济特征突出，迭代更新快、产业关联广、消费带动明显，是文化经济新的增长点。成都市当依托自身区位优势和产业优势，以影视科技、影视精品、影视企业、影视集聚区、影视服务等环节为突破口，立足于成都市特色，以互联网影视为主要发展方向，建立影视产业生态圈，推动文化、科技、金融等相关产业融合发展，形成影视企业集聚、产业链完整的国际化影视创制中心和生产基地，将成都市建设成为现代影视文化枢纽。

（一）发挥区位优势，超前规划加速布局

一是完善对影视产业的整体设计，制定影视产业发展专项规划。结合成

都市影视产业发展优势，制定并完善成都市影视产业发展规划，充分依托成都市的区位优势和周边自然人文景观，挖掘成都市及周边文化特色，设计成都市影视产业的重点发展领域，优化影视产业空间布局，引导形成以郫都区为主的影视产业集聚功能区、以大邑县为主的影视特色旅游区、以高新区和天府新区为主的影视科技创新功能区、以锦江区和武侯区为主的影视创意功能区，逐步构建"一城两园三基地"（一城——成都影视城；两园——天府影都—金砖国家电影产业园、四川电影电视学院—安仁影视文创产业园；三基地——四川国际影视文化科幻旅游产业基地、峨影·1958 国际影视创意孵化基地、青松谷网络视听产业基地）空间格局，为成都市影视产业集聚发展形成合力。

二是立足于影视前沿科技，充分把握影视新业态蓬勃发展的机遇。当前，以大数据、云计算、人工智能、数字制造等为特征的新一轮科技革命和产业革命对各行各业带来颠覆性冲击。在影视产业领域，以科技为依托的电影工业化进程不断加快，成都市应当以此为契机，瞄准云计算与大数据、人工智能、虚拟现实与增强现实、超高清视听、区块链等技术前沿，在影视科技创新领域提前布局，抢夺产业发展先机。依托 5G 技术的应用，探索搭建互联网影视运营平台，联动合作者产出精品内容，塑造优质 IP 矩阵，营建开放的内容创作生态。

三是加强产业融合，促进音乐影视协同发展。以"影视＋"为主导模式，形成集影视、传统文化与主题旅游等于一体的产业融合模式，通过影视作品的载体作用和传播效应服务传统产业。充分把握建设"世界文化名城"和打造"音乐之都"的目标，构建音乐影视协同发展机制，充分运用好四川音乐学院等音乐院校的教学资源和人才资源，在电影配乐、音效制作、音乐推广、人才培养等方面形成资源共享，提升成都市音乐影视市场竞争力。

（二）挖掘本土影视文化资源，鼓励精品创作，讲好中国故事

一是强化本土优质 IP 孵化。发挥成都市独特的地域文化优势和泛娱乐原创优势，牢牢把握创作端优势，以网络文学、动漫、游戏、音乐等网络

IP 领域为重点，以"影视＋"深耕优质 IP，增强变现能力，完善对泛娱乐 IP 影视改编价值的评估经纪、发布交易和企业推介服务，加强对 IP 开发、营销交易等环节的投入和引导，优化 IP 运营方式。

二是扶持影视精品创作，塑造成都市影视行业在全国的优势。深度挖掘成都市本土影视创作元素和素材，将巴蜀文明、天府文化等成都题材作为创作策划重点，吸引国内外优秀影视剧创作机构和专业人才参与，围绕建党 100 周年等重要时间节点，围绕中华优秀传统文化、革命文化和社会主义先进文化创作生产，重点策划 1～2 部思想精深、艺术精湛、制作精良的优秀作品，充分发挥好影视作品的文化载体作用，讲好中国故事，传播天府文化。

（三）壮大市场主体，增强影视产业综合实力

一是引进培育影视龙头企业，树立行业标杆。集聚综合型影视企业，积极吸引中影、博纳影业、光线传媒、爱奇艺等大型综合性影视企业集团在成都设立区域总部或功能性总部，鼓励本地影视制作机构与国内外知名影视企业联动合作，增强行业资源整合能力，培育本土影视龙头企业。发挥成都市在影视创作、动漫游戏、网络文学等影视产业链上游的优势，培育专业型影视企业。重点扶持影视剧配音、音乐、特效等技术含量和附加值高的后期制作企业，增强成都影视产业链中后端的承载能力。

二是推进产业集聚，提升成都市影视科技创新能力。重点支持成都影视硅谷、天府影都、四川电影电视学院文化创新创业园建设与发展，合理确定全市影视产业园区布局和规模，确定影视产业园区的差异化主体功能与发展目标，形成产学研一体的综合性影视集聚区。引进拥有世界一流制作技术的数字影视制作机构，支持国外知名企业与国内企业合作成立数字影视软件研发公司，培育本地概念设计、动画原画、视听效果等影视科技企业，提升成都市影视产业在高科技数字化后期制作技术和设备方面的竞争优势。

三是调整消费结构，提升影视消费水平。以市场需求为产业牵引，活跃市场投资氛围，着力调整消费结构，加快城区空白点影院和乡镇影院建设，盘活乡镇文化场地闲置资源，打造乡镇综合文化消费场地。整合运营在线票

务平台，把握购票模式和电影商业模式变革趋势，整合本地演艺、电影、文创等在线票务平台，打造大型在线平台运营主体，刺激衍生品市场发展，鼓励依托影视 IP 打造新型消费场景，优化影视产业盈利结构。

（四）加强宏观引导，提升服务水平

一是加强政府对行业的政策引导和服务水平。加快制定出台促进成都影视产业发展的专项政策措施，以市委、市政府的名义出台成都影视产业扶持政策，明确影视产业发展目标和工作任务及政策措施，从财政、土地、工商管理、投融资、人才保障、政务服务等方面加强影视产业发展保障，为国有企业和民营企业、龙头企业与中小型企业创造公平公正的政策空间，打造影视产业发展的政策高地。

二是构建财政资金扶持体系，打通影视融资渠道。通过政策引导、资本引入、市场运作的方式，成立影视产业发展基金，改善影视产业投资环境，切实缓解影视企业融资难问题；鼓励各区（市）县根据本地实际情况制定相关配套政策，鼓励商业银行重点支持有效益、有还贷能力的影视创新项目，对其出口所需的流动资金贷款优先安排。支持保险机构推出符合影视行业需求的保险产品、再保险产品，如剧组成员保险、职业责任保险、一般性制作保险等，为影视企业贷款融资提供便利。

三是搭建国际影视交流平台。以未来连续三届中国大学生电视节和连续五届中国电视好演员奖落地成都市为契机，进一步发挥好影视节展的聚合力和传播力，抓好金砖国家电影节、中国网络视听大会、中国网络电影周等重点影视交流活动，丰富影视节展内涵，积极打造具备国内乃至国际影响力的 A 类影视节展，并借助高能级活动平台，建立集版权交易、项目洽谈、专业技术人才交流、海外推广合作于一体的综合性国际化影视产业平台。积极推动本土影视企业与海外开展放映交流、技术合作、资源共享，推动成都影视"走出去"。

四是建立影视行业协会和服务机构。提升行业自我服务能力，建立影视行业协会，加强影视企业资源合作、强化影视企业市场化意识、帮助影视企

业和影视作品"走出去"、扩大成都市影视业在全国的影响力和市场竞争力，形成影视产业协同发展机制。建立影视专业服务机构，为外地来蓉开展影视业务的企业提供协调沟通、信息咨询、人才中介、宣传推广等全方位一站式免费服务，吸引更多的影视剧组到成都拍摄。

五是创新人才培养模式。实施青年影视人才扶持计划，搭建青年影视人才孵化平台，从源头挖掘本地影视人才，创新人才认定标准，认定一批行业领军人才、技术骨干人才，引进培养一批策划、营销、管理等高端人才，以"业"留人，集聚一流的影视创作、表演、传播等产业细分领域高精尖人才；鼓励市域内四川传媒学院、四川电影电视学院等院校开展校企合作和国际合作，创新人才培养模式，满足影视企业发展的人才需求，加强优秀青年影视人才挖掘、孵化、储备，探索形成对接国际、符合成都特色的产学研用一体化机制。加大影视行业领军人才引进力度，重点对电影制作、视觉设计、视觉效果等影视专业紧缺人才提供创业扶持和社会保障。

B.11
成都市创意设计业发展报告

成都市文化广电旅游局*

摘　要：　创意设计业是文化创意产业中高产出、高附加值的智慧型产业，富含知识性、技术性及原创性等特征，有利于推动产业结构的优化升级，助力"成都制造"转变为"成都创造"。本报告从产业规模、空间布局、规划设计、跨界融合、国际交流、公共服务等现状切入，分析成都市创意设计业发展所面临的扶持监测力度、品牌效应、产品国际竞争力、支撑体系、高端人才等方面的不足之处，从完善配套政策、加强金融服务对接、培育创意设计智库、塑造国际创意品牌、加强产业载体建设及推进跨界融合发展等方面就加快推进世界文创名城建设、全面提升创意设计业发展水平提出对策和建议。

关键词：　成都创造　创意品牌　产业融合　世界文创名城

　　根据《成都市文化创意产业分类目录（2018）》，成都市文化创意产业共分为八大门类。这里的创意设计业主要指其中的工业设计、建筑设计、景观设计、时尚创意、数字创意、软件与计算机服务业等。随着时代更新，创意设计的外延不断扩大，从原本的视觉艺术和时尚设计领域，逐步辐射到数字创意、消费品、工业设计等领域。随着创意设计与应用产业跨界融合趋势愈加明显，创意设计逐渐成为基础性行业服务于文化

---

　　*　执笔人：魏田，成都市文化广电旅游局文旅产业处三级主任科员。

创意领域。

《成都市文化产业发展"十三五"规划》和《成都市建设世界文创名城三年行动计划（2018～2020 年）》指出，以传媒影视、创意设计、现代时尚、音乐艺术、文体旅游、信息服务、会展广告、教育和咨询等行业为重点，培育文化创意产业，使之成为成都市国民经济新兴支柱产业，增加值占GDP 的比重超过 5%，并构建现代文创产业体系，建设世界文创名城。近年来，在中共四川省委、四川省人民政府的坚强领导和关心支持下，成都市加快世界文创名城建设，强化文化引领、集群发展、跨界融合、品牌支撑，推动全市文创产业实现又好又快的发展。面临新时期的机遇和挑战，成都市创意设计业发展取得了一定的成绩，也遇到新的难题。带动创意设计业同其他领域、行业的跨界融合，提升创意设计业的附加值，对推进成都市文化创意产业整体健康发展、实现"世界文创名城"建设目标，具有十分重要的战略意义。

一　成都市创意设计业发展取得的主要成效

（一）产业规模迅速增长

创意设计业是文化创意产业的重要组成部分。2017～2018 年，成都市文化创意产业持续快速增长。2017 年、2018 年全年实现总产出分别为 3237亿元和 4979.6 亿元，同比增长 23.5% 和 53.8%；实现增加值分别为 793 亿元和 1172.9 亿元（见表 1），同比增长 16.7% 和 47.9%，占地区生产总值的比重分别为 5.71% 和 7.64%。2018 年，成都市文创产业增加值占 GDP 的比重为 7.64%，增速超过 30%；全年新开工文创项目 74 个，新增文创园区面积 282.88 万平方米、文创街区 57 条、文创小镇 16 个、文创空间 769 个；2019 年上半年，成都市文创产业增加值达 734 亿元。[①] 特别是在 2019 第二

---

① 中共成都市委宣传部：《2018、2019 年成都市推进世界文创名城建设工作情况的报告》。

届世界文化名城论坛·天府论坛上发布的《世界新增长城市文创魅力调查报告》中，成都市文创魅力得到较高评价。文化创意产业已经成为创新驱动发展、经济转型升级的重要力量。其中，2017年、2018年创意设计业增加值分别为160.1亿元和229.7亿元，在全市文化创意产业增加值中的占比分别为20.2%和19.6%。创意设计业的特点与高附加值、强原创性相契合，成为保障成都市文化创意产业持续发展的核心竞争力。

表1　2017～2018年成都市创意设计业增加值及其占比 *

单位：亿元，%

年份	文创产业增加值	创意设计业增加值	占全市文创产业增加值比重
2017	793	160.1	20.2
2018	1172.9	229.7	19.6

资料来源：成都市统计局。

（二）空间布局渐显特色

近两年，成都市深入实施主体功能区战略，推动文化创意产业集群化、差异化、特色化发展，构建文化创意产业全域发展格局，"双核、两带、三片"全域发展格局日益凸显。"双核"新兴业态活力强劲，创意设计氛围浓厚，支撑作用显著。高新区、锦江区、青羊区、金牛区、武侯区、成华区背负建设世界文创名城核心区使命，天府新区以建成文化集聚地、体验区为目标，不断推进文创产业化、产业文创化，筑牢筑实文化创意产业主体地位。金牛区则聚集大批建筑设计企业和设计研究院，奠定了深厚的创意设计业基础。2017年，金牛区创意设计业实现营业收入170亿元、增加值52亿元，分别占全市的26%、32%，均为全市第一。2018年，"双核"合计实现文创产业营业收入3671.2亿元，占全市的73.7%，实现增加值799.7亿元，占全市的68.2%，吸纳从业人员68.4万人，占全市的65.3%。"双核"区域文创产业优势明显，创意设计业实现营业收入 919.3 亿元，增加值 204.2 亿元，占全市创意设计业增加值的 88.9%，成为成都市文创产业发展的核心力量。[1]

（三）规划设计持续强化

坚持高位谋划，树立全球视野，对标先进城市。近两年，成都市认真贯彻落实国家关于文化创意产业发展的一系列文件精神，其中与创意设计业相关的有《成都市文化创意和设计服务与相关产业融合发展行动计划（2014～2020）》《成都市促进西部文创中心建设若干政策》《建设西部文创中心行动计划（2017～2022 年）》《成都市建设世界文创名城三年行动计划（2018～2020 年）》《成都市关于推进数字经济发展的实施方案》《成都市推进智能经济发展实施方案》等若干政策文件。2018 年，根据《建设西部文创中心行动计划（2017～2022 年）》，结合第四次修订的《国民经济行业分类》（GB/T 4754－2017），成都市文产办会同市文广旅局、市统计局对《成都市文化创意产业分类目录（试行）》进行修订，形成《成都市文化创意产业分类目录（2018）》；确立了"文化＋""互联网＋"战略，为全市创意设计业的未来发展锚定方向、指明路径。

（四）跨界融合形成趋势

近两年，成都市着力于激发文化创造力、创意设计力，大力提升产业融合度，为推动成都创新驱动发展提供重要动力。在新技术、新产业、新业态、新模式快速发展的背景下，成都市深化文化创意、创意设计与科技、制造业等的融合发展，促进城市产业结构升级。一是借助创意设计的介入，实现文创产业与二、三产业融合发展。二是实现"互联网＋"融合发展。随着文化产品及服务的生产、传播、消费等环节数字化、网络化进程不断加快，"互联网＋"成为文化创意产业发展动能，以创意设计为主导，成都市不断推进软硬一体、平台支撑、网络互联等内容融合创新。三是实现"科

---

[1]　中共成都市委宣传部、成都市统计局：《2017 年成都市文化创意产业发展分析报告》。

技＋"融合发展。创意设计企业"科技＋"融合发展意识强，创意设计、文创服务业以提高科技竞争力为基础促进文创产业又好又快发展。成都市业已呈现以数字技术、互联网技术、信息通信技术为主的现代科技与文化创意相融合的趋势。在促进创意设计与制造业有效对接方面，成都不断加快推进设计之都、文创之都建设，以中国建筑西南设计研究院、信息产业电子第十一设计研究院等公司为代表的创意设计企业，着力推进数字化实验室等服务平台建设。四是积极探索文化体验、赛事旅游、演艺旅游、会展旅游等产业发展新模式，着力推进创意设计融入旅游产品开发、音乐演艺活动等方面，提升旅游服务、运动休闲、商务会展的多样性、趣味性、专业性和互动性，满足人民群众对多样化产品和服务的需求，提升城市生活品质。五是以数字技术和先进理念推动文化创意与创新设计等产业加快发展。2019 年上半年，成都市宣布与中国顶级互联网企业腾讯集团展开合作，以腾讯旗下"新文创"数字文创业务板块与资源，助力成都世界文创之都建设。拥有"民营影视数字动漫类十强"称号的成都可可豆动画影视有限公司联合光线彩条屋影业、十月文化共同打造的现象级动画电影《哪吒之魔童降世》更是开启了数字创意参与文创产业跨界融合的新篇章。"新设计、新材料、新工艺、新产品、新能源、新市场"等新型产业链正在形成，创意设计业在实现产品差异化，提高产业附加值，增强核心竞争力，培育成都市原创品牌，提高市场占有率等方面发挥了重要的引领作用。

（五）国际交流显现成效

拓展国际化渠道，集聚优质国际资源，搭建合作交流平台，在机制创新、服务创新、品牌创新和活动创新等方面取得了新突破。一是重点创办、打造了国家级国际性文化节会活动品牌——中国成都国际非物质文化遗产节（以下简称"非遗节"）。非遗节创办于 2007 年，每两年在成都市举办一届，迄今已成功举办七届，以推动人类非遗保护传承为主题，充分借助现代创意设计手段，推动跨界融合，激活非遗文化，实现中国优秀传统非遗文化的现代转化。于 2019 年 10 月 17 日至 10 月 22 日举办的第七届非遗节以创意设计为先导，主打非遗与数字创意艺术，以非遗为主体，探讨其在数字驱动、非遗赋能的语境下与艺术、时尚、音乐等相关创意产业的跨界与融合创新的趋势，带来行业前瞻思考及经验分享，构建以非遗为主题的国际资源对接平台，多维度、多角度探寻非遗与数字艺术发展的可能。二是重点培育本土国际创意设计业品牌——成都创意设计周。作为成都市大型文创设计展会，成都创意设计周自 2014 年起每年在成都市举办，活动全面提升了"成都创"的国际化水平和影响力，极大地开拓了成都市创意设计产业的发展空间。2019年第六届创意设计周以弘扬天府文化、建设世界文创名城为目标，围绕创新创造、优雅时尚的成都生活美学主线，秉持"全球化视野、国际化表达、互联网思维"彰显天府文化精髓的策划理念，以"时尚之城创意之都"为主题，构建"3 + N"活动体系，举办了金熊猫天府创意设计奖、第六届成都创意设计周展览会、iF 成都创意设计论坛三大主体活动，以及"新旅游·潮成都"文化旅游创意系列活动等配套活动。活动吸引了来自全球 31 个国家和地区的780 家创意设计组织和机构，共计 45 万人次参与。在 2019 年全国文创同类活动中稳居第一方阵，已成为成都建设世界文创名城的重要平台，推进文化创意和设计服务等新型、高端服务业发展。

（六）公共服务不断完善

成都市不断强化现代公共文化服务体系建设，大力推进公共文化服务标准化、均等化、社会化、数字化，创意设计公共文化服务不断优化。搭建了工业设计共性技术平台，建立起信息咨询、人才培训、展示交易、行业交流等平台，并多次举办中西部较具影响力的展会活动。

二　成都市创意设计业发展面临的主要问题

（一）数据监测能力不足，扶持政策有待加强

严格来讲，创意设计业包含工业设计、建筑设计、景观设计、家居设

计、时尚创意、数字创意、软件与计算机服务等诸多门类和内容。横向来看，在中国，上海和深圳作为中国创意设计发展的先驱城市，对于创意设计业的政策扶持、园区建设和国际化等方面尤为重视，不局限于狭义的设计领域，实现了工业、城市、平面、时尚、游戏设计等多元化产业布局。纵向来看，成都将创意设计业列为文创产业八大重点产业领域之一，近两年其产业规模和增加值居全产业领域第二位。文创产业包含的面比较广，从成都市统计局统计的相关数据来看，创意设计业部分的统计数据比较少，尤其是关于产业布局、集聚的统计分析相对缺乏，这一定程度上影响了对成都市创意设计业的整体行业监测分析。与此同时，尚无针对成都市创意设计业发展的专项扶持政策，专项资金也相对缺乏。创意设计业在成都市整体文创产业中的重要性尚未充分显现，一定程度上影响了创意设计业的快速发展。

（二）知名品牌缺乏，企业创新能力亟待提升

一方面，战略性支撑性重大创意设计项目推进力度和进度有待加大和加快。目前，成都市文创产业稳步增长，创意设计业增加值和占比也逐年增加。但与北京、上海、广州、深圳、杭州等城市相比，差距依然较大，品牌塑造不够、国际化程度不高。虽有一批创意设计业重大项目相继落地实施，但普遍还处在建设阶段且周期较长，尚未形成生产力和核心竞争力。尽管目前创意设计公司数量众多，大小各异，甚或小微企业越来越发挥出重要作用，但总体看来，尚未打造出成都市创意设计名片式的知名企业，无法集成提高成都市创意设计的影响力。另一方面，从整体上看，创意设计企业较多地停留于作品、礼品、样品层面，对"互联网＋"等新技术革命的发展趋势认识不足，对老龄化社会等各类深层次、多样性市场需求缺乏预判，对跨界融合等引领制造升级、优化供给结构的手段把握不够。创意设计产品文化内涵价值较低，含金量高的产品数量较少，存在设计风格雷同、创新不足等问题，阻碍了成都市创意设计业的外向发展。部分创意设计企业或因自身能力问题，或因屈从生存压力，局限于低端市场

的趋同化竞争，限制了其创新能力的发展，整体趋势不利于创意设计业的高端化、持续化发展。

（三）高端要素仍需集聚，企业及产品的国际竞争力还需增强

一是创意设计领域里高端化、国际化、权威性的人才、赛事、奖项、媒体等仍然比较欠缺，使成都市创意设计业的全球话语权不强，活动项目虽不少但影响力相对有限。二是产业功能区创意设计企业和产品的国际竞争力还需要提升。文创产业功能区不断集聚资本、技术、信息等要素，但还需围绕构建文创产业链和文创经济生态圈，优化完善产业功能区创意设计业的差异化功能定位和错位产业集聚，还需培育出有国际竞争力和创新力的大型创意设计企业和核心创意设计产品。

（四）支撑体系较弱，跨界融合凝聚新动能、塑造新业态的能力亟待提高

一是创意设计业的投融资体系和要素市场有待完善，一方面要通过资本并购和要素集聚，做大做强领军优势企业，另一方面要结合创意设计业以小微企业为主的特点，通过大数据、互联网等平台，形成线上线下、共享共赢的协同创新、互动发展的良性机制，构建小微企业群发展平台和生态环境。二是创意设计业跨界融合凝聚新动能、塑造新业态的能力亟待提高，重点体现在消费者及生产性企业对于创意设计价值缺乏了解，导致创意设计的真正价值没有被公众和社会明晰和接受，阻碍进一步实现其经济和文化价值。而沿海及创意设计业发达的其他地区，如上海、杭州等城市，创新意识较强，创新理念较为先进，直接促进了创意设计业的创新发展，也间接带动创意设计业参与到其他新生的文创产业门类、业态的构建中去。因此，促进创新意识普及，加强设计理念的更新，营造社会重视、公众肯定的创新氛围，对创意设计业起正向促进作用。三是对新时代"互联网＋"、"文化＋"、科技革命、认知革命、人工智能、数字创意新思潮的把握不够。未能充分利用新的技术手段实

现创意设计业同其他新兴文创门类和业态的跨界融合，跨界设计拓展严重不足。

（五）高端人才缺乏，企业同社会资源之间的对接渠道亟须打通

其一，"创意"是文创产业的核心要素，也是创意设计人才的核心素质，创意设计业发展的关键在于人才。据统计，2018 年，成都市从事文化创意产业活动的法人单位有 78827 个，吸纳从业人员 104.8 万人，其中创意设计公司从业人员占了大部分。成都市创意设计公司从业人员人数众多，但缺乏高精尖人才，能够专业、市场两头抓的复合型人才尤为短缺。目前成都市高校培养出的创意设计人才缺乏经验及对市场的把握，设计出的产品市场接纳程度较低。人才的培养和设计产品的市场转化都需要一定的时间，增大了创意设计企业创业的难度。其二，创意设计企业亟须与生产性企业、高校科研院所、政府服务机构建立有效对接，打造完整的产业链条，避免重复性设计和生产；亟须技术支持、人才输出与引进以及相关政策性保障。

三　加快成都市创意设计业发展的对策建议

（一）完善配套政策，加强金融服务对接

作为成都市文化创意产业的重要组成部分，创意设计业具有高知识、高技术、强原创性、高产出、高附加值等特征，是文化创意产业中极具竞争力的智慧型产业。随着时代更新，创意设计涵盖的内容边界日益扩大，产业应用的跨界融合趋势明显，创意设计逐渐成长为文化创意领域的基础性行业，服务于众多领域。基于此，建议政府部门编撰印发成都市创意设计业发展专项规划、行动计划和精准扶持政策，推动土地、人才、专项资金扶持向创意设计业倾斜，加速推进成都市创意设计业更好更快发展。同时细化、放宽成都市文创产业统计口径，着重将年度创意设计业相关数据纳入成都市统计局专项统计工作中去。

政府引导、推动设立文化创意设计服务与相关产业融合发展的投资基金。鼓励私募股权投资基金、创业投资基金等各类投资机构投资文化创意设计服务领域。推进成立成都市创意设计业投融资基金联盟并发挥作用，整合相关资源，形成包括银行、担保机构、投资基金等的多源投融资体系。鼓励银行业金融机构支持文化创意设计服务小微企业发展。鼓励金融机构创新金融产品和服务，为创意设计企业提供有针对性的综合金融产品和特色金融服务，拓展贷款抵（质）押物的范围，探索开展软件著作权、品牌等无形资产质押和收益权抵（质）押贷款等业务。鼓励保险公司加大创意设计服务保险产品开发力度，提升保险服务水平，探索设立专业保险组织机构，促进创意设计服务领域保险发展。

（二）激发"三创"动力，培育创意设计智库

支持社会资本进入创意设计业领域，迅速壮大产业队伍，扩大产业规模，重点扶持一批创意设计领域的"专精特新"中小微企业，建设基于云服务的公共服务平台，支持民营企业发展，支持创意设计服务企业集聚发展。允许在蓉高校、科研院所在编在岗科技人才、创意设计人才兼职从事创新创业活动，鼓励在校大学生或毕业未满5年的高校毕业生在蓉创办企业，从事创新创意创业活动，不断激发市场创新创意创业活力。

着重培育创意设计智库。一是外引内培两手抓，一方面建设成都市创意设计人才智库，积极引入国际行业中坚力量参与，提升成都市本土设计的国际化视野。扶持和鼓励高校、科研院所、企业和园区等主体共建创意设计实训基地，强化产学研用结合。推进"校园创意扶持计划"，重点推动高校与文创园区全面对接，畅通师生创意设计孵化转化渠道，在实践中培养市场适需人才。探索学历教育与职业培训并举、创意设计与经营管理结合的人才培养新模式，加快培养复合型人才。另一方面，培养和扶持高端人才，造就一批领军人物。加大扶持原创设计大师工作室，工艺美术大师、工艺美术类千人技师等领军人才，在各类大赛、评比、展示中发掘人才。完善成都市文化创意产业重点人才开发目录，对接海外高层次人才、外国专家，引进高层次

海内外创意设计人才。二是探索具有成都市特点的创意设计领域城市智库建设之路。围绕成都市创意设计的重大战略及重大问题展开研究,切实形成一批有现实针对性的智库研究成果。鼓励城市智库为成都市文创名城建设献计献策。鼓励有条件的高校、研究机构建立创意设计方面的智库,为民间智库的发展营造环境和土壤。

(三)加大传播力度,塑造国际创意品牌

进一步加大天府文化传播力度。积极传播天府文化、成都城市个性魅力和独特符号,着力提升城市的国际识别度。充分借鉴深圳文博会等品牌节会,持续做强做优国际非遗节、成都创意设计周等国际品牌和文创产业交流平台,推出一批天府文化精品和门户作品,提升"生活美学地图"影响力,创新天府文化故事化、场景化表达,向全球宣传天府文化与城市个性魅力。

着力打造绿色环保设计之城,建设国际创意设计高地,重点发展工业设计、景观设计。搭建开放合作平台,集聚 50 个创意设计大师团队,培育 5个创意设计国际品牌,孵化 500 个创意设计机构。

(四)优化空间布局,加强产业载体建设

进一步优化创意设计业空间布局,围绕"双核、两带、三片"全域发展格局,深入实施主体功能区战略,推动文化创意产业集群化、差异化、特色化发展。一是进一步拓展"双核"功能,巩固核心区创意设计引领作用,在天府新区重点布局时尚创意,做大做强体验式创意经济体,促进产业集聚。二是形成"两带"新经济圈,抓住文化装备制造和绿色发展落地契机,推进相关创意产业经济园区、增长带建设,实现产城人文联动发展。三是丰富"三片"创意设计业建设内涵,重点梳理挖掘沿线历史文化资源,为创意设计业发展提供载体空间。

着力推进创意设计载体品牌化建设。一是大力推动重点创意设计项目招引和培育,组建专业化招引和产业服务团队,高质量抓好重点招引、培育目标工作。加快打造历史文化 IP 项目,加快推动与 5G、人工智能、数字创意

等相关联的创意设计项目和企业落地。以创意设计为推力，加快推进天府文创城、高新区数字文创产业园等项目。二是聚合创意产业力量，打造具有行业引擎作用的龙头创意设计园区，建设创意与设计特色产业基地，打造产业集群，推动以大带小。进一步加快推进以优势产业为核心的相关产业集群发展，提高文创企业的关联互动程度，形成完整产业链，营造良性竞争环境，实现大型文创企业带动中小型文创企业共同发展局面，引导中小型企业创新商业模式，提高企业专业竞争力。加快文创示范园区、文创特色示范街区、文创特色示范小镇（村）等文创载体建设，完善公共服务支撑体系，规范运营机制，进一步增强文创载体功能，快速聚集文创主体，打造鲜明的文创产业特色，实现市场主体和经济总量双壮大。

（五）注重数字创意引领，推进跨界融合发展

数字创意作为现代信息技术与文化创意产业逐渐融合而产生的一种新经济形态，和传统文化创意产业以实体为载体进行艺术创作不同。数字创意是以 CG（Computer Graphics）等现代数字技术为主要技术工具，强调依靠团队或个人通过技术、创意和产业化方式进行数字内容开发、视觉设计、策划和创意服务等。目前，数字创意产业的应用主要体现在会展、虚拟现实、产品可视化等领域。数字创意迎合了创意设计业高知识、高技术、强原创性、高产出、高附加值等特征，从一定程度来讲，可视为创意设计的重要组成部分。按照《成都市文化创意和设计服务与相关产业融合发展行动计划（2014～2020）》《成都市推进数字经济发展实施方案》等政策要求，以市场为导向，发挥创意设计企业主体作用，注重数字创意引领，有助于推动创意设计与制造业、科技、旅游、会展、影视动漫、多媒体以及现代农业等行业的跨界融合发展。

注重数字创意引领，推进创意设计与制造业、科技的融合发展。充分发挥创意设计促进新产业、新业态、新技术、新模式发展的纽带、黏合作用，推动"传统制造"向"智能型制造、服务型制造"高端方向发展。通过创意设计，把握虚拟现实（VR）与增强现实（AR）产业发展机遇，支持研发

具有自主知识产权的软硬件产品与内容制作平台，推进虚拟现实技术与电影、电视、游戏、设计、医疗等产业领域的有机融合，培育在国内具有影响力的虚拟现实特色产业园区，加快打造产业生态圈。加快各领域数字化、信息化进程，推进重点行业的协同设计信息化平台建设，实现企业内或上下游企业间研发设计与生产制造、销售管理等环节的综合集成和应用。进一步推动基础软件、行业应用软件、信息安全软件、信息服务外包等向高端发展，加快建设以数字化、网络化、智能化为主要特征的智慧城市。

注重数字创意引领，加快创意设计与文博旅游、动漫、游戏、影视的融合发展。加快发展微型传感、可穿戴屏幕显示、人机交互等技术，在文化娱乐、动漫游戏等行业应用的基础上，积极向高精尖行业应用拓展；推进近眼显示、感知交互、渲染处理等虚拟现实关键技术产业化，积极发展移动端VR、手持式AR、空间展示类AR、可穿戴式AR等虚拟（增强）现实产品，打造虚拟现实产业链，加快创意设计与文博旅游产业、影视产业的跨界融合。

注重数字创意引领，重视创意设计在智慧城市体系建设中的重要作用，实现人工智能、大数据等信息技术与城市基础设施建设的有机创意融合；加强行业技术创新专业服务平台建设，充分利用已有的科技研发公共服务平台，建立符合创意设计业特点的技术支撑服务平台，重点推进材料和色彩研发、人体工效研究、生物力学研究、人机交互研究、虚拟现实研究、人工智能与辅助设计研究、用户体验测试研究；搭建创新技术整合平台，实施"互联网＋"计划，运用大数据、云计算等手段，重点关注创意设计与新能源、智慧城市、节能环保技术等融合创新的平台建设；推进数字图书馆、智慧博物馆、数字文化馆、数字美术馆等文化基础设施建设，丰富公共文化数字化服务平台内容，满足市民日益增长的文化服务需求，进一步刺激带动创意设计业文化消费，为推进创意设计与相关领域跨界融合发展奠定基础。

B.12
成都市音乐产业发展报告

成都市文化广电旅游局 *

摘　要：　音乐产业作为文化产业的重要组成部分，逐渐成为国内外各大城市日益重视、争相发展的重要产业之一。成都市作为国内较早提出加快发展音乐产业的城市之一，2019年聚力建设世界文化名城、打造"国际音乐之都"，在项目、品牌、人才、环境等方面实施音乐产业发展各项政策措施。本报告以实地调查为主，结合文献分析法，对2019年成都市音乐产业发展情况进行研究，指出成都音乐产业在优质原创供给、优秀人才集聚、品牌影响力、市场转化能力等方面的不足，并提出持续推出精品力作、大力实施人才计划、充分挖掘品牌价值、提高产业总体水平等方面的对策建议。

关键词：　音乐产业　城市品牌　国际音乐之都

一　成都市音乐产业发展情况

2019年，成都市结合中华人民共和国成立70周年时代主题和"国际音乐之都"建设三年行动计划，紧紧围绕"出人才、出作品、出产值、出品牌"的发展目标，重点提升原创生产动力、产业市场实力、文化消费潜力和保障

---

*　执笔人：龙湄云，成都市文化广电旅游局音乐影视产业处四级主任科员。

发展能力，音乐产业发展势头强劲，全年产值突破 480 亿元，同比增长约 21%。[①]

（一）聚焦项目，产业市场实力得以凸显

1. 龙头带动作用明显增强

2019 年成都新增音乐企业 448 家，迷笛音乐、阿里文娱、微影资本等业内领先企业来蓉落户；新引进音乐产业项目 55 个，包括迷笛音乐西南总部、成都阿里巴巴现场娱乐基地、合纵成都国际音乐产业基地（西南总部）等；成都音乐工作室已突破 1000 家，音乐艺术培训机构突破 2000 个。培育方面，支持咪咕音乐、太合秀动、成都音像出版社、成演集团、葫芦文化等本土企业做大做强，其中咪咕音乐与全球超过 1600 家内容提供商达成合作，无线音乐用户排名全国第一。

2019 年，成都市音乐影视产业推进办公室组织全市重点区（市）县、园区、小镇和企业赴北京、广州、上海等地开展成都音乐产业专场招商推介活动 5 次，与太合音乐、战马时代、保利演出等 600 余家企业积极对接；另举办专业音响、音乐场馆和场地运营、原创音乐与版权等产业细分领域企业沙龙 11 场，市场龙头带动作用得以增强。

2. 产业集聚效应显著提升

2019 年成都市级 4 个重点音乐产业园区累计入驻音乐企业近 200 家，举办各类品牌演艺活动突破 300 场，其中少城视井文创园初步形成音乐影视产业规模化集聚；成都音乐坊音乐大道建成开街，启幕仪式现场人流量达 3.5 万人次；成都音乐产业中心基本建成，产业集聚能力逐渐显现；"东郊记忆"完成功能区域及配套设施提档升级，引进英国、法国、日本等多个知名原版音乐剧目，吸引观众 12 万人次；梵木创艺区完成载体改造，园区空间入驻完毕，基本形成完整的园区音乐产业生态。市级 5 个重点音乐产业小镇消费场景加速构建，洛带、白鹿、街子、平乐、安仁小镇分别以流行音乐、古典

---

① 本报告数据来源于成都市文化广电旅游局。

音乐、民族民间音乐、民谣音乐、"音乐 + 文博影视"为特色，打造龙潮音乐节、中法古典音乐艺术节、《蜀歌蜀嫁》实景剧、歌剧《卓文君》、《今时今日是安仁》实境体验剧等文旅品牌，全年音乐演出超过 300 场。

3. 产业融合发展走在前列

音乐产业与科技融合发展，咪咕音乐数字音乐版权规模超 3000 万首，咪咕会员近 4600 万名，App 客户端平均月活量达 6206 万个，同比增长 95.6%；城市品牌音乐活动率先利用中国电信 5G 双千兆、VR 直播和云技术等，首次实现沉浸式直播体验；联合大麦网、站酷网、腾讯音乐等改版升级"成都音乐网"，启动后台研发和品牌拓展。音乐产业与体育、会展等其他产业融合，举办 2019 成都摇滚马拉松、"欢乐与荣耀——迎接世警会"成都城市音乐会等；成都永陵"二十四伎乐"部分复原乐器亮相中国（成都）国际乐器展览会，引起高度关注。

（二）聚焦品牌，文化消费潜力得以释放

1. 品牌城市活动更有影响力

2019 年，第十二届中国音乐金钟奖落地成都，是国家级音乐大奖首次落地中国西部；历时 10 天，共开展 42 场专业赛事、8 个主体活动、9 项配套活动，覆盖 12 个区（市）县近 20 个点位，近 300 名参赛选手、200 余名评委及艺术家嘉宾、5 万余人次现场观众、数万名游客参加，网络直播观看突破 2000 万人次，共度"市民的节日"；中国文联、中国音协及社会各界给予一致好评。第 25 届"蓉城之秋"成都国际音乐季市场化办节成效明显，首次面向全球征集引进百老汇经典音乐剧《猫》、意大利歌剧《图兰朵》（原文版）、上海彩虹合唱团专场音乐会等优质剧目演出 20 部，参与投票人数达 13.47 万，其中大部分演出属成都"首秀"，门票迅速售罄；3 个月内全市举办各类音乐活动 80 余场，近千名国内外音乐艺术家、10 万余名观众走进城市音乐地标，带动市场消费上亿元。成都国际音乐（演艺）设施设备博览会较去年规模更大、办展水平更高，吸引国内外知名灯光、音响等视听设备品牌参展商 120 余家，3 天观展超 2 万人次，意向成交额约 18.3

亿元。中国（成都）国际乐器展览会首次落地成都，历时 4 天，会聚国内外知名钢琴、提琴、吉他、管乐等多个品类优质厂商近 300 家。

2. 品牌乐团建设更具竞争力

成都大学生合唱团赴维也纳参加第 10 届世界和平合唱节，荣获金奖和最佳现代作品演绎奖；成都美歌者童声合唱团赴瑞士参加 2019 世界合唱大奖赛暨第四届欧洲合唱比赛，荣获公开赛及大奖赛金奖；成都童声合唱团、成都爱乐合唱团、成都女子室内合唱团成功组建、首演并探索国际化管理培训。

3. 品牌演艺市场更有吸引力

2019 年成都举办各类音乐演艺活动 1700 余场次，苏菲·珊曼妮、许巍、陈绮贞、林宥嘉、蔡琴等国内外著名歌手来蓉举办个人演唱会；中国音乐小金钟—"童唱新时代" 2019 全国展演、声入人心音乐会、仙人掌音乐节、超级草莓音乐节、奶油田电子音乐节等市场性音乐节（会）市场反映热烈；意大利那不勒斯皇家爱乐乐团、保加利亚索菲亚爱乐乐团、圣彼得堡俄罗斯芭蕾舞剧院等国际团队来蓉展演，涉外演出活动突破 90 场。2019 年成都市音乐演艺票房突破 5 亿元，保持较快增长。

4. 产业交流合作更具国际视野

第八届音乐之都城市大会首次在中国举办，吸引 20 余个国家（地区）600 余人来蓉，是大会创办以来规模最大、国际化程度最高的一次盛会。成都国际友城青年音乐周、中国—中东欧国家音乐周等多个音乐艺术及产业活动在蓉举办，来自亚洲、欧洲、北美洲等 6 个大洲 40 余个国家（地区）的艺术团体、音乐人才来蓉参加；成都乐团及本土音乐人才赴美国、意大利、日本、韩国等地开展音乐艺术交流，积极推介天府文化和国际音乐之都。

（三）聚焦人才，原创生产动力得以激发

1. 产业引才范围不断扩大

第五届音乐创意人才扶持项目与第三届"金芙蓉"音乐比赛深度互动，与腾讯音乐、酷狗音乐、摩登天空、咪咕音乐等深入合作，面向全国征集、

选拔、扶持、推广优秀音乐人才，各赛区参与者近 10000 组，征集原创作品 12000 余首，网络曝光量近 3 亿次，微博话题互动超过 30 万次，影响更大、权威性更强、知名度更高。全国网络音乐行业高级研修班、中国—东盟艺术学院民族声乐高级研修班、"影响城市之声"（成都）国际音乐产业高峰论坛等国内外知名人才培训计划、活动落地成都。行业"大咖"齐聚成都，赵季平、廖昌永、叶小钢、殷秀梅、张也、吕思清、郁钧剑、雷佳等众多知名音乐家来蓉开展或参加音乐活动，中央民族乐团、圣彼得堡交响乐团、维也纳童声合唱团等国内外一流艺术团体来蓉演出，意大利、瑞典、新西兰、韩国、日本等国音乐艺术人才来蓉交流，各界反响热烈。

2. 本土孵化机制日趋完善

成都街头艺术表演累计招募"街头艺人"7 个批次，共 299 组（370 人），全年在 60 个固定点位开展街头演出 2038 场，表演时长达 5395 小时；网易云发布成都街头艺人首张原创专辑，《街头艺人之歌》《蓉城漂流记》《少城一隅》等优秀作品受到歌迷热捧；成都联合各个区（市）县、相关市级部门制定《成都市促进街头艺术表演规范化健康发展实施方案》，建立以行业规范为主、政府引导和艺人管理为补充的制度机制，尚属全国首创，形成街头艺术表演的"成都经验"。第三批青年音乐人才工作室累计参评 322 组，10 组工作室经正式授牌，获得扶持资金 100 万元；工作室创作《畅游天府》《陪你留下来》《锦城疏忆》等原创音乐作品 30 余首，市场反响热烈。市场化重点孵化平台更加完善，中国专业院校原创音乐联盟、独立音乐公社、酷狗音乐孵化器、梵木原创音乐孵化平台等广泛开展项目合作和学术交流，每年孵化原创歌曲近千首，本土人才获得社会创投基金百万元。

3. 成都市原创力量不断彰显

"天府之歌"全球征集活动以主旋律、正能量、天府情怀等为主题，共征集原创作品 1669 首，瞿琮、赵季平、易茗、孟卫东、小柯、郭峰等音乐艺术名家投入创作，网络投票历时 7 天，活动页面总访问量突破 200 万人次，总投票数突破 660 万，《烟火人间》《天府颂》《锦色》等 15 首极具国际标准、中国气派、四川风格、成都味道的优秀作品脱颖而出，在壮丽 70

年·奋斗新时代—礼赞祖国"天府之歌"音乐会上集中呈现,得到业界高度认可,并通过各种形式广为传唱。成都原创歌曲《我有一个梦》在中央电视台、中宣部"学习强国"等平台上推广;交响乐版《成都》、舞蹈《英姿》等优秀作品在国家级展演平台上演出推广,成都创作魅力十足。

（四）聚焦环境，保障发展能力得以提高

1. 政策环境持续完善

市级政策得到完善。制定完成国际音乐之都建设重点目标企业（项目）招引计划、重点本土企业（项目）培育计划，积极研究相关目标考核办法和监测指标体系。积极开展成都市音乐产业载体设施调研工作，基本实现对全市音乐产业发展情况按月统计、按季度分析；区级政策基本健全，各区（市）县已基本制定出台音乐产业相关配套政策，针对龙头企业、重大项目、产业园区（街区）、音乐小镇等在税收优惠、土地、人才等方面突出政策针对性、差异性、互补性；武侯区率先制定出台促进音乐产业发展专项政策。创新版权保护机制。"成都版权"微信公众号、"成都版权协会"网站、"@天府版权"微博等市级版权领域官方平台积极开展音乐版权维权、调解等工作，先后发布版权信息400余条，总浏览量超过50万次；盗版举报和查处奖励机制得到完善，良好的市场环境正在形成。宣传营销力度加大。包括中央电视台、新华社、人民日报、四川日报、新浪网在内的各级媒体及门户网站给予成都音乐产业发展工作频繁报道和关注，城市品牌音乐活动数次登上微博话题热搜，阅读量突破2000万人次，国际音乐之都知名度和影响力进一步提升。

2. 载体环境得到改善

成都城市音乐厅正式投入使用并联合中国交响乐团、中央民族乐团举办音乐演出季，成都城市音乐厅运营管理公司正式组建，对外公开招聘、招标总经理、物业管理团队等，探索科学化、市场化运营管理模式。成都露天音乐公园建成运营并完成首演。成都露天音乐公园运营管理公司通过科学运营，探索打造音乐演艺新地标。四川大剧院建成并投入使用，先后展演

《永不消逝的电波》《白夜行》《芝加哥》等经典剧目40余场次，演出效果和市场反响良好，顺利"接班"锦城艺术宫音乐演艺职能。新声剧场、华侨城大剧院顺利完成提档升级，运营水平得到较大提升。全市演艺类场馆（所）达82个，其中，专业场馆55个（综合剧场50个、专业音乐厅5个），非专业演艺场所15个，重要Livehouse场馆12个。

3. 资金环境得以优化

政策资金方面，2019年成都争取省级音乐产业专项资金突破700万元，扶持重点项目10个；市级文化产业发展专项资金（音乐产业）累计下达超3800万元，扶持重点项目约40个。金融资金方面，成都银行文创支行推出"文创通"融资产品，积极为全市音乐产业发展提供金融支持。社会基金方面，积极筹备成立音乐科技产业发展基金，基金规模5亿~8亿元，主要投资版权经纪、演出媒体、场馆建设和"音乐+"等方向。

二 成都市音乐产业发展存在的不足

成都在国际音乐之都建设和音乐产业发展方面取得了长足发展，但相较于北京、上海等地，仍存在一些差距。

（一）优质原创供给不足

成都每年音乐原创作品数量不少，但精品力作还相对不足，在行业影响力、市场占有率、观众喜爱度等方面还有较大提升空间。

（二）优秀人才集聚不足

国内外音乐知名人才在成都常驻发展的还不多，制作、经纪、包装等领域的专业团队、高端人才仍然匮乏。

（三）品牌影响力还需提升

"蓉城之秋"和"金芙蓉"等本土城市音乐品牌与"上海之春"及

"哈尔滨之夏"相比,影响力还不够;成都乐团、成都童声合唱团、成都大学生合唱团等与国内一流音乐艺术团体相比,在品牌打造、运营推广的专业化水平等方面仍有差距,还有待提升。

（四）市场转化能力还需加强

本土优秀作品市场化运作能力不够,与"成都造"带来的市场效益还不相匹配;演艺场馆市场化运作、专业化管理能力还有待加强。

三　成都市音乐产业发展的对策建议

成都为加快建设世界文化名城,打造"国际音乐之都",确保音乐产业加快发展、领先发展、跨越发展,将围绕"出人才、出作品、出产值、出品牌"的目标持续发力,不断提升城市音乐发展的国际知名度和影响力。

（一）持续推出精品力作

坚持紧扣时代主题引导精品创作,结合重要时点、重大题材,支持革命历史题材、现实题材创作,组织推出一批专业水准高、市场口碑好、有感染力的文化艺术精品。坚持聚焦成都特色推出优质作品,深入挖掘古蜀文明、三国文化、熊猫、都江堰等本土优质题材潜力,充分发挥好音乐作品的文化载体作用,讲好成都故事,传播天府文化。坚持围绕多元需求增加精准供给,大力推进内容形式、体裁题材、手段方法、业态样式的创新创造,通过孵化优质IP、定制化创作等方式,不断满足多元市场需求。

（二）大力实施人才计划

大力实施市属院团水平提升计划,探索推进成都乐团职业化建设,高标准打造成都童声合唱团和成都大学生合唱团;进一步提升乐团、合唱团创作能力和演奏水准,常态化开展排练演出,不断提高对外交流合作水平。大力实施校地产学互动合作计划,依托四川音乐学院、中国专业院校原创音乐联盟、成都大学中国—东盟艺术学院等，支持全方位、深层次、多角度、创新性开展产学互动合作；加强中小学基础音乐教育，支持各类音乐艺术教育培训机构开办专题培训班、大师课等；鼓励音乐项目管理、音乐制作、音乐经纪等方向高端人才创新创业。大力实施原创人才精品发掘计划，通过对创意人才、街头艺人、川籍音乐人和人才工作室等重点方向的扶持，引导原创音乐人才发掘古蜀文明、三国文化、川剧、熊猫等本土元素，创作一批有精神高度、文化内涵和市场价值的品牌原创音乐 IP，促进优秀原创音乐汇聚在成都、生产在成都、发布在成都。

（三）充分挖掘品牌价值

不断提升场馆设施运营管理能力，促进成都城市音乐厅、成都露天音乐公园科学化、规范化运营管理，提升成都演艺中心、天府云端音乐厅等演艺载体辐射力和影响力；鼓励新建、改建、提升中小型专业场馆。不断增强园区小镇产业集聚效应，鼓励东郊记忆、成都音乐坊、少城视井、梵木创艺区提档升级，大力推进洛带、白鹿、平乐、街子、安仁 5 个特色音乐小镇差异化发展，实现"一镇一品"。实施音乐之都品牌塑造战略。坚持高标准、国际化，持续培育"蓉城之秋""金芙蓉""乐动蓉城"和国际友城青年音乐周等品牌城市活动；办好中国音乐金钟奖、柴可夫斯基国际青少年音乐比赛等国内外知名音乐赛事；鼓励国内外知名乐团、代表性市场音乐节会来蓉展演，刺激音乐演艺消费市场；争取各级媒体对国际音乐之都的宣传推广，树立城市音乐品牌形象。

（四）提高产业总体水平

坚持以产业链互补优化产业结构，顺应现代音乐产业结构调整新趋势，壮大音乐演出、唱片、版权等产业核心层规模，积极推动产业链纵向互动、横向融合，补齐产业结构短板。坚持以骨干带动增强企业集聚，瞄准制作、创作、经纪、版权类领军音乐企业，开展专场招商、精准招商、上门招商，着力聚集一批专业水准高、行业影响力大、具有国际国内知名度的音乐企业

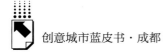

在成都设立西南总部、区域中心或开展项目投资。坚持以项目培育壮大企业实力，支持咪咕音乐、酷狗音乐、太合秀动、摩登天空等在蓉重点音乐企业发展，着力引进一批上亿规模的重大音乐产业投资。坚持鼓励本土音乐企业"走出去"，开拓海外市场，开展项目合作和文化交流；引导处于成熟期、经营较为稳定的在蓉企业创新思维，在音乐创作、音乐制作、音乐教育等方面开展国际合作。

B.13
成都市时尚产业发展报告

成都市市场监督管理局时尚产业课题研究组 *

摘 要： 随着我国经济发展方式的转变，大力培育和发展时尚产业面临新的机遇。本报告利用比较等研究方法，找出成都市当前培育发展时尚产业的优势和劣势。通过明晰时尚产业的概念和相关特征，多维度分析成都市 2019 年潜在时尚产业市场主体发展数据，结合"三城三都"发展目标，提出了从时尚制造业、时尚服务业和时尚空间三个发展定位推动成都市时尚产业发展，为成都市实现经济高质量发展提供决策参考。

关键词： 时尚产业 时尚品牌 文娱科技

伴随着城市发展由工业时期向后工业时期和服务经济时期转变，人们的消费模式也逐渐由物质消费向精神型或文化型消费转变，时尚消费成为潮流。纽约、香港、伦敦、巴黎、洛杉矶等"国际时尚城市"的时尚产业发展历程，为我们建设世界文创名城提供了可资借鉴的发展思路。随着我国经济发展方式的转变，大力培育和发展时尚产业面临新的机遇。成都作为我国西部中心城市，经济发展势头良好，地域文化特点突出，辐射作用明显，具备发展时尚产业的基础。为此，成都市市场监督管理局对成都市培育和发展时尚产业进行了较为严谨的分析。

---

* 执笔人：罗宇环，成都市市场监督管理局三级主任科员。

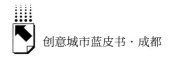
一 时尚产业的相关概念及内涵

（一）时尚与时尚产品

时，即时间、时下，在一定时间段内；尚，指崇尚、高尚、高品位，领先。时尚是指于现实社会中在一定时期内和特定社会文化背景下新兴的、有引领作用的生活风尚及文化理念。时尚体现在生活方式、消费习惯等个人或社会生活的多个领域，由思想意识起步，以各种物质形式来表达。

人们对时尚的追求，反映在消费对象上，形成时尚产品。时尚产品指代表当今时尚、具有一定附加值、符合现实需求的产品。它往往代表特定时期主流消费者的消费倾向，能给消费者带来物质享受、精神愉悦、意象体验、价值实现，是人的文化价值体现，是生活方式、个性的表征与载体。

（二）时尚产业

1. 概念

产业是具有某种同类属性的经济活动的集合或系统。随着经济和社会的快速发展，时尚的理念不断渗透到各个领域，时尚产品越来越多地融入生活，从而产生时尚产业。

时尚产业是指通过工业、商业化方式进行时尚产品生产或服务提供的产业部门的总称，涵盖了时尚产品或服务的各个价值链，是产业集群的综合表现，是随着社会的进步和生产力水平的提高，在新的历史条件下与生产要素相互融合所产生的一种全新的、典型的都市产业。

2. 主要特征

一是时尚产业与经济发展水平密切相关。以经济和文化发展为前提，物质、文化生活越丰富，越强调开放，越允许个性张扬，时尚的变化就越迅速，经济发展水平直接左右着时尚领域。

二是时尚产业具有高附加值。时尚产业作为一个产业形态不断升级、产业边际不断延展、产业规模不断扩张、产业效益不断增值的朝阳产业，其核心竞争力在于概念设计与市场营销，属于高智力、高技术投入的高端服务业，附加值较高。

三是时尚产业具有地域文化特征。时尚产品具有符号价值，体现消费者的差异性、消费品味，又让消费者感受消费环境、消费仪式等，既实现了实用价值，又完成了对时尚理念、地域文化的演绎和体验。

3. 行业范围

时尚产业的分类方法众多，结合中国市场的特点，可将时尚产业分为时尚产品制造业、时尚服务业和时尚文化活动三类（见图1）。

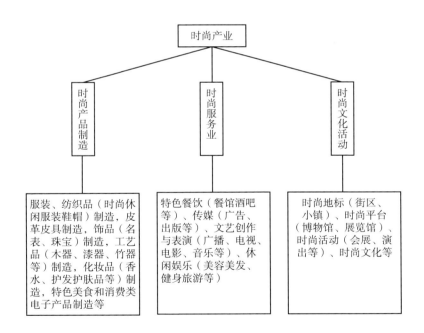

图1　时尚产业分类

173

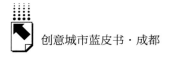

二 世界时尚产业发展趋势

（一）品牌化成为普遍发展战略

时尚产业是品牌高度集聚的产业。提及时尚，第一时间联想到的是各种时尚品牌，如路易威登、爱马仕箱包，蒂凡尼、卡地亚珠宝。品牌具有明显的辨别度、良好的形象和强烈的市场号召力，引领和代表一个行业的时尚潮流。为此，品牌化成为时尚产业的重要发展战略，一方面不断塑造、打造品牌、名牌，另一方面努力推崇其代表的个性理念、生活方式。同时，值得注意的是，品牌不仅向"大牌"高端发展，而且涌现众多以个性、原创为特点的小众品牌，设计师品牌就是典型。

（二）文娱科技引领时尚新风尚

世界时尚之都的经验表明，文化是时尚产业的内涵和灵魂，层出不穷的文娱活动、高新尖端的电子科技产品是塑造时尚文化的重要方式和手段。文娱科技不仅构成了城市的"时尚软实力"，充实了艺术、音乐、话剧、设计、时装、科技等时尚产业，还起到了营造时尚氛围、构建城市时尚传统的作用。如伦敦拥有国家剧院、皇家莎士比亚剧院、伦敦时装周等，全年各类大型庆典节日活动达 72 个，平均每 5 天就有一场；而东京以电子产品、动漫画和"御宅文化"著名，是年轻化时尚的代表。

（三）高端时尚和大众时尚两极发展

就市场潜力和市场绩效而言，位于时尚产业金字塔上下两端的顶级奢华时尚与大众快速时尚持续火热，出现"两极化"趋势。一方面，顶级奢华时尚凭借其高端、奢侈的品牌地位和高档、优质的产品和服务仍然对市场具有强大吸引力；另一方面，大众快速时尚也因其亲民实惠的价格、快速多变的风格获得广阔的市场基础和发展机遇，使"人人消费得起的时尚"大放异彩。

三 我国时尚产业现状与前景分析

（一）我国时尚产业现状分析

我国的时尚产业是在改革开放以后，在外来文化冲击和模仿中发展起来的。就目前状况来看，中国的时尚产业发展还不成熟，还处于初级阶段。

1. 尚处于培育期，但发展态势喜人

中国的时尚产业还处在不断学习、不断超越的过程中，通过改革开放40余年的发展历程，正在缩小和西方发达国家之间的差距。特别是近几年，我国时尚产业进入了快速发展阶段，以化妆品、消费类电子产品、服装、珠宝首饰以及动漫等为代表的产业呈现快速增长态势，成为富有巨大潜力的新经济增长点。目前，我国已成为仅次于美国的全球第二大化妆品消费国、全球最大的消费电子市场、全球第二大服装消费市场、全球最大黄金消费国。

2. 缺少具有国际影响力的时尚品牌，但逐渐形成了一批自主时尚品牌

长期贴牌生产，缺乏品牌管理和保护意识，造成我国时尚产业自主品牌严重缺乏。但随着我国消费结构升级加速，时尚企业发展模式不断推陈出新，创新意识和能力不断加强，逐渐出现了一批自主时尚品牌。如"吉芬""利郎"这些具有实力的设计师品牌在国际顶级服装盛会陆续亮相，并逐步打开了通往欧、美、日等发达地区市场的通路；创新设计和制造水平不断提高，珠宝首饰行业出现了"老凤祥""菜百""明牌""周大生"等自主时尚品牌企业。

3. 国际品牌占据国内时尚消费品市场高端地位的格局已经形成

在高端市场，国内消费者对国际品牌有相当高的认可度。近年来，香水、化妆品、时装、美容等领域成为海外品牌进入的热点。在化妆品市场，外资名牌市场份额约70%，数码相机行业同样如此。服装行业国外品牌占

50%的市场份额；目前珠宝市场的品牌由国外、中国香港和中国内地"三分天下"。

4. 自主创新能力较弱，专业化、国际化人才短缺

中国时尚产业综合实力和国际竞争力较弱，企业规模小，在管理、营销方式以及现代企业制度建设方面与跨国公司存在较大差距，但最大的差距主要体现在自主创新能力上。目前中国时尚产业还局限于跟随欧美捕捉信息、模仿流行设计，以及简单进口商品的状态。中国时尚产业教育培训体系发展相对滞后，导致专业化、国际化人才短缺，远远不能满足市场需求，这也成为制约我国时尚产业发展的瓶颈。

（二）我国时尚产业前景分析

时尚产业是引领世界产业发展的最重要行业之一，它体现了一个国家在文化、科技、创意设计等方面的软实力，一定程度上也代表着国家产业的国际竞争力。当前，中国已成为全球第二大经济体，在时尚消费方面已经成为全球最具活力和竞争力的市场，特别是党中央、国务院加快推进我国从制造大国向制造强国转变的重大战略部署的提出，使中国时尚产业迎来了重大的战略机遇期和发展的高峰期。在这样的大背景下，中国时尚产业将会有更好的作为。未来的中国时尚产业，将向更加关注环保低碳，提升产品质量与附加值，建设资源节约型企业的目标发展，中国时尚产业将步入全面快速发展阶段。目前，中国已经成为全球奢侈品消费第一大国，时尚产业释放的发展潜力，将进一步促进时尚产业的深化发展。

1. 以品牌战略推动时尚产业

品牌化是时尚产业的发展趋势，品牌具有知名性、美誉度和号召力，是时尚产业不可或缺的标志。时尚品牌既包括传统意义上的服装、鞋包、美妆、珠宝等商品品牌，也包括标志性的、著名的美食、文化娱乐活动、休闲生活方式、社会风气、社区街区等。我国发展时尚产业，可参照世界时尚之都的品牌化策略，找出独具特色又具有优势的产品、活动进行策划、包装、推广，打造中国的"时尚名片"。

2. 以创新创意激活时尚产业

创新创意是时尚产业的源泉，塑造了时尚产业多变、独特、新奇、个性的特点。创新创意的发展离不开创新观念、创新体制的发展，如法国有历史悠久的创新传统和社会风气，在人才培养、资金扶持、成果转化等方面有健全的保障体系。我国发展时尚产业必须大力推动"大众创业，万众创新"，同时营造和建立起良好的社会氛围和制度保障。

3. 以文化内涵丰富时尚产业

文化内涵是时尚产业的核心要素，文化为时尚注入了精神内涵和生命力。综观世界时尚产业，无论是服饰还是建筑，音乐还是舞蹈，都充满了浓厚的文化特色和符号，这也使时尚更具标志性、辨别性和魅力。我国发展时尚产业应当注重文化的植入，尤其是本土文化、传统文化，将富有历史底蕴和地域特色的文化传统、价值观念、标识符号等加以创意设计，融入时尚产品、时尚服务、时尚地标。

4. 以科技潮流引领时尚产业

科学技术的高速发展和广泛应用改变了传统的生活方式，也为时尚产业注入了新的活力，甚至高科技本身就代表着一种时尚。诸如苹果手机、特斯拉汽车、谷歌飞行书包、智能家居、VR、3D 打印等高科技产品（技术）和服务代表了各个行业的时尚潮流。积极地适应高科技、运用高科技，无疑将大大推动时尚产业的发展和变革。

四　成都市时尚产业现状分析

2019 年，成都全市时尚产业潜在市场主体总计 383139 户，同比增长 0.3%（见表 1）。潜在时尚企业新增上市公司 9 家，同比增长 80%；截至 2019 年末，潜在时尚产业上市公司合计达 46 家，同比增长 21%。

（一）时尚产业发展基础差、起步晚

时尚产业对成都市而言是一个新鲜的课题。相对于北、上、广、深等一线

表1　2019年成都市时尚产业潜在市场主体情况

单位：户，%

产业	期末总数	同比增长	新登记数	同比增长
总计	383139	0.3091	95206	−0.01637
一、时尚制造业小计	12761	0.04693	567	−0.13037
1. 服装及皮具制造	5159	0.02769	138	−0.22905
2. 木制品及工艺美术品制造	2709	0.06486	164	−0.35938
3. 家具及玩具制造	4893	0.05795	265	0.22119
二、时尚服务业小计	364116	0.31584	92142	−0.02417
1. 电子游戏开发	92170	0.36554	24534	−0.05076
2. 住宿与旅游服务业	15325	0.26392	3280	−0.016109
3. 广告与装饰设计业	40795	0.20799	6966	−0.30886
4. 餐饮、茶馆与娱乐业	215826	0.32145	57362	0.037832
三、时尚活动业小计	6262	0.66277	2497	0.456826
1. 广播、电视制作及文艺表演业	6248	0.66303	2493	0.457043
2. 博物馆	14	0.55556	3	0.33333

沿海先发城市，成都市时尚产业目前尚处于起步阶段，在做好产业发展规划、明确产业培养方向、完善政策支撑体系、吸引高端创意人才、营造发展氛围等方面存在经验不足等问题。

（二）企业时尚理念较为落后、创新能力不强

从成都市时尚产业市场主体拥有的驰名商标数量看，相关企业的自主创新能力较弱，知识产权意识不强，相关时尚产业目前仍停留在跟踪、抄袭、模仿阶段，在产品质量、创意设计、品牌推广、内涵提升等方面重视不够、研究不够、投入不够，传统产业不能满足时尚消费需求。

（三）具备支撑时尚产业发展的经济基础

时尚产业发展是地区经济发展、城乡居民收入和消费水平提升到某个特定阶段的必然产物。从经济总量来看，成都市2019年经济总量再创新高，全年实现地区生产总值17012.65亿元。按可比价格计算，比上年增长7.8%，增速高于全国平均水平1.8个百分点。从居民收入来看，2019年成都市城镇居民人均可支配收入45878元，比上年增长8.9%。经济发展的稳中求进和居民收入的持续增长为时尚产业的发展奠定了坚实的经济基础。

（四）具有拓展时尚产业发展空间的丰富人文资源

成都文化底蕴深厚，具有不排外、汇百流、善吸收、富创新、勇进取的开放性城市特征，积淀了蜀绣、川剧、曲艺、绘画、川菜、小吃等众多传统文化、美学元素，为拓展成都市时尚创意空间提供了文化基础和支撑。成都市高新教育资源丰富，名校云集，在蓉 23 所高校开设了市场营销、广告、传媒专业，艺术学院、音乐院校、传媒学院众多，每年为时尚产业输送近 5 万名专业人才，为成都市发展时尚产业提供了强有力的人才保障。

（五）具有支持时尚产业创业创新的政策环境和创业氛围

近年来，成都市委、市政府立足于成都实际，结合供给侧改革，采取政策引导和举办活动等措施，积极支持时尚产业发展。先后出台《成都市文化创意和设计服务与相关产业融合发展行动计划（2014~2020）》《成都"创业天府"行动计划（2015~2025 年）》等政策，推动建立时尚产业发展市场化、要素国际化、创新协同化和环境生态化机制。成都市政府自 2014 年以来，连续举办六届创意设计周活动，成都创意设计周价值评估综合指数达到 83.54，标志着成都创意设计周进入加速推进期。从成都市市场监督管理局提供的登记数据看，成都市 2014 年以来，推进商事制度改革和创建全国双创示范城市基地，年增企业数量、企业总量连续 3 年在全国 15 个副省级城市中排名第二、三名，仅次于深圳、杭州，这为成都时尚产业的发展奠定了良好基础。

五　成都时尚产业发展路径

（一）发展目标及定位

1. 发展目标

围绕"践行新发展理念，建设国家中心城市"总体目标，成都以世界时尚潮流、时尚新科技为引领，以文化创意为核心，注重高科技运用，结合成都文化特色与历史传承，培育发展具备成都市特色的时尚制造业和时尚服务业，打造时尚空间、时尚标志、时尚社区，提升时尚产业在成都市国民经济中的占比和贡献度，努力成为"中国休闲时尚之都"。

2. 发展定位

根据上述总体目标，结合成都的特色文化、资源现状和时尚产业基础，从以下三个方面定位发展成都市时尚产业。

（1）时尚制造业

重点培育发展时尚高科技电子产品制造业，时尚汽车（新型、智能汽车）制造业，时尚家具制造业，时尚女鞋制造业，时尚工艺，艺术品（竹器、木器、漆器、陶器等）制造业，时尚特色食品制造业。

（2）时尚服务业

重点培育发展时尚特色餐饮（川菜、小吃、火锅）服务业、时尚文化创意设计（文化创意、工业设计、广告）产业、时尚文化娱乐服务（博物馆、艺术馆、会展、博览、时尚活动、观光旅游、文化演出等）产业、时尚茶文化产业、时尚动漫游戏产业。

（3）打造时尚空间

重点打造时尚街区、社区，时尚景区，时尚地标。

（二）发展路径

1. 培育发展时尚制造业

时尚产业就是时尚的商业化形态，商业化形态固化表现之一是时尚产品。产品制造业作为第二产业，是国民经济的主体，是提升工业核心竞争力的重要支撑和引擎。当前，在"中国制造"向"中国智造"升级、实现制造强国目标的大背景下，发展时尚制造业是转变经济发展方式，加强供给侧结构性改革，提高供给体系质量和效益，增强经济持续增长动力的具体表现。

按照成都时尚产业的发展定位，结合成都时尚制造业发展实际和时尚产业具有知识密集、高附加值、高整合性特点，成都市培育发展时尚制造业的主要路径如下。

一是优先培育发展、重点扶持比较优势产业，使其成为成都市时尚产业的中坚力量。成都市制造的智能手机、电子穿戴设备等时尚高科技电子产品以及时尚特色食品等都具有一定的比较优势，优先培育发展成都市时尚高科技电子产品制造业、特色食品制造业，能够快速形成产业规模。采取政策引导、金融支持等多种措施予以重点扶持，培育发展成都市时尚产业的中坚力量，使之成为成都市时尚制造业的引领行业。

二是加强成都市特色时尚产品在产业上游的设计和下游的营销两大薄弱环节。成都市时尚家具制造业，时尚女鞋制造业，时尚工艺、艺术品（竹器、木器、漆器、陶器等）制造业在中国西部乃至全国都有较好的知名度和地域特色，但产品设计中的时尚元素和艺术性仍有较大提升空间，需要加强产品设计和市场营销。一方面由政府搭建本地制造企业与外地知名创意设计和高新技术制造企业的对接平台，主动向时尚产业发达地区"借力借脑"，尽快缩小产品创意设计、制造工艺技术方面的差距，使产品更具时尚性；另一方面，充分利用和发挥成都国家广告产业园区、成都高新技术产业园区等园区的产业集聚功能，整合创意设计和高新技术资源，推动本土创意设计企业提升设计水平和市场营销能力，主动适应、高标准服务于本地制造业发展需求。

三是积极发展绿色环保时尚制造业。绿色环保成为时尚产业的发展趋势之一，绿色消费被越来越多追求时尚的人们所追捧。成都私家车拥有量名列全国前茅，汽车制造业后起直追，起点较高。突出绿色环保、高科技运用，积极推进新型、智能汽车制造，抢占汽车制造业的制高点，从而带动成都市汽车制造业向高端发展。

2. 培育发展时尚服务业

成都培育发展时尚服务业坚持"时尚＋服务"发展模式，以中华传统文化、成都市地域文化等先进文化为脉络，加强对历史文化传承保护与开发利用，培育具有鲜明成都特色的时尚服务业。成都市培育发展时尚服务业的路径如下。

一是增强时尚服务业特色文化元素。成都市时尚特色餐饮服务业、时尚文化娱乐服务业、时尚文化创意设计业在积极对接世界时尚潮流、时尚新科技的同时，提升时尚服务的文化品质和内涵，加强国际时尚服务业潮流和本土特色文化的结合。要充分发挥成都市"美食之都""休闲之都""国际旅游目的地城市""历史文化名城"等城市名片的作用，充分利用和挖掘古蜀文化、三国文化、道教文化等本土地域文化和非物质文化遗产资源，提升成都市时尚服务业的独特性。

二是时尚服务业与时尚制造业相互促进、融合发展。服务业与制造业在发展过程中呈现共生互动、渐次融合的特点。以成都市时尚茶文化、时尚动漫游戏产业为例，时尚茶文化的发展带动了茶叶产品、茶具产品等制造业的发展，制造业又为服务业的时尚要素提供了载体支持，二者相互促进、融合发展。时尚动漫游戏产业也如此，与时尚高科技电子产品相互融合发展。"时尚服务业＋时尚制造业"实现了时尚产业链条的延展，在服务业发展的同时，增加了产品的附加值，助推了制造业的提升与发展。

三是推进文化创意和设计服务向高端发展。文化创意和设计是时尚的驱动器。以文化创意产业综合功能区和服务业集聚区建设为载体，着力培育和集聚一批具有国际水准和成都市特色的时尚创意设计大师、有行业影响力人才、品牌设计机构和创意产业集群，完善创意设计要素市场体系和创新孵化机制，搭建国际化开放合作平台和政策支持体系，激励创新主体整合时尚创意设计资源要素，加快时尚创意设计能力建设、成果转化和产业化进程，打造创意名城和设计之都，加快时尚产业高端化发展进程。

3. 打造时尚空间

时尚街区、时尚社区、时尚景区、时尚地标都属于时尚空间范畴，都是在一定地理边界内注入时尚文化要素，使物理空间成为制造时尚、传播时尚、提供时尚产品和时尚服务的综合集聚体，即时尚空间。

成都市打造时尚空间的路径如下。一是优化时尚空间布局以及载体建设。以城市商业体系和特色乡镇建设为核心，以成都市建设"新发展理念的国家中心城市"、自贸试验区为契机，科学规划时尚空间布局。推动时尚产业服务集聚区、商业集聚区、文化创意产业集聚区的集聚和融合发展。打造一批体验式时尚休闲产业商圈、乡镇，重点培育定位明确、时尚文化特色鲜明、服务优秀、管理完善的时尚社区、街区和景区，优化时尚载体空间的环境氛围。鼓励不同载体时尚空间加强合作、功能互补，实现服务优化、价值叠加。二是实施城市整体营销。成都市要借势打造大熊猫、太阳神鸟、川菜美食等地区名片，进一步扩大都江堰、青城山、武侯祠、杜甫草堂、文殊院、明蜀王陵、昭觉寺等传统景区的影响力，积极传播和打造太古里、宽窄巷子、锦里、街子古镇等具有文化传承性、地区建筑特色鲜明的时尚街区和景区，有机串联人文、自然景观等时尚要素，提升时尚空间的文化属性。三是以精品意识建设时尚空间。依托成都市美食、购物、休闲等资源和历史建筑、名人故居、城市街道等城市文脉以及城市水系，推动建设一批城市时尚空间（如旅游商业街区等）精品，推动老旧城区建筑景观化和特色化改造，通过"时尚空间＋旅游度假""时尚空间＋文化创意"方式，赋予时尚空间人文和社会价值，促进时尚空间内相关产业提质增效发展。

（三）培育发展时尚产业保障措施

1. 编制时尚产业体系规划

按照成都市建设"中国休闲时尚之都"的总体目标，加强顶层设计，科学编制成都市培育发展时尚产业的总体规划，确定发展重点和任务，完善时尚产业功能区划和空间布局，以规划引领时尚产业发展。通过强化规划编制、规划衔接、规划实施等，推动成都市时尚产业加快发展、融合发展，助推成都市建设"新发展理念的国家中心城市"。

2. 营造时尚产业发展要素环境

发展环境。培育壮大时尚产业市场主体，加快培育发展具有比较优势的时尚企业，扶持小微时尚企业，壮大时尚产业队伍，扩大产业规模，建立时尚文化浓厚、特色鲜明的时尚产业体系。二是鼓励时尚产业集聚发展，打造时尚产业（示范）园，形成时尚产业主体集聚、生产资源集聚，主体间互动和特色化发展。

政策环境。着力解决制约成都市时尚产业发展的瓶颈性问题，出台扶持时尚产业发展的专项政策，为培育发展时尚产业提供政策支撑。

人才环境。注重培养时尚产业的创新型人才。深化产学研合作的人才培养模式，探索时尚产业与文化创意、工艺设计、广告等相结合的教育培养模式，实现多样化时尚产业人才供给，培育时尚产业领军人物，注重发挥名人的时尚示范带动作用。

3. 大力营造时尚氛围

发挥媒体宣传和舆论导向作用，利用传统媒体和新媒体，加强对成都市培育发展时尚产业有关动态和成就的宣传报道和氛围营造，鼓励引导企业主体生产和提供更多满足市场消费需求的时尚产品和服务，倡导普通百姓消费时尚产品和接受时尚服务，培育时尚消费习惯，增强时尚产业与大众生活的粘连度，逐步形成成都特色的时尚文化和时尚生活方式，为产业发展奠定基础。

4. 进一步推进对外开放

成都市时尚产业要紧跟世界时尚潮流和时尚新科技发展方向，加强与国际和国内时尚业发达城市的合作交流，学习先进时尚理念和技术，开发具有市场竞争力的时尚产品，提升时尚服务的质量；要推动企业"走出去"，支持时尚产业的企业境外、域外收购时尚项目实体，建立境外时尚产品和服务营销网站，参加境内外国际性知名时尚文化娱乐活动，推广和创设具有中国元素和成都本土风格的时尚产品和服务，积极参与时尚市场竞争；要将国外、域外市场主体、消费者"请进来"，吸引境外、域外消费者来蓉观光购物，感受体验成都市时尚文化，扩大影响力，推动"中国内陆国际消费型城市"建设。

5. 建立工作推进机制

本着"政府推动，市场运作，社会参与"的工作思路，全面推进培育发展成都市时尚产业。成立由发改、商务、经信、财政、市场监管等部门共同参与的成都市培育发展时尚产业工作领导小组，紧扣建设"新发展理念的国家中心城市"总体目标，协调、统筹和推进全市培育发展时尚产业的工作，系统性地研究、解决培育发展过程中出现的新情况、新问题，助推成都市时尚产业快速、健康和有序发展。

B.14
成都市文化体育旅游业发展报告

成都市文化广电旅游局　成都市体育局*

摘　要： 本报告简述了2019年成都文体旅游业初步实现产业重组升级和产业价值链延伸突破的现状，归纳总结了政策制定运用、项目招引促建、市场主体培育、消费场景打造、重大品牌培育、城市宣传营销、服务提升共7项促进产业发展的重要举措。特别是深度剖析了文创旅游、体育旅游、美食旅游等6种融合型业态的发展态势，总结分析了成都文体旅游业在项目建设、新业态培育、差异化发展、管理服务、人才培养等方面存在的问题和不足，并着重在政策、文旅（运动）功能区、人才队伍、国际传播与营销、文体旅消费五个方面提出文体旅发展的对策和建议。

关键词： 文创旅游　体育旅游　跨界融合

　　成都市自第十三次党代会以来，认真贯彻落实党的十九大精神，紧紧围绕市委、市政府关于"三城三都"建设和西部文创中心建设的决策部署，对标国际国内先进城市的经验做法，坚持文体旅商跨界融合，健全工作机制，出台系列产业政策，科学规划、统筹部署，各项指标大幅度增长，整体发展态势良好，初步实现了文体旅商产业重组升级和产业价值链的延伸突破。

---

　　* 执笔人：杨双江，成都市体育局产业处副处长；王利娟，成都市文化广电旅游局文旅产业处一级主任科员。

一 成都市推动文体旅游业发展的主要举措

（一）发展概况

2019 年，成都市从顶层设计、项目建设、品牌引领、融合发展等多方面为全市文体旅游业的发展提供了有力支撑，继续着力打造世界旅游名城、世界赛事名城、国际美食之都、中国博物馆之都、中国书香第一城。2019 年 1~11 月，全市接待游客 2.59 亿人次，同比增长 14.29%，实现总收入 4305.84 亿元，同比增长 25.95%，其中入境游客 352.45 万人次，同比增长 10.97%。国庆黄金周期间，成都市接待游客总数首破 2000 万人次，居全国第三；实现旅游总收入 286.46 亿元，居全国第一。成都市成功入选全球第一旅游评论网站——猫途鹰（Trip Advisor）发布的 2019 年"旅行者之选"中国最佳目的地；获得亚洲旅游红珊瑚"最受欢迎文旅目的地"奖，成为唯一入选美国 CNN 发布的"一生必去 50 个地方"的中国城市，位列美团发布的"全国热门旅游目的地城市 TOP10"第二（仅次于北京），喜获"夜间经济十强城市""中国十大夜经济影响力城市""中国旅游影响力年度夜游城市"称号。2019 年 Sportal 全球赛事影响力榜单排名由第 89 位跃升至第 28 位，进入全国前三。

（二）主要举措

1. 顶层设计方面

出台《成都市建设世界赛事名城促进体育产业发展的若干政策措施》《世界赛事名城文体旅商融合发展行动计划》，修订完善《成都市旅游业发展专项资金管理办法》，推动设立成都市促进体育发展专项资金，提升旅游产业资金使用效率，扶持壮大市场主体，撬动社会资本推动全市文体旅游业做大做强。

2. 招大引强方面

2019 年，成都市共签约引进 24 个旅游项目，协议投资 1742.88 亿元，签约方包括途易、帝亚吉欧、雪松控股等一批行业领军企业。项目建设方面，融创文化旅游城、陇海三郎国际旅游度假区等一批重大文旅项目加快建设，华侨城安仁花卉博览园、华侨城欢乐田园等项目建成投运。截至2019年11月底，全市共有重大文旅项目129个，累计完成各类旅游投资194.38亿元；其中，新开工项目20个，计划投资1180.62亿元。①

3. 企业培育方面

成都文旅集团和华侨城西部投资公司两家文旅企业荣获四川省第一批"文化旅游产业优秀龙头企业"称号。成都体投集团成功收购上市企业莱茵体育，劲浪体育、城市绿茵、咕咚科技、陆道原乡等本土体育企业发展迅速。

4. 场景打造方面

新推出天府芙蓉园等60个以文化创意、运动休闲、康养度假等为主题的旅游目的地，打造20余个A级林盘景区，推出夜游锦江精品项目，筑造文体旅消费新场景。加快建设文化旅游大数据中心，推出"掌游成都"App，有效提升了旅游公共服务能力，丰富了游客的旅游消费体验。

5. 品牌创建方面

2019年，成都全市共有3个景区被评为国家级4A级旅游景区，都江堰天府青城康养休闲旅游度假区被文化和旅游部评为国家级旅游度假区，都江堰市被文化和旅游部认定为首批国家全域旅游示范区，4个村级社区被文化和旅游部、国家发改委确定为第一批全国乡村旅游重点村。武侯区通过国家体育总局体育器材装备中心组织的国家体育产业基地评审。都江堰市虹口景区漂流项目获批2018年国家体育产业示范项目，成都双遗马拉松赛、四川虹口国际漂流节暨漂流大赛获评"2019中国体育旅游精品赛事"，都江堰市虹口景区漂流中心获评"2019中国体育旅游精品景区"，金堂获评"2019中国体育旅游十佳目的地"。

6. 宣传营销方面

2019年，继续加大境外宣传营销力度，如以"大熊猫""川菜""公园

---

① 本报告涉及的文化及旅游方面的数据均来源于成都市文化广电旅游局，涉及的体育赛事方面的数据均源自成都市体育局。

城市"等为吸睛点组织了 5 次大型境外营销活动，同时深拓国内客源市场，举办、承办或组织参加了一系列大型旅游节会活动，着力打造"新旅游·潮成都"主题旅游目的地生活美学新地标。与迪拜体育委员会签订合作备忘录，参加迪拜人工智能体育大会和展览并作推介。在 2019 年国际冬季运动（北京）博览会、2019 年国家体育产业基地工作会议、2019 年成都体育产业峰会上作推介。

二 成都市文体旅游业发展的主要经验

（一）做"四态合一"的时尚文创旅游

近年来，成都市积极拓展"文创＋创新"思维，以智能化、智慧化为主攻方向，按照生态、文态、形态、业态"四态合一"的理念，推进旅游产业与文化创意、时尚元素的深度融合，在注重保护生态本底的同时注入文化内涵，尤其是挖掘三国文化、古蜀文明、大熊猫等天府文化元素，打造文创旅游产业功能区，大力开展文创园区旅游、创意小镇旅游、时尚街区旅游、创意民宿旅游等多样化的时尚文创旅游，同时倡导多种功能的有机兼容和产业集群的转型升级。在文创园区旅游方面，推进建设李冰文创旅游产业功能区、三国文创产业功能区等重点文创产业功能区，支持蓝顶、西村、明堂、御翠草堂等都市文创园区举办艺术展览、主题节会、文艺演出等开放性活动，丰富游客体验，提升旅游品质。在创意小镇旅游方面，创新性改造存量老旧建筑，升级了一批产业"特而强"、功能"聚而合"、形态"精而美"、机制"活而新"的特色创意小镇，如洛带文创小镇、白鹿音乐小镇、花水湾温泉小镇等。时尚街区旅游方面，着重优化街区外观，丰富时尚业态，彰显生活美学，重点布局了太古里、锦里、宽窄巷子、金牛枣子巷等兼具传统与时尚元素的特色文化旅游街区。在创意民宿旅游方面，打造了一批自然生态型、文化体验型、休闲度假型等个性化、特色化的主题创意民宿，完善生活配套设施建设，实现了特色民宿与旅游的有机结合。

（二）生机蓬勃的体育旅游

体育旅游是一种新型的休闲生活方式。它以体育运动为核心，以现场观赛、参与体验及参观游览等为主要形式。体育旅游业作为一种产业样态，体现了体育产业与旅游产业的有机融合。成都市拥有较为丰富的体育旅游资源。目前，成都市正以建设世界赛事名城和世界旅游目的地城市为目标，大力推进体育旅游产业发展。其主要举措和突出特点是通过"五个＋"（"体育赛事＋育""全民健身＋民""产业项目＋业""体育展会＋育""体育场馆＋育"），促进各种要素资源的整合利用、融合发展。据统计，2019年成都市举办的各类重要赛事参赛者共计8.8万余人次，通过各种渠道观赛人次达12.8亿。各项大赛总投入2.34亿元，其中市场运作资金占比近35%，赛事（不含"世警会"）直接经济效益约16.8亿元，对旅游、住宿、餐饮、交通、文创等产业经济拉动明显。

"体育赛事＋育"主要是在赛事的筹办、举办过程中，挖掘成都历史文化和资源禀赋，将办赛的过程变成城市宣传的过程。例如，在2019年那不勒斯世界大学生夏季运动会闭幕式的"成都时间"展演环节，将金沙太阳神鸟、川剧变脸、歌曲《蜀绣》《成都》等搬上舞台，向全世界充分展现了成都市的本土文化。2019年成都马拉松路线增加了多个具有天府文化特色的地标。国际网联世界巡回赛青少年年终总决赛近年先后在宽窄巷子、春熙路等文化地标举行抽签仪式，2019年则在特色小镇黄龙溪举行。

"全民健身＋民"是借助全民健身活动频次高、覆盖面大的特点，积极推进全民健身活动与文化旅游资源相结合、与消费体验相结合。如成都市引入已有17年品牌历史的全国群众登山健身大会，依托龙泉山城市森林公园和龙泉驿区良好的自然条件，以文商旅体嘉年华游园形式开展。又如连续十年举办自行车车迷健身节，秉持"赛事搭台、经济唱戏"的办赛思路，11个区（市）县承办了37站该项赛事，超过10万人次参赛，带动了一批文体旅商农融合发展新场景的可持续发展。再如，将全民健身活动与天府绿道建设运营紧密结合，举办成都市越野赛、世界自行车日骑行活动、壮丽70

年·运动新成都——天府绿道健身嘉年华等各级各类天府绿道健身系列活动792 场次，参与者达 1200 万人次。

"产业项目＋业"是将体育赛事、运动休闲等元素和业态注入各类载体，助推项目整体开发。如成都市在海泉湾运动休闲温泉度假区，通过举办铁人三项世界杯、世界警察和消防员运动会等高等级体育赛事，开发运动健身、休闲度假等周边产品，打造集赛事、健身、康养于一体的特色运动休闲度假小镇。在麓客岛开展赛艇、皮划艇、尾水冲浪等赛事活动，支持开展旱雪、马术、划水、皮划艇等丰富多样的户外体验类项目，推动项目所在片区成为城市级生态度假体验岛。

"体育展会＋育"主要是在高等级体育类会议和重要体育赛事中配套博览会，向来自世界各地的重要嘉宾、专业选手推介和展示成都市体育、文化、旅游发展成果。如 2019 年，成都市举办了第六届亚足联医学大会，卡塔尔阿斯贝塔精英运动医疗中心、卓尔医疗集团、斯里兰卡关节镜与运动科学中心等国内外知名机构参展；举办了以"体旅联动、助推西部（成都）体旅国际化"为主题的 2019 中国成都国际体育场馆设施暨户外运动博览会 & 中国西部（成都）国际体育旅游博览会，吸引了国内外参展商200 余家；2019 成都马拉松博览会展示了时尚运动数码产品、运动健康App（网站）等，提供了旅游、音乐产品体验等运动周边和体育旅游类产品和服务；2019 成都体育博览会汇聚了 300 余个品牌，展出了上千种优质产品。

"体育场馆＋育"重点是按照功能融合理念推动了天府奥体公园、东安湖体育公园、凤凰山体育公园等重大项目的建设，规划了具有成都历史文脉特色的城市标志性建筑。

（三）独具特色的美食旅游

川菜是中国八大菜系之一，而且是八大菜系中最具普遍影响力的菜系。作为川菜的发祥地，成都以其独特的美食资源享誉海内外，其餐饮文化源远流长，市场前景广阔。这些都是推动成都市美食旅游发展的重要动力。2018

年 2 月，成都市发布了《建设国际美食之都三年行动计划（2018—2020
年)》，力图在 3 年内将成都建成为一个具有更强影响力的国际美食之都，使
国际美食之都成为成都的响亮城市名片和核心竞争力，其主要推进举措包括
科学规划美食空间布局，积极招引培育国际美食企业，加快建设国际美食载
体，大力发展国际美食产业，精心举办国际美食节会，持续弘扬成都美食文
化等。这些举措充分体现了全球视野的系统规划和文商旅体融合的发展战略。

就促进美食旅游业的发展而言，成都市近期的重点工作是打造特色文化
美食街区，培育成都美食品牌节会，以及开展美食国际营销推广。美食街区
的打造围绕都市旅游、乡村旅游展开。都市美食旅游依托商业综合体和大中
型商圈，高标准、高品位建设美食广场和品牌餐饮集聚区，推动宽窄巷子、
太古里、锦里、文殊坊、铁象寺等具有历史文化特色的美食集聚区改造升
级。乡村美食旅游依托生态旅游带和特色古镇资源，打造了一批文化浓郁、
风格各异的美食消费新场景。美食品牌节会的培育，重点是按照国际化、专
业化、市场化原则，建设川菜、川酒、川茶文化交流平台，举办不同主题、
不同特色的海内外美食节会和餐饮博览会，如成都熊猫国际美食节—亚洲美
食嘉年华、成都消夏美食节、成都国际美食大会、成都火锅文化月等，开展
传统美食烹饪比赛、品享美食征文和摄影展、美食高峰论坛和川菜的全球巡
回展演与交流等活动，集中展示川菜的根基与精髓。美食的国际营销推广，
重点是保护、传承成都美食文化；运用新媒体、新载体大力宣传成都美食的
悠久历史，强化川菜文化的现实表达；鼓励和支持餐饮企业开拓国际餐饮市
场，同时引导国际知名品牌餐饮企业"走进成都"，建设异域美食融汇
高地。

（四）内涵深厚的博物馆书店旅游

博物馆书店旅游是近年来逐渐兴起的以精神层面追求为主导的一种旅游
形式。大力发展博物馆书店旅游，不仅能更好地满足人民群众对美好生活的
需求，更好地保护历史文化资源，而且有助于使博物馆、书店走出传统经营
模式的困境，开拓更广阔的发展空间。

近年来，成都市加大了对博物馆书店旅游业的扶持力度，倡导产业经营与事业发展的融合、互推，着力增强博物馆书店旅游的核心吸引力。在博物馆旅游方面，以成都博物馆、武侯祠博物馆、杜甫草堂博物馆、金沙遗址博物馆、安仁中国博物馆小镇等文博单位为主要载体，开始探索大博物馆旅游综合体开发模式，融入文化创意和新科技元素，推动了博物馆主题、产品、市场的多元化，创新展陈和传播方式，并新增了多个特色专题博物馆，形成若干博物馆聚落。在书店旅游方面，着力打造了一批成都"最美书店"，支持新华文轩、方所、言几又、钟书阁等实体书店发展新业态，推动书店进商业综合体、进地铁、进社区、进校园、进园区，建设集阅读学习、展示交流、创意生活等功能于一体的综合性文旅体验消费中心。此外，成都市还在主城区和其他各区（市）县规划以博物馆、书店为核心内容的旅游线路，促进博物馆、书店资源与文创街区、名人故居、历史遗迹、文创空间联动开发，增强了观众游客的体验性和获得感。

（五）持续升温的美容康养旅游

美容康养旅游是大众旅游时代方兴未艾的旅游形式，同时是旅游业界的新宠，发展潜力巨大。随着女性旅游者人数的增长和消费能力的提高，美容旅游市场越来越受到人们的关注。成都在医疗美容领域积累了较具优势的资源，市场管理机制较为完善，具备发展美容旅游的有利条件。目前，成都市正在发挥铜雀台、西婵、大华等大型美容机构的引领作用，举办了成都国际美容美发展等大型展会活动，推出了一批以整形美容、食疗美容等为特色的美容体验旅游项目，使美容旅游的吸引力得到了有效提升。在康养旅游方面，成都市积极推动医疗养老与旅游业联动发展，健全服务体系，大力发展医疗保健、中医养生、康复度假等多功能全链条康养旅游综合体和示范区，将"养眼"、"养身"和"养心"结合起来，合理配比，满足多层次的康养旅游市场需求。目前，都江堰天府青城康养休闲旅游度假区已建设成为国家级旅游度假区，填补了成都市国家级旅游度假区的空白。

（六）初步发展的游学旅游

游学旅游是教育与旅游产业相结合的一种新型旅游形式。游学旅游主要针对学生群体，以语言学习、教育机构观摩等为主要内容，以增长知识、提高素质为核心目的。游学旅游在一些发达国家是相当成熟的旅游类型，但我国游学旅游市场目前尚处于发展初期，不过近年来，游学旅游正逐渐成为一种受国内家长和学生欢迎的新型旅游形式，经济和社会效益显著，发展趋势良好。成都市在该领域颇具前瞻意识，目前正在依托自然文化遗产资源，提升博物馆、图书馆、文化馆、美术馆等大型公共文化设施，打造游学旅游基地。如推进都江堰全国研学旅游示范基地建设，为游学旅游的发展奠定基础，同时全方位开发游学旅游产品，推出了以爱国主义教育、历史人文、社会民俗、自然科考等为主题的特色化、专业化、分众化游学旅游线路和产品，力图打造国际游学旅游目的地。

三 成都文体旅游业发展面临的主要问题

当前，成都市的文体旅游业虽然正处于快速发展阶段，取得了骄人的成绩，但总体上看也存在一些不足和制约因素。

（一）战略性、支撑性重大项目推进力度和进度亟待加大加快

2019 年以来，成都市相继落地实施了一批战略性、支撑性文体旅游业重大项目，但普遍还处于建设阶段且周期较长，融资渠道有限，实际投资额较少，内部建设上也存在一些不合理情况，还没有形成引爆文体旅游业的生产力和核心竞争力。

（二）区域差异化竞争格局和品牌特色的打磨需要进一步强化

一些文旅产业功能区和项目尚未完全依托自身特有资源，形成独特的文化定位和鲜明的品牌特色，差异化功能定位和错位产业的集聚度不高，文旅经济

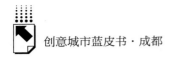

生态圈的建设还不够成熟。一方面,文旅企业主动创新的精神不足,盲目跟风的现象仍然存在;另一方面,资源共享的渠道尚未疏通,企业之间缺乏有效的分工和相互学习、相互依存的良性机制,同质化竞争影响了集聚效应的发挥。

(三)产业管理服务体系有待进一步完善

文旅产业管理服务水平的提升是一项系统工程,它包括基础服务、商务支持服务、投融资支持服务、市场支持服务和创新支持服务等多个层面。近年来,成都市在文旅产业服务体系的构建上已经做了大量卓有成效的工作,但在信息交流、人才培训、技术推广、平台建设等方面与先进地区相比还有一定差距,特别是在如何为企业需求提供有针对性的辅助解决方案,如何减少企业资源的重复投入,如何提高文化资源的利用率以达到资源配置的最优化等问题上还需要更深入的研究。

(四)产业人才的挖掘、培养和利用水平还有待提升

目前,成都市已经出台了《成都市引进高层次创新创业人才实施办法》等相关人才政策,全市文体旅游业从业人员的总量在国内同类城市中也处于前列,总体人才环境有明显改善,但是产业人才的问题仍然存在,主要体现在以下几个方面:一是行业领军型人才仍然不足;二是特色体育旅游、美容康养旅游、文创旅游、游学旅游等对专业素养要求较高、人才需求量较大的文体旅游类型在中等层次人才方面缺口较大;三是本土复合型产业人才的教育培养和利用机制还不够完善。

(五)产业凝聚新动能、塑造新业态的能力还有待提高

目前,成都市在天府绿道、乡村民宿、博物馆书店等领域推进文商旅体融合取得一些突破,但三国文化、古蜀文明、大熊猫等具有一定国际知名度的 IP 资源价值转化不足,策划创作和转化变现的全链条 IP 整合塑造机制还不健全,文商旅体融合深度不够,天府文化的资源优势还未充分转化为产业优势,文旅产业发展尚未完全融入全球资本链和价值链。

四 推进成都文体旅游业发展的对策建议

（一）进一步加强政策规划引导力

要坚持改革发展的思维，放大格局和视野，提高工作站位，从担当国家中心城市和"主干"城市责任、做强世界文化名城支撑的高度，深化文旅产业发展的战略意义。不断强化文旅产业发展的顶层设计，注重宏观布局和长远规划，完善文旅产业管理的综合协调机制，统筹解决文旅产业发展的重大问题，促进文旅产业与其他产业协同发展，形成立体式产业格局，深入优化投资环境，创新金融支持方式，为文旅企业提供高效便捷、全方位、全生命周期的综合服务，确保重大文旅项目推进力度，实现成都市文旅产业持续高质量发展。

（二）进一步推进和完善文旅产业功能区建设

要系统梳理文旅产业功能区发展定位、主导产业、重点企业、产业增加值和存在问题等情况，立足于区域资源禀赋，注重产业细分领域和产业人群生活需求，继续完善文旅产业功能区建设的运营管理体系，组建专业化招引和产业服务团队，加快推进重大项目招引落地，进一步扩大主导产业规模，推动文旅产业资源和配套服务设施向重点区域倾斜，统筹推进文旅产业功能区错位发展，构建有序竞争、协调发展的产业生态圈。

（三）进一步加强文旅产业人才队伍建设

要完善文体旅游人才培养机制，充分利用成都市高等院校教育资源优势，广泛设立高校和文旅企业的实习、培训基地，重点加强培育文旅产业集群紧缺人才和各层次的专业技术人才，形成结构合理、相对稳定的人才队伍；要创新文旅人才使用机制，排除人才流动的制度性障碍，特别是为既精通业务又善于经营管理的复合型产业人才提供更良好的创业氛围和更优质的发展空间，充分调动人才的创造热情。

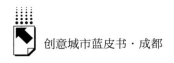

（四）进一步拓展文体旅游业的国际市场

要基于全球视野发展文体旅游业，要不断提升天府文化的国际传播力和影响力，要致力于传播成都市的独特文化符号，提升城市的国际识别度。要充分利用丰富的非物质文化遗产资源，以及世界文化名城论坛·天府论坛、中国网络视听大会等重大文创品牌活动和文旅产业交流平台，持续推出天府文化精品和门户作品，提升"成都生活美学地图"影响力，创新天府文化故事化、场景化表达，向全球彰显天府文化与城市个性魅力。同时，要瞄准国际旅游大市场，持续加大文体旅游产品的境外营销力度，提升基础设施建设和服务体系建设的国际化水平。

（五）进一步扩大和引导居民文体旅游消费

要围绕做大做强文体旅游 IP 产业链，着力挖掘三国文化、古蜀文明、大熊猫等天府文化元素，大力开发文体旅游衍生产品，完善集内容创作、产品开发、宣传推广于一体的产业链条，放大 IP 价值。要进一步丰富文旅消费场景，继续打造系列网红打卡地和夜间文旅项目，建立体育赛事活动通告机制，改造传统文体设施，优化完善"文创成都"文旅集市电商板块，将文旅产品在场消费转变为在线消费，增强文旅消费的参与性、体验性和娱乐性，满足人民群众对多样化文旅产品和服务的需求，不断提升城市生活品质。

B.15
成都市会展产业发展报告

成都市博览局*

摘　要： 成都市正在加快发展会展产业，建设国际会展之都。本报告总结了成都市会展产业在国际化、专业化、市场化方面取得的发展成果，深刻阐释了会展在带动城市经济发展、促进对外交往等方面的平台作用；对标上海、法兰克福等国内外先进会展城市，分析了成都会展业在产业能级、载体建设、服务体系方面存在的短板；对未来的发展方向提出了迈入全球价值链中高端、建设国际会展新高地，强化全球品牌效应、构建"一带一路"展贸新平台，发挥功能区核心作用、打造主场外交新载体，提升会展业发展能级、构筑会展产业新生态四个方面的对策建议。

关键词： 会展产业　对外交流　产业融合发展

近年来，成都市会展业以习近平新时代中国特色社会主义思想为指导，全面落实市委全会精神和战略部署，围绕加快建设全面体现新发展理念的城市，全面打造具有全球影响力的国际会展之都。大力实施"四名行动"计划，加快推进会展经济高质量发展，产业规模、发展质量不断迈上新台阶，为推动全市加快构建开放型现代化产业体系，广泛营销成都市国家化城市形象作出了积极贡献。

---

* 执笔人：俞建，成都市博览局信息宣传处副科长。

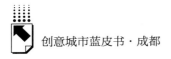

一 成都市会展业发展概况

（一）大力推动会展经济高质量发展

2019 年，成都市举办第八次中日韩领导人会议、第七届中日韩工商峰会、公园城市论坛、成都全球创新创业交易会、第 14 届中国—欧盟投资贸易合作洽谈会、中国环博会成都展、第 100 届糖酒会、第 22 届成都车展等重大会展活动 866 个，同比增长 25.7%；其中国际性活动 206 个，同比增长 26.4%；展出总面积 1246.9 万平方米，同比增长 11.3%；会展业总收入 1332.6 亿元，同比增长 22%，其中，直接收入 134.1 亿元，同比增长 21.7%，带动收入 1198.5 亿元，同比增长 22.1%；参展参会人数 1.16 亿人次，同比增长 9.1%。在商务部中国会展经济研究会发布的中国城市会展业竞争力指数排行中，成都连续 3 年排名全国第四、中西部第一。全球商务旅行管理公司嘉信力（CWT）2019 年研究成果显示，成都连续两年跻身亚太十大会展城市。

（二）持续加快会展国际化进程

一是经成都市博览局积极促进，从展览、会议、综合运营三大领域，分别引入全球排名第一的英国英富曼、瑞士迈氏、法国智奥三大公司在成都市设立独立法人机构或区域总部，推动会展业全球 10 强中 7 家企业在蓉开展项目合作。二是深化与国际大会与会议协会（ICCA）、全球展览业协会（UFI）、国际展览和项目协会（IAEE）等国际机构合作。目前，成都市有UFI 认证项目 9 个、会员 11 家，ICCA 会员 7 个，IAEE 会员 1 个。成都市博览局联合 ICCA、《会议》杂志社、成都大学在蓉成立全球首个"ICCA 国际会议研究及培训中心"（CIMERT），并入选 2019 年中国会展业十大新闻。三是围绕年度招引目标，2019 年共引入、举办慕尼黑环博会成都展等国际性重大展会 15 个，在谈重大展会项目有国际牙科年会等 20 个。四是策划举办中欧国际会展业合作圆桌会，发布《中欧会展业合作成都行动计划（2020～2025）》，提出了成立中欧会展城市联盟、建立中欧会展发展研究中心、搭建中欧会展产业信息交流平台等八项具体举措，开启了中欧国际会展业国际合作新格局。五是高水平办好第八次中日韩领导人会议和第七届中日韩工商峰会，主动配合省级部门做好峰会会务、后勤保障、氛围营造等工作，精心筹备和举办省市领导会见、工商峰会、配套晚宴、欢迎午宴等重大活动，实现了中央确定的办会目标，受到中国贸促会的充分肯定和高度评价。

（三）创新推进全市会展业统筹布局

一是印发"三个计划"和"一个方案"。按照成都市"三城三都"建设工作领导小组部署，国际会展之都建设工作推进小组印发了《成都市推进国际会展之都建设 2019 年工作计划》《国际会展之都建设投资促进行动计划》《国际会展之都建设项目培育行动计划》《成都市加强会展与产业一体化发展实施方案》。二是创新开展全市工作统筹布局。分别召开国际会展之都建设工作推进会和"三城三都"建设工作推进会，对全市会展经济工作进行了规划和部署。成都市博览局班子成员带队前往 22 个区（市）县开展会议精神宣讲和工作对接，推动区（市）县建立健全工作网络体系，加快形成全域多点格局。三是认真落实会展与产业一体化发展。依托在蓉举办的重大会展活动开展投资促进和招展引会，会同市级相关部门组织各区（市）县参加投融资峰会、配对洽谈、专题推介、客商调研考察等活动 60 余批次，实现签约项目协议投资金额超过 5100 亿元。四是初步形成会展产业生态圈。天府国际会议中心主体竣工，中国天府农博园等重大功能性、标志性项目建设加快推进。五是针对会展产业链短板和发展趋势，制定出台《关于促进会展产业新经济形态发展的实施意见》（成办发〔2019〕40 号）。

（四）不断提高会展专业化服务能力

一是《成都市贸促会深化改革方案》经成都市委全面深化改革委员会第二次会议审议通过，并由成都市政府办公厅印发实施。二是举办国际注册会展经理（CEM）培训、成都国际会展高级管理人才专题培训和"一带一路"及上合组织国家会展业圆桌会，推动成立西部会展人才培训中心，不断拓展国际合作新渠道，用会展做大经贸合作"朋友圈"。三是推进成都市会展行业标准化建设，组织开展 2019 年成都市展览展示工程企业等级评定工作，评定等级企业 39 家。四是创新展会服务运行机制，对标国际会展应用场景和服务标准，强化专业化、精细化、人性化服务，建立主办、场馆、主场、保障服务部门全面联动机制，着力塑造国际会展"成都服务"品牌。

（五）优化会展业国际营商环境

一是经成都市博览局积极争取，中国贸促会批准在成都市设立"中国贸促会营商环境监测中心"。该中心将积极发挥代言工商功能搭建政企对话平台，加强与行业和企业的联系，促进营商环境改善与优化。二是积极推动会展业立法工作。2019 年，成都市博览局会同市人大经济委、市司法局等部门开展市内外实地调研、专题研讨、专家论证等立法筹备工作，《成都市会展业促进条例（草案）》已报送成都市司法局，力争 2020 年完成立法工作。三是加快国际会展场馆载体建设。省市重点项目天府国际会议中心主体竣工，项目总投资 36 亿元，总建筑面积 33 万平方米，建成后将与中国西部国际博览城组成国内最大的会展综合体。四是提升会展业专项资金管理水平。精准细化扶持对象，分析细化补贴标准，优化完善管理流程；建立会展业专项资金申报项目第三方专家评审机制，引入信息化管理系统，实行计算机网络评审，进一步增强会展业专项资金使用管理的科学性、公正性和绩优性。

（六）深化成都市会展业对外交流合作

一是开展会展业经贸交流。2019 年，成都市博览局接待了国际大会与会议协会、西班牙卡斯蒂亚拉曼查大区代表团、意大利展览集团、瑞士驻成都总领事馆、德国中小企业联络会等境外机构、领事机构和商协会机构代表团组 11 个；接待中国贸促会投资促进中心、杭州市贸促会等总会及兄弟贸促会代表团 12 个，就会展项目、经贸交流等领域的合作进行了交流和洽谈。二是组织成都市企业"走出去"。组织 100 余家电子信息、装备制造、医药健康、绿色食品、文化创意等行业企业参加了 2019 年美国拉斯维加斯国际消费类电子产品展览会、第 88 届伊兹密尔国际博览会、2019 中国—东盟博览会文化展等境内外展览会，接待客商 1.4 万余人次，现场成交 600 余万元，签订意向订单 1.23 亿元。三是通过举办成都市会展北京、上海、广州推介会，参加中国会展品牌发展大会以及赴泰国参加第 86 届 UFI 全球年会并开展专场推介活动，推动更多会展企业及项目落户成都市，进一步提升成都市会展的影响力和美誉度。

二 成都市会展业发展存在的问题

成都市会展业发展已具备一定实力与基础，但对标国内外先进会展城市，如我国上海，德国汉诺威与法兰克福，美国拉斯维加斯及新加坡，还存在以下不足。

（一）尚未迈入中高端价值链

缺乏世界级的会展主体要素，企业国际运作能力不强，国际化会展项目不多，国际对接程度不高，国际指标差距较大。与国际会展名城指标对比，在 UFI 认证的展会数量、ICCA 认证的国际会议数量、国际展会比例、境外观众比例等方面差距较大。成都市展会企业业务较庞杂，国际运作能力不强，缺乏专业化分工，导致同质化竞争严重，服务水平较低。以政府为主导推动会展产业发展，市场介入面小，导致展会效率低，未有效发挥市场机制的竞争作用。2017 年成都收入过亿元的会展企业仅有 2 家，具有独立组展能力的企业 20 余家，外资企业 5 家，外资合作的项目 12 个。同时，成都市企业对国际会展运作及运营游戏规则认识不足，国际风险防控能力不强，导致会展"走出去"与"请进来"存在诸多盲区。

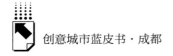

（二）尚未形成主场外交载体

缺乏具有主场外交功能的展会项目，缺乏承办主场外交会议的基础设施，行业整体能级不够。对标具有主场外交功能的先进区域，成都市也缺乏重大标杆性的国际会议中心，缺乏满足国际首脑住宿及安保需求的国宾馆，缺乏满足国际主场外交展会需求的服务体系等。

（三）尚未具备全域开放的会展产业生态

产业关联度不高，产业集聚度不够，产业带动效应不足。成都市会展场馆与会展上下游产业联系松散，还未形成完整产业链。同时，会展与其他产业互动较少，会商文旅融合发展不够，产业成链成圈差距较大。会展产业要素集聚度不够。要成为国际会展之都，会展产业相关要素的集聚度是重要的考察指标之一。成都市的会展产业要素已开始逐步集聚，但空间集聚度不高。国际会展业负责引展统筹的会展组织者（PCO）与负责服务实施的目的地管理公司（DMC）等产业要素的空间集聚度不高，尤其缺乏高端产业要素。

（四）尚未拥有国际化的会展配套设施及服务体系

缺乏专业化服务集聚平台和"一站式"政务服务体系，配套服务设施需提升。配套服务设施的缺乏阻碍成都市会展业加快发展。西博城作为成都市最大的会展产业功能区，会展酒店配套不足。调研结果显示，环西博城区域有酒店共 13 家，客房约 4000 间，对标德国汉诺威国际展览中心 20000 间、法兰克福会展中心 15000 间等酒店配套，仍然存在巨大差距，缺少高端的、足够的配套宾馆。餐饮服务配套不足，西博城缺乏具备会展功能的大型餐饮场所，餐位严重不足，餐饮类型不齐全，特色不鲜明。无法与推动"一带一路""长江经济带"产业合作与发展的国际化展贸平台相匹配，导致西博城难以充分发挥会展功能区的经济带动效应和产业集聚效应。会展产业专业服务能力相对不足，缺乏专业化服务集聚平台和"一站式"政务服务体系，导致企业相互关联、密切合作、相互支撑等方面的专业化服务能力不足。

三 成都市会展业发展的对策建议

（一）迈入全球价值链中高端，建设国际会展新高地

一是借助产业要素的国际国内双向流动，构建"一带一路"大区域会展价值链。充分发挥"一带一路"会展产业门户城市区位优势、市场优势和一定领域的产业和技术优势，借力产业转移，优化会展要素供给，强化专业会展组织者和管理者的专业分工和产业集聚，输出价值链低端环节，引入价值链高端环节，并在提升自主创新能力的基础上，与沿线国家工商企业和会展企业结成利益共同体，共同构建"一带一路"大区域价值链。

二是借力产业转移培育高端展会项目要素，蓄积提升全球价值链地位的能量。大力引进一批重大展会，引进国际牙科研究协会年会暨展览会（IARD）、"一带一路"66国绿色产业峰会、中国环博会、全球商业地产大会等国家级、国际性大型高端展会。

鼓励成都市展览机构和展会项目积极申报全球展览业协会（UFI）认证。力争通过5年努力面向全球选聘"成都会展特使"60人以上，策划举办中国（成都）国际会议发展大会，大力支持在蓉高校和科研院所申办国际会议，推动更多符合ICCA标准的国际会议活动落户成都。策划、培育一批专业展会，吸引中国教育装备展示会、第六届亚足联医学大会、中国会展经济研究会年会暨中国会展经济论坛等项目落地成都，加强策划培育工作；提升一批自办展会，努力将中国—欧盟投资贸易合作洽谈会、中国国际软件合作洽谈会、全国糖酒商品交易会、成都车展、成都家具展、成都美博会等打造成为国内具有权威性、代表性、引领性的一流品牌展会。

三是借力产业转移集聚高端会展企业要素，提高会展要素资源配置能

力。全面引进一批国际化会展企业，大力实施国际资源引入，打造高质量外来会展企业集聚地。支持英国英富曼、德国汉诺威米兰展览（上海）公司、德国慕尼黑博览集团、德国纽伦堡国际博览集团、瑞士迈氏（MCI）、法国智奥、意大利展览集团、北京北辰会展集团、北京国贸国际会展有限公司、上海万耀华意展览有限公司等国际、国内会展企业在蓉设区域总部和分支机构，吸引更多国际机构、跨国公司、外资会议服务企业落户成都。鼓励一批企业"走出去"办展办会，实施成都会展品牌输出行动，支持成都龙头企业积极"走出去"开拓会展业务，积极抢占国际国内会展市场。组织开展"一带一路"沿线国家推广活动，提升成都会展品牌的国际影响力，鼓励四川省博览经济发展有限公司、世纪城新国际会展中心等企业在外设立分支机构或办事处，支持在市外、国（境）外举办展会或并购展会。

（二）强化全球品牌效应，构建"一带一路"展贸新平台

一是利用自贸区优势成为"一带一路"展贸项目的首选之地。发挥媒体宣传和舆论导向作用，加大国际国内推广营销力度，营造建设国际会展之都的浓厚氛围，提升成都会展业的知名度和影响力，促进"一带一路"沿线国家到成都办展办会。推动与"一带一路"共建国家开展贸易投资促进重大活动，促进外贸优进优出，深化与沿线国家贸易、产能装备、资源能源、人文旅游等合作。力争每年到印度、俄罗斯、埃及、南非等国家举办境外展会，开展国外展中的中国展，成为外展的主宾国，开展海外的中国独家展，在海外合办国际展会、自办国际展会，直至并购海外国际展会，全面提升国际化水平。

二是构建"一带一路"会展城市联盟和"一带一路"会展高校联盟。联合"一带一路"沿线重要会展城市、会展高校成立跨区域会展合作与发展的协调与促进机构，使之作为"一带一路"沿线会展城市与会展高校沟通交流和互助合作的平台，推动各城市会展业交流与跨区域合作，加强与共建"一带一路"国家合作，加快自主创新，培育、发展有特色的经营模式及品牌，与国外会展业接轨的步伐，促进资源优化配置和合理布局，实现优

势互补、协同发展。充分整合在蓉高校院所、龙头企业、行业协会等优质资源，打造具有成都标识的"一带一路"国际会展活动，形成国际会展品牌集聚区。如鼓励支持四川大学、电子科技大学、西南交通大学、成都大学中国—东盟艺术学院等举办一批有影响力的专业学术国际会议，举办"一带一路"高校国际合作大会等。

（三）发挥功能区核心作用，打造主场外交新载体

一是加快完善国际会展功能区。充分发挥西博城的产业核心带动作用，加快西博城区域场馆配套设施建设和功能完善，推动交通、物流、餐饮、住宿、娱乐等功能配套，进一步完善会展场馆的综合服务功能，提高场馆举办高级别、重量级展会能力，侧重承接国际性特大型综合性展会，打造承接国际化知名会展机构的现代化办公及生活载体，形成以西博城为核心的集展览、会议、食宿、购物、商务、文化休闲于一体的国际会展功能区。力争建设"辐射中西部、服务全国、具有较强国际影响力"的会展产业功能区、成都会展业的核心支撑极和最大潜力区。

二是对标主场外交先进区域，推动重大标杆性国际会议中心项目建设。对标杭州"G20 会议"、海南"博鳌论坛"、厦门"金砖五国会议"等主场外交先进做法，将成都天府国际会议中心建设打造成标杆性国际会议中心项目，全面提升承接国际性、国家级、专业型国家层面开放合作重大展会项目的承载功能。三是积极承接主场外交展会。基于"一带一路"会展门户城市和具有全球影响力的国际会展之都的城市定位，充分利用成都的区位和政策优势，积极会同外交、商务、贸促等国家部委，在国家构建的对外交流合作框架下，大力申办中欧峰会、"一带一路"国际合作高峰论坛、"一带一路"进口商品博览会、"16＋1 合作"、"一带一路"投资峰会、亚欧会议、亚信峰会、2023 世界科幻大会等各类大型会议，助推成都加快建设内陆开放经济高地和国家向西向南开放门户枢纽，努力构建主场外交新载体。

（四）提升会展业发展能级，构筑会展产业新生态

一是构建完整会展产业生态圈。按照构建具有国际竞争力和区域带动力的现代产业体系要求，充分发挥会展业在构建现代市场体系和开放型经济体系中的重要平台作用，围绕"5＋5＋1"现代产业体系，积极举办创办电子信息、装备制造、医药健康、新型材料、绿色食品等先进制造业和金融、物流、文旅、生活服务等现代服务业的展会，搭建合作平台，促进多元融合发展，助推产业转型升级。着力构建产业资源对接机制，按照"发展什么产业引进什么展会，引进什么展会助推什么产业"的思路，制定《成都市依托展会平台招商引资工作规程》，推动会展与投资促进活动、重点产业、产业园区深度融合。利用国际性展会平台，开展中德、中法、中意、中韩、新川等国别园区宣传推介，提升国别园区的国际影响力，促进项目和资金引进，助推成都市国别产业园区加快发展。

二是推动会商文体旅融合发展。建立商务、旅游、文化、体育等多部门联动机制，加强信息共享、渠道互通、项目共建等，形成重点联动项目的示范效应；联合商务、旅游、文化、体育等部门加强对城市整体营销活动的共同策划共同举办，形成整体营销品牌，与城市形象宣传形成良性互动，扩大成都城市品牌影响力，加快"会展＋文创""会展＋商贸""会展＋旅游""会展＋体育""会展＋互联网""会展＋休闲娱乐"等产业融合发展，培育产业发展新动能，助推产业转型升级。

三是汇聚一批国际会展人才。联合打造中国贸促会（中国国际商会）培训中心成都培训基地，开展国际权威认证的注册会展经理（CEM）、跟单信用证专家（CDCS）、国际贸易金融专家（CITF）等培训和考试，打造一批国际水平的会展从业人员。建立"1＋N"政校企合作机制，与四川大学、成都大学等院校和会展企业联合开展专题培训和实践合作，策划举办中欧知名院校高峰论坛暨中欧未来领军人才培训营活动，培养国际化、高素质、应用型会展专门人才。

区域动态篇

Regional Dynamics

B.16

成华区文化创意产业发展报告

中共成都市成华区委宣传部*

摘　要： 本报告就成华区深入贯彻习近平总书记对四川及成都工作系列重要指示精神，认真落实四川建设文化强省旅游强省、成都建设"世界文化名城""三城三都"的决策部署，高质量建设全国重要文创中心典范区进行研究，阐述了成华区文化创意产业发展现状及在发展中的亮点经验，分析了成华区文化创意产业发展面临的"文创科技融合不足、内生驱动薄弱、集群竞争力不强"等问题，提出了持续聚焦"成于中优、华在文商"顶层设计，增链拓链强圈，实施标上文创企业"上规"行动计划，推进文化创意IP孵化和高新科技应用示范推

* 执笔人：邓敏，中共成都市成华区委宣传部（文产办）四级主任科员；黎文怡，中共成都市成华区委宣传部（文产办）一级科员；李丽，中共成都市成华区委宣传部（文产办）七级职员。

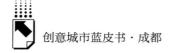
广，推动工业老旧建筑"二次赋能"，繁荣文创消费的夜经济和周末经济等思考建议，助力高质量建设践行新发展理念的公园城市示范城区。

关键词： 文创产业　文创消费　产业融合发展　成华区

成都市成华区目前拥有 30 平方公里可利用土地，历史人文源远流长，涵盖羊子山祭台、天鹅抱蛋等园陵文化，昭觉寺、圣灯寺、龙潭寺等禅宗文化，沙河客家文化、范家祠堂、塔子山灯会等客家及民俗文化；区内汇聚了 40 余所高校和科研机构，科教资源丰富、人才优势明显；生态文化资源在中心城区独占鳌头，涵盖凤凰山、北湖等山水类资源，成都大熊猫繁育基地、成都动物园等动物及绿地资源；工业遗址文化资源镌刻新中国"三线"记忆，在全市具有独特性，曾先后聚集了 200 余家大中型企业，16 处工业遗址纳入成都市重点保护利用点位。成华区丰富深厚的文创产业要素资源，为文创产业发展提供了物理承载点位和创意生成内容，拥有广阔的合作空间和巨大的发展潜能。

一　成华区文化创意产业发展现状

（一）文创产业增加值快速提升，总部经济贡献显著

近年来，成华区文化创意产业加速发展，2016 年、2017 年、2018 年、2019 年增加值分别为 27.5 亿元、47.1 亿元、70.2 亿元、82.5 亿元（见图 1），4 年年均增幅达 45% 左右，远高于成华区第三产业增加值年均 8% 的增幅，实现加速跨越式发展；文创产业因其增加值占区 GDP 比重约为 7%，已成为成华区的国民经济重要支柱性产业，[1] 成为成华区经济社会发展中的一抹亮色。

---

① 重要支柱性产业衡量标准为增加值在 GDP 中占比不低于 5%。

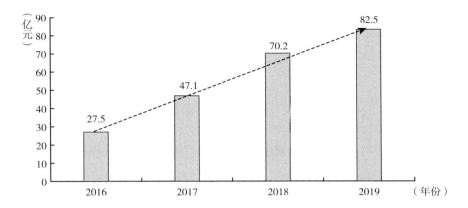

图1　2016～2019年成都市成华区文化创意产业增加值

成华区文化创意产业发展呈现鲜明的总部经济特征。从成华区文创产业的市场主体来看，信息产业电子第十一设计研究院科技工程股份有限公司、成都建筑材料工业设计研究院有限公司、中国电力工程顾问集团西南电力设计院有限公司、中国建筑西南勘察设计研究院有限公司4家企业，2019年增加值占比高达45%左右。可以说，成华区文化创意产业体现了鲜明的总部经济特征，总部经济企业是成华区文创产业发展的骨干力量。

（二）中小微文创企业是市场主体，规上企业是贡献主体

成华区统计数据显示，2019年，成华区有文创产业规模以上企业（以下简称"规上企业"）168家①、标准以上企业（以下简称"标上企业"）462家②、小微企业约4300家，中小微企业（包括标上企业、小微企业）占

---

①　规模以上文化及相关产业的统计范围在《文化及相关产业分类（2018）》所规定行业范围内，年主营业务收入在2000万元及以上的工业企业；年主营业务收入在2000万元及以上的批发企业或主营业务收入在500万元及以上的零售企业；从业人数在50人及以上或年营业收入在1000万元及以上的服务业企业，但文化和娱乐服务业年营业收入在500万元及以上。

②　根据《成都市文化创意产业分类目标（试行）》所规定的行业范围，标准以上文化创意企业，是指除文化创意事业单位以外，所有执行企业会计制度，并且营业收入达200万元及以上的文化创意法人单位。

全区文创企业比重为97.6%。标上文创企业从2016年的80家增长到2019年的462家,呈现快速增长态势。可以说,中小企业是成华区文创产业发展的市场增长主体。但是,中小企业不是成华区文创产业发展的贡献主体,成华区文创产业规上企业营业收入超262.18亿元,营业收入贡献远高于中小企业,对比之下,规上企业是成华区文创产业发展的贡献主体。

(三)工业(建筑)设计和文创科技勇做新增量,领跑产业发展

2019年,成华区文化创意产业的规上企业中,工业(建筑)设计类企业和文创科技类企业的年营业收入排名第一和第二。其中,工业(建筑)设计类企业实现营业收入208.9亿元,占文创产业营业总收入的79.7%;文创科技类企业实现营业收入32.66亿元,占文创产业营业总收入的12.46%,四川今日头条科技有限公司、成都智慧海派科技有限公司两大科技类公司龙头,不断引领文化科技创意新经济的发展,形成新的动能(见表1)。工业(建筑)设计和文创科技勇做新增量,是成华区文创产业发展的两大领跑型行业,折射出成华区文创产业规上企业结构优化、科技优势渐显的态势。

表1 成华区文创产业领跑企业及主营业务

序号	类型	领跑企业	主营业务
1	文创科技	四川今日头条科技有限公司	互联网内容挖掘及智能应用
2		成都智慧海派科技有限公司	智能终端设备及系统的研制
3	工业(建筑)设计	成都建筑材料工业设计研究院有限公司	建材工程设计
4		信息产业电子第十一设计研究院科技工程股份有限公司	高科技工程及能源工程设计
5		中国电力工程顾问集团西南电力设计院有限公司	电力工程及建筑工程勘察设计
6		中国建筑西南勘察设计研究院有限公司	建筑勘察设计

(四)内容创意类和文化旅游类企业就业吸附力强,社会效益突出

成华区文创产业的规上企业和标上企业数据反映出,内容创意类和文化

旅游类企业就业吸附能力强，企业营收的就业带动比较高。[①] 在规上企业中，3.75%的内容创意企业营收比例带动了 28.63% 的就业人员比例，1.4%的文化旅游企业营收比例带动了 6.57% 的就业人员比例，带动比分别高达 7.64 倍和 4.68 倍，排名第一和第二，远高于工业（建筑）设计和文创科技类的 0.58 倍和 1.10 倍。同样，在标上企业中，内容创意类和文化旅游类的营收就业带动比，排名亦为前二。关于上述现象的可能性解释，笔者认为，内容创意、文化旅游类企业相对工业（建筑）设计、文创科技类企业而言，专业技术含量相对较低，从业门槛相对较低，进而就业吸附能力强，就业带动比高。

二　成华区文化创意产业发展的亮点经验

（一）坚持规划及配套优先，推进文创产业发展的布局优化

成华区坚持科学规划引领，近年来相继出台《关于塑造"天府成都·文旅成华"区域品牌建设全国重要文创中心典范区的实施方案》（成华委办发〔2018〕49 号）、《弘扬中华文明发展天府文化打造"文旅成华"加快建设世界文化名城先进区的实施意见》（成华委发〔2019〕16 号）、《大力推动文化商贸旅游体育融合发展的实施意见》（成华委发〔2019〕17 号）、《成华区公共服务设施"三年攻坚"行动》等政策文件，构建"五横五纵九组团"城市空间格局，形成"全层级联动、全方位协同"工作格局，以项目化思维，切实推动"规划图"转化为"实物量"，文化创意产业发展的顶层设计日渐合理，文创产业项目落地的基础设施不断完善，文化创意产业项目的空间布局更加优化。"基础化建造、产业化改造、景区化营造、社区化塑造"顺利推进，建成开放猛追湾市民休闲区、金融博物馆等"夜游锦江"

[①]　企业营收的就业带动比，是指企业每增加1%的营业收入所带动的Y%的从业人员，这里的Y在不同行业有不同的数值，在本报告中以倍数形式来进行描述。

重要节点，运营完美文创公园、繁星戏剧村等"东郊文创"重点项目，北湖公园、熊猫广场等"熊猫之都"重大配套设施竣工并投入使用，带动成华区文创产业实现跨越式发展。

（二）突出营商服务环境，抓好文创招商引资的项目落地实施

成华区围绕市场投资环境、政务服务环境、人才发展环境、法治保障环境等方面，相继出台"支持实体经济发展99条""民营经济33条""成华英才计划16条""促进产业集聚区发展42条""促进楼宇经济发展14条"等激励政策措施；举办文创专场招聘会，推进"人才+项目+资本"融合发展；简化审批服务流程，落实重点项目首席服务制；健全区级文创产业投融资体系，重构重大项目全链条闭环管理体系，实现文创产业项目从策划、招引、落地、建设到投产达效全流程科学管理和有效服务。优质到位的营商服务环境持续优化成华区文创产业的投资发展环境，重大项目招商引投资取得突出成绩，2018年引进及共建项目201项，实际完成投资135亿元。成华区文创产业已初步形成产业功能区牵头、竞相集聚发展的格局，对全区经济社会发展发挥着越来越重要的赋能带动作用。

（三）坚持协同创新，挖掘文创产业发展的新增长空间

成华区高度重视文创相关要素的"叠加协同"式创新，拉动文化创意产业的增长。通过工业遗产资源的文创产业化利用，大力推进工业遗存、文创园区、旅游地标的"三位一体"开发，譬如引入"中国文化企业30强"完美世界，采取政企合作模式将原禾创药业仓库工业遗址打造成为完美文创公园，彰显"工业风+文创范+高产值"特质，推进文创产业发展。通过公园城区的文创产业化融入，大力推进产业园区、商业街区、生活社区"三区融合"建设，譬如以"东郊记忆·成都国际时尚产业园区"为中心，整合周边占地436亩产业项目、4条步行街、2处滨河水系，大力培育差异化、时尚型文创消费模式，大力培育和发展"夜经济""首店经济""后街经济"，着力打造环东郊记忆城市级商圈，推进文创产业发展。通过空间场

景的文创产业化转换，大力推进生态场景、体验场景、消费场景"三景贯通"，譬如在沙河城市公园、二仙桥公园等生态空间中创新植入文创生活消费体验，因地制宜打造火车水吧、文化书屋、专题博物馆等设施，推动空间场景转换，贯通自然生态、文创体验、休闲消费，繁荣发展"周末经济"，推进文创产业跨界融合创新发展。

（四）深耕节庆赛事品牌，引领文创与旅游业的深度融合

成华区深耕节庆赛事品牌的引入、培育、孵化和创建。成功承办国际自行车联盟（UCI）都市自行车世界锦标赛、女子重剑世界杯赛等国际赛事，积极组团参加"中国进口博览会""西博会"等重大展会，举办文创相关的节庆赛事活动100余场，涵盖天府熊猫塔电子烟花秀、中国音乐产业峰会高峰论坛、成都国际友城青年音乐周、成都国际音响展、第三届中国（成都）时尚产业大会、天府国际戏剧节、成都诗歌音乐节、蓬皮杜艺术双年展等。文创产业吸引力、影响力和竞争力持续提升，形成"大熊猫""东郊记忆""339灯光秀""东客站"等区域品牌，塑造以文化体验、文创展演、国际交往为主导的特色都市旅游圈，引领文创产业与旅游业的深度融合发展，央视和《人民日报》等权威媒体多次专题报道成华区"夜游锦江"节庆活动和"文旅成华"建设实践，有力推动区域品牌享誉全国、走向世界，彰显"天府成都·文旅成华"地区软实力。

（五）强化组织领导，建设践行新发展理念的公园城市示范城区

成华区强化组织领导，推动"文创产业发展"服务于成都建设世界文化名城（三城三都）的大局。一是健全领导机制，以齐抓共管落实发展，成立以区委书记任组长、区长为副组长，相关区领导、区级相关部门人员为成员的"三城三都"建设工作领导小组，小组办公室设在区委宣传部，进一步强化领导，以上率下、聚力攻坚，建设世界文化名城，为成华区文创产业发展提供了新的机遇。二是健全督查机制，以奖优罚劣倒逼落实，将世界文化名城建设工作作为新增的加分项目标纳入区委、区政府目标考核，制定

了《2019年成华区推进世界文创名城建设目标工作考核细则》（成华文创办〔2019〕1号），区目标督查办公室、区委宣传部（区文产办）、区文体旅局每半年督进度、督形象、督效能，确保时间到点、任务到站，实施了一大批文创产业项目。三是各产业功能区实行"两图一表"（产业链全景图、产业生态发展路径图、重点企业和配套企业名录表）挂图作战，确保了成华区文创产业加速发展，助力高质量建设践行新发展理念的公园城市示范城区。

三 成华区文化创意产业发展面临的挑战

成华区文创产业加速跨越式发展，新动能持续释放，不断形成经济增长新增量。看到发展成绩之余，还应看到成华区文创产业面临的挑战，亟待聚焦的问题，在制约发展的突出瓶颈和深层次困境上寻找制约因素，深化关联推断分析。

（一）文创规上企业偏少，独角兽企业缺乏

成华区规上文创企业数量占全区文创企业数量的比重为3%，总体比例仍偏小。与此同时，成华区文创产业的独角兽企业缺乏，亟待一方面培育更多标上文创企业成为规上文创企业，另一方面在规上文创企业族群中培育一批独角兽企业，奋力实现成华区文创产业高质量领先发展。

（二）科技赋能文创不足，文创科技融合乏力

成华区文创产业中，领军类企业多是传统的工业（建筑）设计企业，科技类现代新兴企业数量有限，还未形成强大创新动能带动成华区文创产业转型升级发展的格局，文创科技融合乏力，科技赋能文创不足，仍待强化科技与文创的双向赋能，引导企业上马一批科技含量高、科技应用聚集的文创项目。

（三）内生创新驱动薄弱，动力模式尚待转换

近年来，成华区文创产业发展主要依赖招商引资，本地企业自主创新、

内生驱动的增长模式尚未培育成为主要路径，外生动力尚待转换为内生动力、实现动力模式的转换。未来一段时期内，亟待提升成华区本地文创企业的市场竞争力，推进自主创新与资金融通的协同共振，不断提升文创消费市场份额。

（四）区间板块发展不均衡，产业集群竞争力待提升

从 2019 年数据来看，成华区文创产业营收贡献显著的和规上文创企业分布较多的板块，均集中在二环附近街道，其他区域发展薄弱，折射出成华区文创产业发展的区间板块不均衡，板块间的带动联动发展能力不强，限制了成华区文创产业的集群竞争力提升。

四　关于促进成华区文创产业发展的思考、建议

（一）做好文创产业联动"成于中优、华在文商"建设的顶层设计

遵循"人、城、产"逻辑，筑牢城市生态本底，以"文创 IP + 应用场景 + 体验消费"作为动力引擎源，强链、延链、补链和强圈，持续健全文创产业生态系统，推进文创产业高质量发展，带动熊猫星球国际旅游度假区、东郊记忆艺术区、龙潭新经济产业功能区的创新发展、提档升级，强化交通设施、公共服务等配套功能，提升区域产业板块竞争力，共同建设品质城区、活力城区、美丽城区、人文城区、国际化城区，全面提升成华区宜居宜业宜学宜养宜游品质。引导成华区文创产业发展的扶持细则出台，划拨专项资金，以文创产业项目引导立项方式，支持引进专业运营机构，打造特色文创产业载体和文创示范园区（基地），引领品牌企业做大做强，加速优秀文化作品传播，支持企业参与大型展会，鼓励举办重大节会赛事，持续引进文化领军人才。

（二）推进成华区文创产业的增链、拓链和强圈

引导中小微传统文创企业进行科技化转型升级，瞄准企业发展的痛点、

难点和短板，把企业发展诉求与文创产业扶持政策结合起来，应用大数据等现代科技，推进精准研发、精准定位发展，逐一实现突破，进一步释放消费潜能和提升增长动能。依托龙头企业和规上企业，聚集文商旅体贸的融合发展新型业态，积极举办多种形式的推介投资交流平台，引导标上企业开展文创拓链工作，延伸文创企业价值增值链。[①] 瞄准六类 500 强企业特别是科技型文创旗舰企业开展招商引资，重点招引具备增链补链、强链扩链功能的独角兽型、领军型企业入驻成华区。加强对文创产业投资生态圈的引领，定期召开成华区"文旅投资"联席会议，加强区文旅、经信、商务、金融、财政等职能部门的联动互通，引导文创产业与旅游流量的良性交互，形成文创产业发展的正向循环机制。

（三）实施成华区标上文创企业的"上规"行动

引导实施"成华区文化创意企业'标上规'及上规企业扶优扶强的专项行动计划"，以新动能挖掘为基准，建立成华区文化创意产业标上企业数据库；文创企业入库后按该企业当年成华区经济贡献不超过 50% 的比例，给予一次性奖励；对于成熟文创商圈、文创企业集聚区的管理运营方及第三方集中收付平台企业，成功入库后给予前 3 年成华区地方经济贡献不超过50%、30%、20% 的奖励，深入强力推进成华区标上文创企业"上规"。引导金融投资机构搭建文创产业的行业性对话交流合作平台，支持和引导民间资本对标上企业的投资，促进文创规上企业孵化。规划筹建"成华区文创苗圃超市"，参考成都独角兽种子企业的评选标准，选评一批成长前景好、投资潜力大的科技型文创企业入驻超市平台，连通"创新企业、金融资本、研发机构、渠道市场、高校院所、政府机构"开展创新合作，培育一批文创新经济瞪羚企业、独角兽种子企业。

（四）启动成华区文化创意 IP 孵化专项工作

探索构建成华区大熊猫基地、北湖、东郊记忆、中车、339 天府熊猫塔

---

① 王海兵、杨蕙馨：《从全球价值链到新产业生态系统》，《清华管理评论》2014 年第 11 期。

等大 IP 的联动运行机制，加强与周边地区产业合作，调整产业结构和市场分工，构建"总部在成华、基地在市州和周边"经济合作模式，引导形成"大 IP 带小 IP、IP 与应用场景融合、场景消费与细分人群耦合、IP 开发与产业投资共生"的发展态势，努力打造天府旅游名县。把文创 IP 链条拓展和孵化作为成华区文创产业发展的重要工作，支持畅通文创 IP 孵化链条，鼓励多个企业依托精品 IP 进行链条拓展和产品孵化，引导组建多种形式的合作体，以链条化方式参与到市场竞争中，率先推进数字文创类 IP 链条合作体、文创旅游类 IP 链条合作体的建立。支持建设成都文创 IP 孵化联盟，以文创精品 IP 为起点，以 IP 品牌协同共振为基础，集聚多方合作主体，围绕音乐、影视、动漫、游戏、衍生品、主题乐园及活动、演艺、经纪、教育、文创金融等，科学组合配置做强文创 IP 孵化的产业生态网，打造文创 IP 孵化的网状生态。

（五）推进高新科技在文创场景中的应用示范推广

推进人工智能在文创场景中的应用示范推广，面向全国人工智能企业征集解决方案，突破"供投需"主体的对接瓶颈，为 AI 企业提供广阔的消费体验情景，推动新技术、新产品、新模式在成华应用，多措并举吸引金融资本投资。围绕 5G 在文创产业中的应用创新，增强政策规划引导力，突出消费爆点，推进 5G 在文创领域中的深度应用，推进 5G 与人工智能、大数据的融合发展，不断孵化 5G 在文创体验中应用的新产品、新业态。[1] 以科技创新应用为突破口，引进和培育一批"规上"文创科技类企业，实施以"文化植入与参与体验"为核心的旅游再造工程，打造一批"商贸综合体文创升级、全息终端成像体验、智能音响及创意家居"类实体应用场景，引导大型商场、产业园区、社区、学校、地铁、餐饮等聚落空间构建 360 度文创消费的应用场景体系。[2]

---

① 王世龙：《新时代文化产业的创新与担当》，电子科技大学出版社，2019。

② 郑晓幸、平志英：《文化繁荣兴盛的有生力量——四川新文艺群体调研报告》，中国文联出版社，2018。

（六）推动成华区工业老旧建筑的"二次赋能"

进行成华区工业老旧建筑的"二次开发"和实现文创产业的"二次赋能"，助力成都建设世界文化名城，提升城市发展软实力、竞争力。坚持发挥企业主体作用，支持以建筑租赁、资产重组、托管经营等多种方式，积极推动达到一定规模和符合标准的老旧建筑资源向文化创意产业园区、基地转型，对接导入高端项目资源，采取市场化运作实现经济效益和社会效益相统一。加大对工业老旧建筑改造提升的扶持力度，编制老旧工业园区改造提升方案，通过论证后按规划编制费用的 50% 给予补助；对实施改造提升的老旧工业园区（工业功能区），给予不高于基础设施建安成本投入 20% 的补助，列入全区工业园区改造示范的，给予不高于基础设施建安成本投入 40% 的补助。

（七）繁荣成华区文创消费的夜经济和周末经济

把握内需消费快速增长机遇，大力发展夜经济和周末经济，不断做大成华区文创消费的市场规模。挖掘成华区历史文化资源，发挥时尚、音乐、餐饮、购物等基础优势，突出传统与现代、文化与商业的融合，将网红打卡地、大型商超、演艺场馆、博物馆等场所串联起来，打造成集购物、观光、文娱、餐饮、会展于一体的特色鲜明的夜经济带，不断培育文创消费新空间。[1] 持续建设"周末游成都·品味慢生活"品牌，加大遗产观光、都市休闲、时尚购物、美食体验、文化创意、运动养生等周末文旅核心产品开发力度，构建空间全景化、体验全时化、休闲全民化的周末文创消费新生态，引导实施成华区公共服务空间（文化馆、公共图书馆、美术馆、国有文化场馆等）周末延时开放，推出一批成华区品牌化的周末休闲度假地、周末文博体验地、周末文创特色街区（园区）、周末文创集市、周末音乐演艺活动，大力繁荣成华区周末文创经济。

---

[1] 《成都市人民政府办公厅关于印发〈供场景 给机会 加快新经济发展若干政策措施〉的通知》，成都市人民政府网，http：//www. pengzhou. gov. cn/pzs/c130913/2020 - 06/29/content_ 5abdd85729454a90980dc3668016bf0f. shtml，2020 年 3 月 31 日。

（八）深化成华区文创产业与金融支持的合作创新

支持成华区金融机构开发精品 IP 业态的打包信贷产品，推进多个文创 IP 产品组合的信贷支持和孵化，降低单一文创 IP 产品市场风险。引导成华区的文创产业基金机构开发组合打包类投资服务产品，实现由单个文创 IP 产品向整个文创 IP 业态的投资转变。鼓励在成华区的民营银行等金融机构设立文创支行，鼓励成华区文创产业相关基金设立文创金融合作服务中心，系统布局优质文创 IP 孵化相关的资金往来业务，参与到以文创 IP 为核心的版权交易项目中。引导金融机构加大对老旧建筑区块改造的扶持力度，积极主动提供老旧建筑厂房的购置按揭、技改设备项目贷款等支持，拓宽融资渠道，保障项目运作资金。引导和支持成华区内文创企业积极对接申报成都文创产业投资基金、成都市产业引导基金，引进一批文创科技产业金融投资机构和专业金融服务机构，开展项目孵化、做大做强企业，促进成华区文创产业的瞪羚企业、独角兽企业孵化。

参考文献

《成都市文化创意产业分类目录（修订版）》，成都市人民政府网，http：// www. cdht. gov. cn/cdhtz/c143045 /2020 – 04/10/bada37915f384f1 59b3dfab10ef4c975/files/ 56970d71be0b46238ab8584a199e9db6. pdf，2019 年 9 月 23 日。

《四川省人民政府办公厅印发〈推进文化创意和设计服务与相关产业融合发展专项行动计划（2014 ~ 2020 年）〉的通知》，四川省人民政府网，http：//www. scgov. cn/ 10462/11555/11563/2014/12/4/10320243. shtml，2014 年 9 月 19 日。

B.17
金牛区文化创意产业发展报告

中共成都市金牛区委宣传部 *

摘　要：　近年来，党中央把文化建设纳入"五位一体"总体布局，中共四川省委、四川省人民政府提出建设文化强省旅游强省，中共成都市委、成都市人民政府提出塑造"三城三都"城市品牌，建设世界文化名城。金牛区以发展天府文化为核心，大力发展文化创意产业，打响特色经济品牌，走出一条文化创意产业发展"金牛路径"。本报告梳理了金牛区从政策激励、规划布局、项目建设、企业培育、提升服务等方面推进文化创意产业发展的主要做法，分析了金牛区文化创意产业在产业结构、品牌影响和融合发展等方面存在的问题，提出了优化产业结构、丰富产品业态、推进融合发展、塑造文化品牌的对策建议，促进金牛区文化创意产业高质量发展。

关键词：　文创产业　天府文化　创新性发展　金牛区

　　成都市第十三次党代会以来，中共成都市委、成都市人民政府着眼于冲刺世界城市，提出打造世界文创名城、旅游名城、赛事名城和国际美食之都、音乐之都、会展之都，建设世界文化名城。金牛区主动找位置、强担当，立足于国际标准、区域定位和金牛特色，推动天府文化创造性转化、创新性发展，以高站位、强力度、实举措系统推进文化创意产业（简称文创

---

* 执笔人：张帅，成都市金牛区文化体育和旅游局规划发展科一级科员。

产业）发展，彰显中国气派、展示天府魅力、体现金牛表达。2019 年，金牛区文化创意产业增加值实现 120.83 亿元，占地区生产总值比重达到 9.40%（见图 1），位于成都市"第一方阵"。

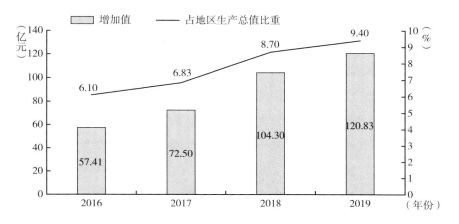

图 1　2016～2019 年金牛区文创产业增加值对比

一　推动文化创意产业发展的主要做法

（一）以政策激励为引导，加强发展顶层设计

金牛区历来高度重视文化创意产业发展，成立了推进"三城三都"建设领导小组，下设文创等 6 个专项推进小组，建立联席工作机制，形成齐抓共管的工作格局；出台了"一意见、一政策、一纲要、一办法"政策性文件，对当前和今后一个时期的金牛文化创意产业发展作出了顶层设计和长远谋划，全面提升产业能级和发展质量。

"一意见"即《关于发展天府文化　建设"文化北城"　争当世界文化名城建设主力军的实施意见》，对全区文化体系建设和文化创意产业发展进行审视、谋划和部署，推动城市从工业逻辑回归人本逻辑，让文化获得感成为高品质生活的标配。"一政策"即《关于促进都市文化旅游业发展若干政策》，从吸引领军企业入驻、促进存量企业发展壮大、支持举办节庆活动等多方面给予最高 400 万元的扶持奖励，增强对文创人才、文创资源、文创资本和文创企业的吸引力；同时，推动成立 100 亿元的产业发展基金，以财政资金撬动更多社会资本投入文化领域，全面激发市场活力。"一纲要"即《金牛区文化建设指导纲要》，深度挖掘金牛地域文化资源和特色魅力，从遗产保护利用、文化项目建设、特色表达系统等多维度对区域文化建设提出指导意见，全方位提升金牛区域空间、形态和环境的文化品位，彰显金牛历史文化本底和现代文化特色。"一办法"即《金牛区文创示范空间评选办法》，选取一批外在形态好、创意特色优、产业业态新的实体书店、博物馆、小剧场、微影院、工作室、民宿客栈，打造文创示范空间，建强文化创意特色载体，营造良好的城市创意氛围。

（二）以规划布局为引领，重塑文创经济地理

按照"片区谋划、片区开发、片区建设"的理念，结合成都市产业功能区建设重大契机，坚定"人、城、产"的营城逻辑，构建"一轴一带两区多点"的产业发展格局，推动文化创意产业集群化、特色化、差异化发展，实现文化传承、产业发展和城市更新的有机统一。

"一轴"即金牛大道天府文化景观轴，以展示天府文化和城市风貌为目标，串联金牛体育中心、新金牛公园、一品天下美食文化街区等文化地标，打造体现金牛历史印记、展示川西文化特色、承载天府文化记忆、带动西控区域协同发展的城市人文走廊。"一带"即锦江公园城市美学生态带，以锦江连通锦城绿道与熊猫绿道，串联九里新锐艺术公园、锦江滨河坊和枣子巷中医药特色文化街区，形成碧水绕城、生机盎然的世界级宜居滨水廊道。"两区"即国宾新貌川西蜀韵体验区和北部新城融合发展示范区，国宾新貌川西蜀韵体验区立足"文博、文商、文创"产业定位，规划建设天府艺术公园、易园园林博物馆和天府华侨城主体旅游区等重点项目，构建"蜀风揽胜"画卷；北部新城融合发展示范区对标国际一流，高标准规划建设成都露天音乐公园、凤凰山文创基地、凤凰山体育公园和凤凰山国际美食城

等重大项目，推动文化、商贸、旅游和体育等产业融合发展，打造具有全球影响力的城市休闲目的地。"多点"即探索旧有建筑和闲置空间利用新模式，积极引入文化旅游品牌企业和专业运营机构，打造一批文创空间、文创园区和文创街区，提升城市的人文体验和生活气息，形成多点支撑的发展格局。

（三）以项目建设为支撑，夯实产业发展基础

坚持以项目为中心组织经济工作，强化项目思维，以项目建设带动经济发展、支撑城市功能和引领消费潮流，使美好蓝图规划变成群众可感可及的发展成果。

金牛区规划建设了天府艺术公园、府河摄影公园、凤凰山文创基地等一批文创功能项目，差异化打造枣子巷、王家巷、双子园、荷花池等一批特色文化街区，U37文创园、临水雅苑等一批文创产业园区和436文创中心、无里创意工厂等一批文创空间，城市创意氛围持续浓厚。高标准建设凤凰山体育公园，提档升级城北体育馆、市乒乓球重点运动学校，提升改造金牛体育中心，创新打造金泉运动公园，赛事承载能力不断提升。成都欢乐谷、易园园林博物馆等景区品质持续提升，成都露天音乐公园、府河摄影公园等创A工程不断推进，中铁鹭岛艺术城等成都市主题旅游目的地呈现高端形象，禅驿·锦城院子、枣子巷特色街区等获评成都最潮玩绿道文化旅游创意地标，全域旅游场景不断丰富。成都露天音乐公园、新声剧场建成投入使用，华侨城大剧院、金沙剧场影响力逐步提升，凤求凰剧场加快建设，演艺场馆群落初步形成。

（四）以企业培育为突破口，提高市场竞争水平

充分尊重企业在市场经济中的主体地位，坚持深化改革与依法行政同步、完善政策与强化服务共进、招商引资和大众创业并举、外引新量和内生增量并重，培育引进了一批主业突出、拥有自主品牌和创新能力强的重点文创企业。

根据全国第四次经济普查结果，金牛区共有文化创意产业法人单位

9480 家，其中规上企业 154 家、标上企业 178 家、小微企业 9148 家；产值过亿元的企业 29 家。目前，培育了以中铁二院、西南设计院为代表的工业设计龙头企业，以 436 文创、无里创意为代表的创意设计重点企业，以华侨城欢乐谷为代表的娱乐休闲领军企业，以文轩在线、布克购书中心为代表的出版发行骨干企业，以竞技世界、三泰电子为代表的信息服务知名企业，以迷笛音乐、康臣传媒为代表的音乐传媒新兴企业，以特想集团、萨尔加多为代表的摄影影像品牌企业。通过促进企业做大做优做强，充分发挥活跃文化市场、激发产业活力、促进文化创新、增加社会就业和丰富文化供给的积极作用，为全区文化创意产业持续健康发展筑牢坚实基础。

（五）以提升服务为保障，营造良好营商环境

金牛区聚焦企业需求，坚持问题导向，构建"1 + 16 + N"的营商环境建设服务体系，构建"一网通办、一码通行、一窗通过，效率最高、流程最优、服务最佳"的"三通三最"营商环境高地，支持文创企业拓展市场边界和经济版图。

持续提升政务服务效能，全面推行"一窗通办"，实现注册登记、公章刻制、发票申领、社保登记四个环节"一窗受理、并行办理"，高效推进"一网快办"，全面推行企业全程电子化登记，实现办理执照"零见面"，创新推出"N 项服务"，提供银行、金融、邮政、刻章等各项服务，实现了"2 小时领照、2 小时刻章、即时办税、4 小时办结"。持续构建"亲清"新型政商关系，健全"区领导 + 产业部门 + 功能区管委会 + 辖区街道"常态化企业服务机制，不定期召开联谊会、座谈会和交流会，以"三到精神"及时帮助企业解决生产经营中遇到的各种困难问题，通过实地走访、集中座谈、电话交流等各种形式年均联系文创企业超过 100 家，用一件一件的实事、一点一滴的改变增强软环境竞争力。着力打造包容审慎的监管制度，推动"非禁即入"制度落实，对文化创意产业新经济、新业态、新模式实行审慎监管，杜绝"一刀切""立即办"的简单化执法和行政命令，探索柔性执法的运用，让文创企业和创业者感受监管的善意。

二 文化创意产业发展的不足之处

（一）产业结构有待完善

目前，建筑设计、工业设计企业产值占据了金牛区文化创意产业产值较大比重，但上游的设计服务没有对中下游的制作生产和消费体验形成有效引导，产业链条不够完善；动漫游戏、音乐艺术、体育运动等新兴产业门类尚处于培育阶段，有待进一步发展壮大，特色经济在城市经济中的辨识度和显示度有待进一步提高。

（二）品牌影响力有待提升

金牛区文化资源丰富（见表1），但利用转化水平不高。武侯区有武侯祠、锦里，青羊区有宽窄巷子、杜甫草堂，成华区有339电视塔、东郊记忆，锦江区有太古里、三圣花乡，而金牛区仅有欢乐谷一家省级文化产业示范基地，凤凰山文创基地、天府艺术公园等重点项目尚处于规划建设阶段，文化资源与区域形象没有形成有效融合，外溢效应没有充分激发，文化品牌的影响力和美誉度有待进一步提升。

表1 成都金牛区核心文化资源

资源类别	主要资源
文物保护单位	国家级：永陵、朱悦燫墓
	省级：金华寺、张家巷天主堂、张大千故居
	市级：曾家包东汉墓、九里堤遗址、凤凰山明墓及金泉寺、金牛宾馆历史建筑
	区级：茶店子墓、新桥村墓、友联村墓、王贾桥、马鞍烈士陵园、土桥清真上寺、土桥清真下寺
博物馆	国有博物馆：成都市永陵博物馆
	非国有博物馆：四川易园园林艺术博物馆、四川茂林博物馆、朱成（私立）石刻艺术博物馆、成都天仁石刻艺术博物馆、成都宇曜古灯文化博物馆
历史建筑	徐氏公馆、带江草堂、江源巷民居、成都市五七干校旧址、凤凰山机场及营房建筑、中铁二局宿舍、西南金属结构厂旧址、西南金属结构厂专用铁路货运站、成都无线电机械学校办公楼

续表

资源类别	主要资源
史志传说	金牛道传说、天回镇历史文化、交子诞生地、凤凰山传说、城隍文化、严氏父子藏书故事、驷马桥司马相如故事、金泉场传说、九里堤历史故事、营门口诸葛武侯练兵故事和黄忠村、茶店子、花牌坊、五块石等地名故事
宗教文化	张家巷天主堂、土桥清真上寺、土桥清真下寺、金华寺、至真观
革命文化	金牛宾馆历史建筑、马鞍烈士陵园
古镇文化	天回镇

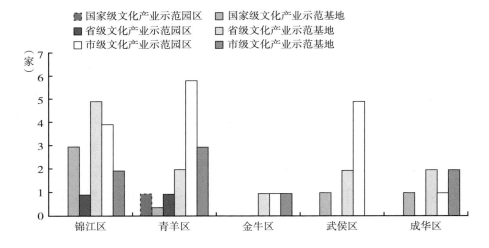

图2　成都市五城区文化产业示范区、基地对比

（三）融合发展有待加强

金牛区拥有成都露天音乐公园、凤凰山体育公园、天府华侨城主体旅游区、成都国际商贸城等一批全市重大的文化、体育、商贸和旅游设施，但是相关业态的融合发展不够紧密，协同联动效应比较弱，营销宣传力度不够大，重大项目对区域城市能级提升和经济发展的带动作用还未充分体现，金牛文化的知名度和感召力有待进一步加强。

三 文化创意产业发展路径探析

金牛区将贯彻新发展理念，健全完善文化建设制度体系，坚持文商旅体融合发展路径，促进文化创意产业提质增量，奋力打响"交子故里、大道金牛"文化品牌，为世界文创名城建设贡献金牛力量。

（一）优化产业结构，打造金牛优势产业

以推动经济转型升级和满足人民日益增长的美好生活需要为目标，拓展"文创＋"新思维，推动文化创意产业内涵深化整合、外延融合带动，打造附加值高、原创性强、成长性好的现代文化创意产业，增强金牛文创在全市文创产业链和价值链的核心竞争力。推动文化创意产业转型升级，以天府艺术公园、凤凰山文创基地、九里新锐艺术公园等重大项目为牵引，集聚文博艺术、影视演艺和文化娱乐等领域知名企业，优先发展新兴文化产业门类，进一步提升金牛文创的产业创新力。完善音乐艺术产业链条，以成都露天音乐公园、华侨城大剧院等场馆为依托，大力发展音乐演艺，同时招引创作孵化、教育培训、版权管理、乐器交易等产业链条关键环节的音乐企业、音乐项目来金牛投资，带动省市优质音乐资源向金牛聚集，将金牛打造为音乐人的追梦天堂。培育发展体育运动产业，以重大赛事为引爆点，吸引国内国际体育组织、体育集团和体育学校的区域总部、研发基地、教育中心和训练基地落户金牛，促进赛事消费链、城市投资链和产业发展链全方位融合，为城市发展注入新动能。

（二）丰富产品业态，激发金牛消费活力

紧紧抓住国家消费中心城市建设重要契机，着重培育发展具有时尚美学、文化体验、智慧智能特色的新兴业态，满足个性化、定制化和高端化的消费需求。培育时尚美学类业态，把握"夜间经济""周末经济""网红经济"等消费潮流趋势，大力发展"人人皆可消费的时尚"，在产业园区、特

色街区、文创空间、购物商圈和园林景区等载体中植入美学创意，着力发展创意设计、电音娱乐、美食购物、体育赛事、康养医美等时尚美学类业态。提升文化体验类业态，增强文旅产品和服务的文化创意融入，在博物馆、实体书店、城市绿道、景区公园等载体中挖掘和植入金牛文化元素，通过多元文化形态迭代开发，促进内容形式交叉融合，推动形成"核心 IP + 体验店 + 餐饮 + 衍生品销售"产业链，发展科普旅游、书店旅游、民宿休闲、美食品鉴等文化体验类业态。发展智慧智能类业态，依托智慧城市、智慧景区建设，推进大数据、云计算、物联网、人工智能、虚拟现实、增强现实、区块链等高新技术在文创领域的创新应用，积极布局影视、音乐、动漫、VR 及直播等泛娱乐产业，大力发展菜单式、预约式定制服务，加快发展数字文博、电子竞技、体育直播、旅游直播、智慧健身等智慧智能类业态。

（三）推进融合发展，提升金牛文创品质

以文化为灵魂、以商贸为依托、以旅游为载体、以体育为推手，集中力量、集成功能、集合空间、集约资源、集聚业态，促进文商旅体融合发展，优化资源配置，推动金牛文化创意产业形成高质量发展新格局。坚持以文化引领为前提，以人的创造力为核心，深入挖掘蜀道文化、音乐文化、交子文化、铁路文化四大文化品牌内涵，以创意设计和现代美学表现手法将金牛文化元素有机植入产业园区、特色街区、旅游景区、天府绿道、游园绿地、商业楼宇、城市综合体、体育场馆、餐饮酒店、购物中心，充分彰显金牛文化的独特魅力。坚持以功能融合为基础，统筹文商旅体设施建设和服务功能提升，建强文化设施、旅游景区、演艺场馆、商业楼宇、会展场馆、美食场所六大设施体系，实现文商旅体设施配套、功能兼容、服务高效。坚持以业态融合为核心，创新"文化 +"模式，发挥金牛 IP 在文商旅体融合过程中的"桥梁"和"中枢"作用，构建融合发展消费场景，支持商业模式、核心技术和服务产品等创新，促进动漫制作、数字娱乐、文化体验等新业态衍生发展。坚持以项目融合为支撑，提升项目统筹策划、统一打造和一体化运营水平，高起点、高标准、高质量地规划打造一批融合型重大项目，加快建设风

凰山体育公园、天府艺术公园、锦江九里春晓等一批重点项目，增强城市的文化魅力、商贸活力、体育影响力和旅游吸引力。

（四）塑造文化品牌，提升金牛城市影响力

充分发挥文化品牌对城市形象的塑造作用，坚持以文化展形象、以音乐为媒介、以赛事聚人气，打造金牛文创活动品牌，提升城市知名度和影响力。打造文化活动品牌，充分运用文学、摄影、音乐等优势资源，积极组织策划金牛杯国际摄影大赛、成都光影节等具有金牛印记的特色文化活动，彰显时代风采。打造音乐节会品牌，依托成都露天音乐公园等优势载体，积极策划迷笛音乐节、亚洲啤酒音乐节、成都光影艺术秀、成都国际音乐演艺设备博览会等音乐节会活动，提升城市音乐生活品质。打造国际赛事品牌，积极承办大运会、世运会，以及成都马拉松等国际赛事，积极筹备亚洲男子足球赛等顶级赛事，引进世界体育舞蹈节等重大赛事，培育棒球、乒乓球、击剑和保龄球等特色赛事，关注电子竞技、街舞等新兴赛事，打造金牛赛事体系。

B.18
青白江区文化创意产业发展报告

中共成都市青白江区委宣传部*

摘　要： 本报告立足于"陆海联运枢纽、国际化青白江"发展定位，
对成都市青白江区推动文创产业发展的四项工作法——挖掘
资源、优化布局、政策引领、跨界融合进行了阐述，针对青
白江区文创产业发展仍存在的产业能级较低、产业链条不健
全等问题，提出了下一步的对策建议：进一步完善机制建设；
针对性出台产业政策；奖励扶持培育产业主体；聚集打造文
创载体；强化氛围重点宣传；等等。切实推进文化创意产业
在青白江区的创新性、集聚性、融合性发展，有力构建全域
文创贸易港的发展框架，打造中国西部国际文创贸易新兴区。

关键词： 文创贸易港　国际文化交流　跨界融合发展　青白江区

　　成都市青白江区自 1960 年建区以来，以川化、成钢两大国企为基础，
成为国家"一五"时期规划建设的西南第一个工业区，一度成为成都市首
个财政收入过亿元的区县。近年来，青白江区紧扣中央"一带一路"倡议、
四川省委"一干多支、五区协同""四向拓展、全域开放"以及成都市委建
设全面体现新发展理念城市的战略部署，抢抓国家自贸区、国家级经开区、
综合保税区、金青新"一带一路"大港区"四区叠加"机遇，依托成都国
际铁路港和中欧班列（成都），坚持"陆海联运枢纽、国际化青白江"战略

---

* 执笔人：袁关志，中共成都市青白江区委宣传部副部长、网信办主任。

定位，深入实施"港口立城、产业兴城、品质优城"发展战略，布局"一港、三城、六个特色小镇"的空间发展格局，致力于推进青白江区文化创意产业发展，着力构建全域文创贸易港的发展框架，打造中国西部国际文创贸易新兴区。青白江区连续十年获评"四川省县域经济综合实力十强"，连续7年位列"中国市辖区综合实力百强区"。2019年，跻身"全国投资潜力百强区"，获评"中国国际化营商环境建设示范区"，获批成都国际铁路港综合保税区。

2019年，青白江区实现文化创意产业增加值20.40亿元（见图1），首次突破20亿元大关，较2018年增长5.57亿元，增幅达37.6%，增速居中心城区第三；文创增加值占GDP比重3.90%（见图1），营业收入73.8亿元，同比增长31%；从业人员8147人，同比增长62.9%。

图1　2016～2019年成都青白江区文化创意产业增加值及其GDP占比

一　青白江区文化创意产业的发展基础

为贯彻落实成都市委建设世界文化名城、打造"三城三都"（世界文创名城、赛事名城、旅游名城和国际美食之都、音乐之都、会展之都）的决策部署，青白江区对标国内先进地区的经验做法，科学规划、统筹部署，从挖掘

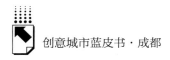

资源优势、优化空间布局、强化政策引领、推动跨界融合等方面着手，加快构建现代化文创产业体系，培育产业发展新动能，充分释放文创产业发展新活力。

（一）挖掘资源优势，推进文化创造性转化和创新性发展

根基深厚、资源丰富的历史文化积淀是文化产业的创意源泉和发展动力。青白江区资源丰富，历史文物古迹众多。全区共有各级文物保护单位17处（省级文物保护单位6处、市级文物保护单位4处、区级文物保护单位7处），一般不可移动文物点位340处。区博物馆馆藏文物共4651件（国家级文物1件、二级文物34件、三级文物292件）。城厢镇、弥牟镇历史悠久，现有绣川书院、明教寺觉皇殿、城厢武庙文庙等各级文物保护单位17处。依托拥有的工业文化、清白文化、港口文化、三国文化、诗歌文化等特质文化底蕴，加快推进城厢天府文化古镇、弥牟·八阵巷特色街区等60余个重大文创项目投资建设，有力推动了青白江区城市品位的高质量提升和文创业态的转型升级。创编大型历史话剧《大宋御史·赵抃》，在国家大剧院、成都锦城艺术宫演出7场，用高标准的艺术水准演绎独具区域特色的"清白文化"，舞台剧《传奇凤凰湖》等特色剧目驻区演出30余场，文化资源优势转化为文艺创作和对外文化交流优势，切实推动天府文化在青白江的创造性转化、创新性发展。围绕文博资源、京剧脸谱、蜀绣等传统文化资源，积极引入培育成都东方工艺美术厂、青白江"十二针"绣坊等优质文创企业，促进文化资源向文创产品转化。

（二）优化空间布局，重塑文化创意产业成链集群发展生态圈

围绕"一港、三城、六个特色小镇"空间布局（见图2），因地制宜，科学规划，构建"一山、两心、四组团"全域文创产业发展空间体系，推动文创产业集群化、特色化、差异化发展。

"一山"，即龙泉山城市森林公园青白江片区，充分发挥龙泉山城市森林公园青白江片区良好的区位条件和生态环境优势，不断增强旅游、文化、康养、运动功能。加快福洪客家杏花乡村旅游度假区、人和康养运动度假区

建设，大力发展山地运动、郊野休闲、森林康养产业和农商文旅体节会、赛事等活动，助力打造以世界级城市绿心和现代都市生态乐园为基础的"城市森林之旅"。

"两心"，即"一带一路"国际商贸文化中心、工业历史文化创意中心。

1. "一带一路"国际商贸文化中心

依托成都国际铁路港和国际班列通道枢纽，厚植自贸中心、亚蓉欧国家馆城市馆群、标准化厂房等载体资源，着力发展国际艺术品展示、品鉴与保税交易、跨境经贸文化交流与演艺经纪、文创IP开发、国际商品特色购物体验等临港商贸文化产业，建设一批亚欧国家（城市）文化生活风情街、跨境商品体验店、总部首店等特色街区、购物平台，打造天府文化、陆港文化与欧亚城市文化等异域文化交相辉映的"一带一路"国际商贸文化中心，打造以东蓉欧文旅基地为依托的"现代丝路之旅"。

2. 工业历史文化创意中心

依托老工业基地，以文化创意产业为主导、以厂区公园为本底，推动工业厂区、老旧街区向中央商务功能街区、国际社区转型发展。规划建设工业遗址博物馆、工业文化记忆广场、文创演艺街区、城市商业综合体、滨水绿

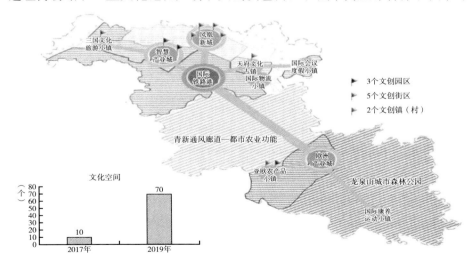

图2 成都市青白江区"一港、三城、六个特色小镇"空间布局示意

道体系等特色功能板块，发展创意设计、传媒影视、音乐艺术、电子竞技等产业，构筑再现工业文化时代记忆、水岸生活城市活力的国际文创街区，打造工业文化体验、互动科技体验、城市精神体验相结合，以工业历史文化创意中心为基础的"工业文明之旅"。

"四组团"，即凤凰新城都市文体休闲组团、历史文博旅游组团、毗河滨水休闲旅游组团、现代都市农商文旅融合组团。

1. 凤凰新城都市文体休闲组团

依托凤凰新城，大力发展文化体育、文博会展、娱乐演艺、都市休闲业态。加快世界酒庄、中交海投凤凰湖、嘉禾酒店、中核会议中心等重大产业化项目、高端酒店和高品质社区建设，打造功能配套完善、彰显文化特色、宜商宜业宜居的国际化"都市休闲之旅"目的地。

2. 历史文博旅游组团

深入挖掘城厢天府文化古镇和弥牟文化旅游小镇丰富的资源禀赋，推动县治文化、三国文化、民俗文化等历史文化遗迹遗址遗存的保护传承和利用开发，强化旅游赋能，发展文化体验、特色餐饮、精品民宿等特色业态，厚植天府文化根脉，打造以千年城厢、丝路古镇为品牌的"文化寻根之旅"。

3. 毗河滨水休闲旅游组团

依托毗河两岸良好生态本底，突出国际农耕文化体验、农产品展示交易、乡村休闲度假主题，加快推进桃李春风等重大项目建设，推动北岸发展国际贸易服务、商务会展、文化交流等临港特色文商业态，南岸发展农业高端种养、窗口展示、产品交易、田园康养、休闲度假业态，打造以毗河生态带为依托的"滨水休闲之旅"。

4. 现代都市农商文旅融合组团

依托青新通风廊道区域农业开放合作示范园，着力打造一批果蔬、花木、水产等出口型、标准化精品种养基地，加快农业文化交流、会议博览、教育培训、文创研学、农事体验等服务业发展，全力推进周氏·蜂行田园、桃源水乡等项目建设，打造以国际化农商文旅融合发展示范区为基础的"开放农业之旅"。

（三）强化政策引领，推动文化创意产业跨越式可持续发展

坚持全域协同，整体联动，青白江区坚持以科学规划引导高水平建设，着力强化区域化顶层设计，制定文化创意产业发展线路图，明确不同阶段的发展重点，有效有力推动文创产业跨越式可持续发展，实现文创产业发展与高质量建设"陆海联运枢纽、国际化青白江"同频共振。

一是制定《青白江区建设西部文创中心行动计划（2017～2022年）实施方案》《成都市青白江区大力发展文旅经济加快建设文化旅游强区实施方案》等纲领性文件，为全区文创产业的未来发展锚定方向、指明路径，实现"纲张目举"；二是成立区"三城三都"工作领导小组和6个专项工作推进小组，印发《青白江区推进"三城三都"建设2019年工作计划》，做到分步实施、加速推进；三是出台《成都市青白江区促进文化创意产业发展若干政策》《青白江区关于大力推动文化商贸旅游体育农业融合发展的实施意见》《青白江区实施乡村振兴战略若干配套政策措施》《青白江区培育打造特色商业街区若干政策》等专项政策，不断完善产业发展支持体系；四是设立5000万元区级文化创意产业发展专项资金，1000万元区级文化旅游发展专项资金，以资助优势文创企业、优势文创项目发展，助力扶持青白江区文化创意产业发展，着力构建"大文创"产业发展新格局，进一步提升文化创意产业的整体实力和竞争力。

（四）推动跨界融合，培育文化创意产业发展新动力

拓展"文创＋"新思维，大力开展"文创＋"跨界融合发展模式探索，推动文创产业内涵深化整合、外延融合带动，促进文创产业新技术、新业态、新模式发展。

1. "文创＋旅体"

推出"凤凰湖生态湿地公园—青白江区博物馆—陆港绿道—成都国际铁路港—城厢天府文化古镇"等都市休闲主题文化旅游线路4条。高标准举办樱花旅游文化节、杏花（果）生态旅游节、桃花（果）生态旅游节等

旅游节会 10 余场，举办蓉欧经典之夜捷克钢琴家音乐会、2019 国际体操联合会跑酷世界杯、"一带一路"室内五人制足球国际锦标赛、"一带一路"成都国际乒乓球公开赛、亚洲羽毛球精英巡回赛、全国马术场地障碍冠军赛等国际级、国家级文体活动 15 场，积极打造"一带一路"文体旅品牌，有效带动竞技表演、文体消费、旅游休闲等产业的快速发展。

2. "文创 + 商业"

编制《青白江商业网点空间布局规划（2018～2035）》，成功打造凤凰里·水街、凤凰湖·汉唐街等一批高标准、高品位特色餐饮集聚街区，以及悦荟商圈、英祥美程商圈、千盛商圈等多元化美食消费场景。运用数字化技术通过植入软文、美图等绘制青白江区吃住娱购"一站式"生活美学地图。举办首届"蓉欧 +"城市合作伙伴大会、成都农业对外开放合作论坛、成都熊猫亚洲美食节·青白江特色美食展评等会展商务活动 60 余场。奎伊鲜牛杂火锅、后街酒馆入选"成都 100 家特色小店"。

3. "文创 + 农业"

以田园生产、田园生活、田园景观为核心要素，探索"农业 + 文创 + 新农村"开发新模式，打造我的田园旅游度假区、和盛田园东方田园综合体等一批集农业观光、体验、科教及文化传承于一体的文商旅体农融合发展示范项目 5 个，大力发展华玥果蔬等特色村落、创意民宿 6 个。

4. "文创 + 城市"

将文创产业作为向城市注入人文理念的主通道和改变生活方式、提升生活品质的重要载体，积极探索"以商养道"的模式和绿道经营建设管理的有效路径。在"1956 大时代"主题公园、长流河绿道、陆港绿道等有机融入"小青阅读间"实体书店、集装箱便利店、蓉欧商品体验店、驿站、文化创意墙等文创空间、文化小品 20 余处，组织开展"迎新年全民健身跑"、"我为绿道献棵树"、"万步有约"职业人群健走激励大奖赛、"夕阳红"健步走等文体旅活动 11 场，进一步提升市民文化素养，提升城市文化内涵，提升城市对外形象。

二　青白江区文化创意产业发展短板

对比成都文化创意产业发展较为先进的区（市）县，青白江区文化创意产业和市场规模都明显偏小，呈现产业发展能级与城市定位不匹配、文化资源与文化消费不对称、产业门类与产业链条发展不健全、产业人才与社会组织培育不同步等方面的不足。

（一）产业发展能级与城市定位不匹配

青白江区是一座因工业而建、因工业而兴的城区，虽依托成都国际铁路港进行了产业结构调整，但文创产业基础薄弱、发展滞后，目前文创产业发展能级较低，与"陆海联运枢纽、国际化青白江"的城市发展定位尚未完全匹配。如2019年文创产业增加值虽为20.4亿元，增幅居全市第三，但总量较低，全市排第18位。与武侯、高新、锦江等中心城区相比仍存在较大差距，产业发展基础较为薄弱。

（二）文化资源与文化消费不对称

在文化景点的打造上，具有标志性的文化景点，例如凤凰湖、城厢古镇、弥牟镇诸葛井、八阵图等，由于分散不连片、缺乏整体区域性空间设计、认同度不高等，降低了优秀文化资源的创新力、影响力和辐射力。在文化消费方面，青白江区城市居民及农村居民普遍文化消费愿望不高、消费需求不足，且青白江区居民在医疗保健、居住、新型文化旅游等项目上的消费受到限制，整体文化消费驱动力不足。

（三）产业门类与产业链条发展不健全

从文创项目来看，纳入青白江区西部文创中心建设的重点项目有59个。其中，示范作用大、带动能力强、纳入成都市级行动计划的功能性、战略性、支撑性重大项目15个，文体旅游类项目居多。从产业门类来看（以

2019 年全区标准以上文创产业门类情况为标准），2019 年文体旅游业标上企业 21 家，传媒影视业标上企业 3 家，创意设计业标上企业 6 家，会展广告业标上企业 6 家，传媒影视、教育咨询等诸多门类相对缺乏，尚未形成完整高效的文创产业链。从文创企业规模来看，全区文创产业以小微文创企业为主，文创企业体量较小，且缺乏"独角兽"、"瞪羚"、主板上市文创企业，难以实现良性发展。从文创行业协会和社会组织来看，全区还未成立文化创意产业发展联合会，文创市场、文化组织、文化产业服务体系发育还不充分，公众参与度高的文化活动和节会较少，专业精神、专业引领和专业服务能力欠缺，公信力不足，社会影响力不强。

（四）产业人才与社会组织培育不同步

2019 年，全区从事文创工作就业人员 8147 人，较 2018 年总人数上升 62.9%。虽逐年增加，但文创人才在层次和结构上参差不齐，发展不平衡，以基础加工类人员为主，通晓经济、文化、创意设计、对外文化贸易等的高级经营管理人才，创意策划等复合型专业人才严重缺乏，尚未能与高校、企业、社会组织建立学科教育与文创产业实习实践的联合培养模式，未能形成文创人才的引进、培育、激励、育留机制，导致全区文创产业人才与周边区（市）县相比缺乏竞争力。

三 青白江区文化创意产业发展对策建议

文化创意产业已成为引领经济发展的重要引擎，其发展规模与水平，已成为衡量一个国家或地区综合实力的重要标志。青白江区要依托成都铁路港构建全域文创贸易港的发展框架，打造中国西部国际文创贸易新兴区，需从机制建设、政策牵引、主体培育及载体建设等方面同时发力，不断提升文化创意产业的规模总实力、行业引领力和创新创造力，实现文化创意产业的高质量发展，助力成都世界文创名城建设。

（一）建机制，统筹协调，增强保障力

一是整合工作机制。区文产办、区"三城三都"办、区文创统计办工作职能叠加。"三办合一"，完善项目统计监测制度、重点任务督办制度、重点工作通报制度等，及时掌握全区"三城三都"工作进展及成效，协调促进破解项目推进中的落实难题，对全区文化创意产业发展各项工作进行统筹谋划、过程管理、跟踪督查。二是建立常态联席制度。优化区文化创意统计工作联席会议制度，抓实季度文创统计工作网报，做好文化创意产业增加值监测与分析，实时分析研判区文化创意产业发展状况，动态调整企业名录、深化梳理排查，为文创产业增加值增长"开源"提供数据支撑。三是畅通文创工作执行。建立文化创意产业项目专题会制度，以镇（街道）、园区管委会为主体，每季度就辖区范围内文创项目进展、项目招引等方面情况进行通报交流、协商解决企业关切，推动文创工作机构、职能、人员下沉，延伸到基层末梢。

（二）出政策，精准施策，增强吸引力

一是制定专项政策。制定"成都市青白江区加快建设文创贸易港的实施意见"，分类制定传媒影视、音乐艺术、文体旅游等专项奖扶政策，优先发展重点门类。二是强化专项扶持。制定"青白江区文创园区、文创街区、文创小镇、文创空间评选办法"，认定和打造一批具有区域辐射力、知名度的文创园区、文创街区、文创小镇、文创空间，构建文创载体网点矩阵，提升城市文化品质。三是兑现奖扶政策。按年度开展区级文创产业专项资金及奖扶政策申报评审，出台"成都市青白江区文化创意产业发展专项资金管理办法"，规范专项资金申报评定流程，加大项目培育、策划及组织实施的指导和管理。

（三）育主体，奖优扶强，增强引领力

一是培育壮大市场主体。重点扶持江苏一德集团有限公司、浙江一龙投资（集团）有限公司等企业在区发展，鼓励四川我的田园文化旅游有限公

司、成都中奥广场管理有限公司等企业加快发展。成立青白江区文化创意产业发展联盟，支持行业协会、产业联盟等建设，搭建政府、企业、社会精英沟通桥梁，加强建设园区、公共服务、创业和投融资"四大服务平台"。二是引留育用高端人才。深化产学研合作的文化创意人才培养模式，搭建政府、企业、高等院校、科研机构、文化企业沟通桥梁，培养一批创新型、复合型、外向型、科技型文创产业人才，实现多样化文化创意人才供给。完善引进高层次文化创意人才的配套政策，健全高层次文化创意人才引进工作体系，不断优化文化创意人才引进机制，促进文化创意人才的有序流动。三是加大招商引资力度。紧盯国内知名文创企业和文创机构，制定招商名单，加快推进万达集团、深圳保利文化发展有限公司、中国创意控股有限公司等项目的签约落地，做好大时代1956二期（工业文明遗址公园）等一批重大文创项目精准招商工作。

（四）建载体，聚群成链，增强承载力

一是推进重点项目建设。加快自贸中心项目建设，积极推进法国馆、荷兰馆、意大利馆、德国馆、俄罗斯馆、白俄罗斯馆、以色列馆、摩尔多瓦馆、马来西亚（沙巴州）馆、意大利（曼托瓦）馆等10个国家商品（文化）馆建设，打造亚蓉欧国家馆城市馆集群。加快推动城厢天府文化古镇等重点项目建设。二是推进空间载体建设。高标准提档升级蓉欧创业大院，促进盛华企业园、福洪镇双创园等园区载体扩容增效。坚持特色鲜明、形态多样、业态丰富、产城一体原则，加快福洪镇先锋村等特色小镇（村）建设。加快建设我的田园旅游度假区、和盛田园东方等田园综合体，提升集农业观光、体验、科教及文化旅游于一体的农商文旅体融合发展示范项目水平。新建具有创意特色的实体书店、书院、博物馆、小剧场、微影院、工作室、民宿、客栈等文创空间。大力发展夜间经济、周末经济、假日经济，全方位场景式呈现青白江区国际商品、特色美食、酒店民宿、运动休闲、文化娱乐等品质生活场景。三是推动对外文创贸易区及文化保税区建设。重点引进影视制作、娱乐演艺、艺术品贸易、旅游服务、跨境体验购物、会展广告

等文创业态，加大文创产品输出和输入，构建"一带一路"蓉欧文化创意功能区，力争打造国家级对外文化贸易基地。四是加强老旧建筑保护利用。鼓励乡镇（街道）结合辖区内老旧建筑自身特点、保护要求和区域发展定位，深度挖掘老旧建筑的空间形态、美学设计和功能植入，推动老旧建筑"修旧如旧"。积极吸引社会资本参与老旧建筑保护利用，塑造与产业、功能相适应的高品质生活和消费场景。

（五）重宣传，营造氛围，提升影响力

一是加大活动营销力度。立足于传播天府文化，借势"蓉欧经典之夜"音乐节、《胡桃夹子》驻区演出、国际街舞邀请赛举办、波兰奥斯特鲁夫来区进行城市文化交流，搭建跨国城市文化交流桥梁，协调国内权威媒体和主流行业媒体及涉外媒体，宣传报道青白江区推进文化创意产业发展、促进国际文化交流合作的措施及成效。二是强化城市营销。依托中央电视台、凤凰卫视、五洲传播中心、中新社海外华文平台等载体，宣传推介"陆海联运枢纽、国际化青白江"国际影响力，营造宜商宜业宜居的良好投融资环境，助力文创产业发展，助推城市文化品质提升。三是着力文化品牌营销。加大与市级及以上权威媒体、知名文创传播载体平台的合作，持续推进特色传统文化活动、"一带一路"文旅赛事、非遗剧目展示展演、对外贸易会展活动、行业峰会等文创品牌的宣传报道，培育文创品牌，提升城市文化魅力。

B.19
温江区文化创意产业发展报告

中共成都市温江区委宣传部 *

摘　要：　近年来，成都市温江区认真贯彻落实世界文化名城建设大会
　　　　　精神，坚持以成都市"三城三都"建设规划为统揽，结合生
　　　　　态本底和文化资源禀赋，协调推进文化创意产业发展，产业
　　　　　治理机制日益完善、项目支撑加快夯实、业态创新有力推进、
　　　　　重大活动成效明显，文化创意产业已经成为温江区重要支柱
　　　　　性产业。但温江区文化创意产业还存在资源利用不充分、业
　　　　　态发展不平衡、头部文创项目缺失、发展制度待完善等短板，
　　　　　需要从加强规划引领、深耕文化品牌、加大项目建设、打造
　　　　　文化场景、加快政策落实等层面重点用力，推进资源优势向
　　　　　产业优势转变，形成文化创意产业高质量发展新局面。

关键词：　鱼凫文化　文化品牌　文创产业　温江区

　　成都市温江区坚定贯彻"以人民为中心"的发展思想，秉持新发展理
念，紧紧围绕成都市"三城三都"建设规划，结合温江区生态本底和文化
资源禀赋，协调推进文化创意产业发展。根据温江区的主导产业及特色产业
类型，着力发展健康养生业、文体旅游业、创意生态农业、音乐影视演艺
业、教育培训业、创意设计业等文化业态。2019 年，温江区完成文化创意
产业增加值 62.3 亿元，位列成都市新中心城区第一名。全区共接待游客

---

　　* 执笔人：陈弘权，中共成都市温江区委宣传部文产科科长。

1452.79 万人次，同比增长 8.02%；旅游总收入 88.09 亿元，同比增长 14.02%；旅游过夜游客 207.51 万人次，同比增长 7.61%。温江区成功创建国家休闲农业和乡村旅游示范区、四川省全域旅游示范区，入围天府旅游名县候选县，各项经济指标稳中有进，城市人文价值尺度、美誉度不断提升。

一　温江区文化创意产业发展成效

（一）产业治理机制日益完善

2018 年、2019 年两年间，温江区相继出台了《成都市温江区助推建设西部文创中心行动计划（2017－2022 年）实施方案》《中共成都市温江区委关于弘扬中华文明发展天府文化助推成都加快建设世界文化名城的决定》《中共成都市温江区委成都市温江区人民政府关于大力推动文化商贸旅游体育康养融合发展的实施方案》《成都市温江区助推"三城三都"建设三年行动计划（2018－2020 年）》，明确了各个阶段文化创意产业的发展目标，明晰了实施路径；分别成立了温江区文化体制改革和文化产业发展领导小组和区助推"三城三都"建设工作领导小组两个议事协调机构，建立了由区政府主要领导担任组长、区委区政府分管领导分工负责的工作机制，并将助推成都世界文化名城建设作为 2019 年区委三项重点工作之一，重视程度前所未有。

（二）产业项目支撑加快夯实

温江区始终坚持以项目组织经济工作。2019 年，新开工金强文旅赛事中心、国寿嘉园、万科悦榕庄城市综合体、七彩海巢一期等文体旅项目 11 个，新增文创园区面积 12 万平方米、文创街区 2 条、文创空间 31 个，培育品牌文创企业 2 个。成功引进腾讯、创新游戏孵化基地、鱼凫文创园、花仙境等重点产业项目，正在推进与 FIBA（国际篮联）篮球全产业链合作洽谈。策划包装和盛红色文旅小镇，持续推动成钞公司货币文创园区项目转化。依托国家体育产业示范基地，全力推动金强文旅赛事中心项目建设和金马国际马术体育公园项目化招商运营，努力做实产业底盘，力争在重大项目上下好"先手棋"。

（三）产业业态创新有力推进

经过近年来的不断发展，温江区已初步形成以东江印务、中粮包装等为代表的传统印刷产业，以国色天乡、幸福田园、星期八小镇、陈家桅杆、鲁家滩湿地、泰迪熊博物馆、九坊宿墅、森溪帐篷酒店等为代表的文化旅游产业，以成钞540厂、三一浩博为代表的货币、金银创意设计产业。目前正积极引导西部文化城、澄园、德坤新天地、珠江等现有载体空间引入专业文创运营机构，打造文创孵化器，培育新型文化业态，推动文化创意产业集聚发展。深入推进文商旅体养融合发展，以成都医学城为主体，大力发展医疗型康养旅游，建设永宁"三医"康旅小镇，推出泰康蜀园、亲睦家等养老旅游产品和类经堂等中医康养旅游消费新场景。以成都市现代农业高新技术产业园为主体，发挥15万亩花木种植生态优势，实施"园林变景区""园子变景点"，建设森兮帐篷酒店、半亩·方塘等精品民宿6家，打造乡村旅游消费场景。以成都市健康服务业集聚区为主体，打造"西行智驾·成都旅游创新实验室"，建成成都澄园书画艺术博物馆、540货币博物馆等文化旅游产品，提升陈家大院、连二里市、温江文庙、鱼凫王墓等文物建筑和历史遗址文化底蕴，打造文化旅游消费场景。

（四）重大文化活动成效明显

高标准举办了国际水球邀请赛、中国成都第十八届世界警察和消防员运动会、CBA联赛、天府绿道国际自行车车迷健身节总决赛（温江站）、2019第九届中国马术节、2019金温江半程马拉松赛等重要品牌赛事活动，成功举办2019首届天府绿道文化旅游节、第十届金温江美丽田园文化旅游节（第五届温江国际玫瑰节）、中国（温江）首届西行起点旅游博览会。同时，利用节庆时间，举行新春花会、国色天乡童话世界传统民俗亲子活动、三期陆地乐园"动物也疯狂"春游季、珠江广场"玩色"时尚大秀、皇冠假日"一花一世界·春日慢生活"花艺沙龙、2019 文化惠民戏剧曲艺专场演出等主题活动,塑造温江区积极健康的城市形象。先后举办了中荷国际音乐交流节、国际化社区原创音乐艺术节、带着吉他去幸福——2019 首届"幸福田园"乡村音乐会、"声入岷江"首届国际乡村音乐节嘉年华等活动。积极参加中国国际医疗器械博览会,举办新时代新经济"三医+大数据/AI"产业论坛、AWS 云计算及人工智能助力医疗健康产业发展研讨会。2019 年,依托区内载体资源,召开论坛、学术交流等各类会议 452 场,促进企业获得天使等投资 4000 万元,签约四川省中医农业系统工程研究院项目和心灵湖国际康美小镇、半月湖等项目投资协议 68 个,签约项目金额 347.2 亿元,有效发挥了重大活动、展会服务产业带动消费、扩大区域影响力的"链条"效应。

二 温江区文化创意产业发展短板

(一)产业业态发展不平衡

从温江区文化创意产业统计数据来看,目前温江区文化创意产业发展不平衡,传统文化业态依然占据主导地位,新业态新模式新引擎严重不足,文化创意的核心驱动力不明显,文化科技融合发展不够深入,产业发展还处于较低层次阶段,缺少可持续发展的核心竞争力,现代文化创意产业体系尚未形成。传统文化业态面临同质化发展困境,部分传统文化企业因产业融合、转型升级等问题,营业收入、增加值的增量难以实现持续增长。受市场环境、人才、企业观念等多方面因素影响,有些文化企业发展也遇到了瓶颈。从服务业统计数据中文化娱乐指标来看,原有支撑型项目增加值无法继续实现往年增长幅度,严重制约文化创意产业发展空间。旅游品牌创建和保护意识不强(如连二里市从国家 3A 级景区降级为 2A 级景区),旅游产品和服务模式单一,缺乏具有代表性的特色文化旅游产品,缺少核心景区集聚带动,空间规模不足，文化和旅游融合度不高，旅游项目没有完全结合当地的民俗文化和景区特色而延伸发展。文化旅游产业发展质量不高，乡村旅游仍停留在单一景区发展模式，缺少成熟的旅游产业链，文化体验性不强，游客吃住行游购娱等多样化的文化需求难以得到满足。

（二）文化资源利用不充分

温江区拥有较为丰富的人文资源，但文化资源的利用还不够充分，优秀传统文化创造性转换、创新性发展的格局尚未形成。温江区现有馆藏各类珍贵文物3662件（其中国家一级文物1件、二级文物9件、三级文物1019件），其中书画藏品在成都市各区县中首屈一指，一般不可移动文物125件；文保单位15处，其中全国重点文物保护单位2处（鱼凫村遗址、寿安陈家大院），省级文保单位2处（温江文庙、鱼凫王墓），市级文保单位1处（柏灌王墓），区级文保单位10处；已建立非物质文化遗产项目库，其中省级项目1个（蛾蛾灯）、市级项目7个（鱼凫传说、糖画、永盛牛灯、温江滴窝油酿造技艺、温江酥糖制作技艺、川派盆景盘扎技艺、九斗碗习俗）、区级项目9个（川剧、四川清音、四川金钱板、四川车灯、连萧、金马河传说、连二里市传说、佛呗古曲、峨眉皇令派武术），已建立非遗传习所（基地）2个（三邑园林、陈氏园林"川派盆景盘扎技艺"非遗传习所）。近年来，受人才、资金、机制等制约，温江区对文化资源的工作重心在保护方面，文化资源对文化创意产业发展的支撑价值未能得到充分彰显，具有代表性的鱼凫文化、光祈文化、川派盆景文化等文化品牌内涵挖掘和对外影响力不足，缺乏具有鲜明地方特色的拳头文化产品，难以从文化本底方面形成对文化旅游产业、创意生态农业、康养产业的拉动效应。

（三）头部文创项目有短板

温江区的文旅体项目产品和服务模式单一，缺乏地区特色代表性产品，不具备核心产品集聚带动力，与周边区市县相比存在较大差距。从温江区产业项目分布来看，三个园区在建、拟建、待引进的项目库中，三医、商住配套、旅游康养项目占了主导地位，缺乏具有广泛影响力和竞争力的文化创意重大产业项目和园区载体，没有形成与周边区市县错位竞争的地区特色代表性文创产品。2019年首批天府旅游名县命名县中，都江堰、阆中市、峨眉山市等地区均有旅游龙头项目，而作为候选县的温江区与之相比存在一定差距。同时，在文化项目推进过程中受政策、资金和土地等因素制约，政府投资项目推进程序复杂、时间漫长；社会投资项目土地要素周期太长，导致部分项目推进缓慢。在大型文化设施建设、文物保护、公共文化服务等方面资金投入与实际需求还存在较大差距，文化硬件水平相对较低，群众文化供需矛盾仍然凸显。因大型文化设施及相关配套缺失，温江区文化体验和文化消费品质有待提升，文化消费场景相对滞后，进而造成一些优质文化消费业态难以引进。

（四）产业发展制度待完善

温江区文化经济政策体系还不够完善，土地供给和引导性投入不足，目前还未出台与助推建设世界文化名城相关联的财税扶持、人才培育、项目招引等方面的优势政策。目前，温江的文化治理正在谋求突破，一是从被动到主动，从侧重于落实上级要求到积极自主创新；二是从自发到自觉，力求"先走一步""高看一眼"，全面把握文化创意产业发展趋势，做好顶层设计；三是从"放养"到支持，探索制定对文化企业的支持以及资助奖励办法等。

三 温江区文化创意产业发展对策

（一）坚持科学规划引领发展

2020年是"十三五"规划的收官之年，也是"十四五"规划的布局之年，温江区坚持问题导向，提前谋划文化创意产业规划。启动"十四五"文化创意产业规划编制前期工作，做好顶层设计研究，系统梳理文化资源，加强文化新业态研究，为下一步资源开发、项目策划提供总体思路和宏观路径。开展文化专项规划编制工作，成立以文化专家团队、项目策划机构和专业规划编制机构为核心的鱼凫文化"一城两陵"研究推进小组，探究鱼凫文化在天府文化中的地位、定位，建立相关工作推进机制，启动鱼凫文化专项规划研究，完成以鱼凫王墓、柏灌王墓为核心的规划编制工作和相关项目策划，推动文化载体建设，解决天府文化西轴线支撑问题，提升"一城一墙一祠堂、一人一庙两代王"文化显示度和识别度。推动全域旅游规划修编工作，围绕三医主导产业，充分考量乡村振兴、文商旅体养融合发展等因素，以文促旅、以旅彰文，推动生态、文化资源价值转化，完善旅游创新发展体系。

（二）推动文化品牌体系建设

聚焦温江区文化创意产业本底，推动形成以"成都金温江，健康花园城"为核心，以鱼凫文化、光祈音乐文化、川派盆景文化为支撑的文化品牌体系。做好文化创意产业和"三医两养一高地"的融合发展和协调推进，创新打造温江区"成都金温江，健康花园城"的整体品牌形象。大力发展康养文化品牌，形成以旅游康养、体育康养和医疗康养为重点的产业发展格局。加强鱼凫文化、光祈音乐文化、川派盆景文化研究成果的实践应用，放大文化品牌效应。推动鱼凫文化场景式呈现，利用鱼凫文化现有文态，深度挖掘鱼凫文化的特征和精髓，通过固化鱼凫文化标识、藏品展示、情景再现等构建以鱼凫文化为内核的展示组团。启动以鱼凫村遗址保护规划为龙头的规划编制工作，突出"一城一墙一祠堂、一人一庙两代王"文化特色，推进鱼凫都城项目策划，推动鱼凫村遗址、鱼凫王墓、柏灌王墓等重点历史文化资源与北林绿道串联，精准植入文化创意应用场景，多维呈现四千年前古蜀鱼凫王国历史，不断凸显天府文化的温江表达。推动光祈音乐文化聚集式发展，利用"王光祈学术研究中心"平台优势，强化与德国波恩之间的联谊与合作，深度挖掘包装光祈先生生平及学术著作等资源，不断放大光祈音乐文化的国际效应。加快推进文体中心光祈剧场、图书馆、博物馆等大型文化场馆建设，在文体中心打造集光祈雕像、光祈纪念馆、光祈音乐走廊等于一体的光祈音乐广场，形成可承载各类音乐演艺、展览展示的现代艺术聚落。在江安河沿线，以"音乐＋"产业融合发展思路，积极引入高晓松书馆、方所书店等优质文创品牌入驻，带动周边优质业态的聚集发展，打造以音乐考级培训、文化交流、音乐休闲、艺术家工作室等业态为重点的音乐文化消费场景。推动川派盆景文化内涵式提升，坚持以"川派盆景发源地"为文化主线，厘清温江花木与川派盆景的互动关系，深度挖掘陈开钦故里、胡世勋院子、著名编艺匠人的重要历史事件和民间故事，梳理形成文化脉络叙述轴线，提炼川派盆景非遗传承人的特色技法，建设以川派盆景历史陈列馆、精品博览园为载体的文化地标。以"川派盆景艺术集萃地"为核心，重点提档万春先锋盆景园、寿安百花盆景园、三邑川派盆景文化艺术基地等3个川派盆景聚落，打造乡村振兴示范走廊精品点位。支持卉森园林、三邑园林、陈氏园林等区内川派盆景知名企业利用"一带一路"等渠道参加国内外行业展示展销活动，策划举办国际川派盆景文化艺术节，不断提升川派盆景文化影响力。

（三）加快产业项目提档升级

创新发展文化创意产业平台，加大重大文化项目落地建设力度，充分发挥载体对产业集聚发展和业态孵化的作用。在成都市世界文化名城建设中，温江区向市委报告的重大项目有6个（庆典城、半亩方塘、新桃源康养村落、金强文旅赛事中心、星光影视文旅城、凤凰康养文旅小镇），纳入市"三城三都"建设重大项目的有6个（世界文创名城有星光影视文旅城、新创智中心；旅游名城有国色天乡动物王国、大嘉汇生态养生园、寿安植物编艺公园、新桃源康养村落）。温江区根据三年行动计划重点项目清单，梳理形成"三城三都"重点产业项目建设进度表，除10个"市重点"和"三城三都"项目以外，另设立"自选项目"10个，共计20个。温江区将盯紧重要节点和关键环节，做好项目促建的各项工作，及时协调解决项目在推进过程中存在的用地指标、土地供给、项目拆迁、规划成果固定等问题，确保重大项目目标任务按期完成，尽快推动形成文化创意产业发展平台。引导文化创意产业平台紧紧围绕温江区主导产业，聚焦健康养生业、文体旅游业、创意生态农业、音乐影视演艺业、教育培训业、创意设计业等重点产业方向，不断强化精准招商、以商招商、补链招商，努力招引签约一批成长性好、带动力强的优质项目，打造文商旅体养全产业链条，突出引进国际一流的品牌赛事、品牌活动，不断提升温江区在"三城三都"建设的显示度和识别度。

（四）创新营造文化消费场景

持续办好节庆活动，总结好举办世警会、马术节、半程马拉松赛事活动的成功经验，将赛事与旅游、商贸等节会活动同策划、共营销，通过整合营销方式，增强文化消费认同，争夺游客停留时间，提升文化消费水平，实现重大活动城市营销和综合效益的最大化。优化城市文化景观，利用好温江丰富的水网以及特色花木资源，变水系为水景、变园子为景点，全面打造文化生态消费场景。创新孵化文化IP，大力发展特色工业旅游，支持540印钞厂以钱币博物馆为主题进行工业旅游开发，延伸文化创意产业链，以文化旅游为基础促进二、三产业互动。积极打造传统文化传承地标，提档升级文庙博物馆，吸引更多的文化名人、艺术大师到文庙展示才艺、办展，传承历史文脉。打造一批农旅养融合型原创IP，加快推进九方宿墅后续主题馆建设，再谋划一批农旅养项目，高水平做好产业策划、文化创意、业态创新、空间设计、商业运营。

（五）完善文化创意产业政策

抓紧出台助推世界文创名城建设的相关配套政策。深入推进文化创意产业政策研究工作，对标发达地区文化创意产业发展思路及相关措施，结合温江区实际，研究制定针对性措施办法，实现精准施策，激发产业活力。设立文化创意产业专项扶持资金，加大对重大文化项目、领军文化企业的招引力度和对小微文化企业及文化艺术人才的扶持力度。强化人才支撑，通过政策扶持、校地合作等方式，搭建政企、校企合作平台，吸引科技人才、文化人才汇聚，激发人才动能，为推动城市文化建设、文化创意产业发展提供有力支撑。完善文创名城工作推进机制，定期召开专题会，研究重大工作，协调解决文化创意产业发展中的重点难点问题，确保各项目标有序推进。

B.20
双流区文化创意产业发展报告

中共成都市双流区委宣传部*

摘　要： 成都市双流区是成都市建设国际性区域中心城市的对外开放
　　　　 窗口和临空经济发展核心区域，如何促进文化创意产业更快
　　　　 更好发展，推动经济增量快速提高，显得尤为重要。本报告
　　　　 从双流区文化创意产业发展现状出发，对目前存在的问题及
　　　　 原因进行了分析，并提出了打造文化创意产业双流品牌、推
　　　　 进重点项目建设、完善产业配套、培育区域产业集群等促进
　　　　 双流区文化创意产业发展的对策建议。

关键词： 文创产业　 空港优势　 产业集群　 双流区

　　近年来，成都市双流区紧扣中共成都市委、成都市人民政府建成世界文
化名城，打造"三城三都"城市品牌决策部署，着眼于区域经济社会发展
实际，围绕加快建成"天府文创之港"目标，重点按照"规划带动、平台
推动、集群联动、品牌拉动、创意驱动"的工作思路，强化顶层设计，谋
划重点项目，补足发展短板，奋力推进全区文化创意产业发展，文创新动
能、新经济的格局迅速彰显。

---

　*　执笔人：何敏，中共成都市双流区委宣传部副部长；何佳颖，中共成都市双流区委宣传部文
　　产科科长。

一　双流区文化创意产业发展主要成效

（一）文脉资源丰富，产业发展机制更加健全

成都市双流区地处成都平原腹地，历史上与成都、新都，并称"三都"，有2300多年历史，山川秀美、钟灵毓秀、人才辈出，积淀了瞿上文化、槐轩文化等厚重的历史文化基底和府河船工号子、黄龙溪火龙灯舞等丰富的民俗特色文化，为文化创意产业发展奠定了深厚的文化土壤和广阔的发展空间。按照成都市委、市政府建成世界文化名城、打造"三城三都"战略部署要求，双流区高度重视文化建设，积极挖掘区域独特文化基因，布局文化新业态，创新城市文化功能，提出加快打造以"巴蜀韵、时尚味、国际范"为特征的"天府文创之港"的城市品牌发展战略，制定出台《建设天府文创之港的实施意见》和《建设天府文创之港三年行动计划（2019～2021年)》，在产业布局、政策导向、载体建设、人才引进等方面进行统筹思考、系统谋划。通过深入实施双流文化创意产业发展"2538"战略，打造一批高能级文创载体、高品质重大项目、高规格文体活动、高素质文创人才，建成具有国际知名度和品牌影响力的"航空经济之都·天府文创之港"。

（二）消费环境成熟，产业发展配套愈加优良

双流区2019年GDP为962.05亿元，区内居民消费需求和消费能力较强，同时双流机场年旅客吞吐量突破5000万人次，位居全国第四、中西部第一，成为区内文化消费的潜在力量。① 此外，文化消费配套设施完备。一是地理位置优越。双流位于成都市"中优"、"南拓"以及"成渝地区

---

① 本报告涉及的统计数据来源于成都市双流区统计局，涉及的体育、赛事方面的数据均来源于双流区文体旅游局。

双城经济圈"的城市空间布局内，正着力建设"人城境业"深度融合的公园城市示范区，区内交通便捷，基础设施建设较快，商业综合体设施完备，为文体赛事、文化旅游等产业发展提供了良好环境。二是创新环境不断优化。区内聚集了30多个科研机构，拥有高新技术企业125家，高新技术特别是电子信息的研发与制造优势，为传统文化创意产业的改造与升级，发展以信息技术为手段和载体的创意设计、动漫游戏、数字内容等新兴文化创意产业提供了强大技术支撑。三是消费场景不断丰富。区内拥有国际空港枢纽、进境指定口岸、三大跨境电商园区、直播产业园等资源平台，在消费供给创新、消费理念引导、消费文化变革等方面力求率先突破，塑造双流特有的高能级消费场景，成为成都"买全球、卖全球"能力体系建设的核心支撑。

（三）发展内驱强劲，产业整体布局基本完成

双流区文化创意产业发展内生动力强劲，区委、区政府具备高度的发展战略意识，围绕建成"中国航空经济之都"抢抓规划，服务重大项目引进，推动城市空间结构优化，产业经济地理重塑。重点打造国际时尚、空港赛事、诗意栖居、创意创造、休闲乐活五大产业集群，重点推进文化科技、创意博览、时尚演艺、美食体验、运动赛事、乡村旅游等多业态快速发展，重点实施文化保护、跨界融合、乡村振兴、文创赛事品牌建设、文旅融合品牌培育、文创新经济发展、文化地标建设、文艺人才引育、系统配套九大工程，为建设天府文创之港夯实产业支撑。涌现了以"海滨城购物中心"为代表的特色文化商业街区、以"禾木美呈空间艺术设计"为代表的创意设计、以"空港花田"为代表的休闲娱乐、以"黄龙溪古镇"为代表的文化旅游等多个品牌。

（四）优势产业集中，产业品牌影响日益扩大

文化旅游业在双流区发展优势较为突出，尤其在古镇游方面成绩斐然。以"天府第一名镇"黄龙溪为代表的古镇游处于全市乃至西南地区古镇游

的领先水平；欢乐田园、海滨城景区、空港花田、彭镇跻身四川十大文旅新地标、四川十大文旅产业地标、四川 100 网红打卡地名单。文体赛事活动是双流区的又一优势产业，双流拥有丰富的现代体育场馆设施资源，年均承办国际级、国家级大型体育赛事 10 余项，省市区级体育赛事 60 余项。近 5 年来，先后承办或协办现代五项世界杯、世界体育舞蹈节、ATP 冠军巡回赛、全国业余网球公开赛、女子亚洲杯足球赛决赛、亚洲少年女子排球锦标赛、全国排球联赛、"直通巴黎"第 52 届世界乒乓球锦标赛（女队）选拔赛、"熊猫杯"国际青年足球锦标赛、彩色跑、全国女子半程马拉松等 40 余项国际国内大型体育赛事，打造了双流独特的赛事品牌形象。文化贸易服务业和休闲娱乐业也是双流品牌产业之一，双流区以国际空港商圈为牵引，搭建开放消费平台，依托摩尔多瓦国家馆、时代·奥特莱斯、蛟龙港海滨城购物中心等载体，营造夜间经济、周末经济、假日经济等新兴消费场景，壮大文化休闲娱乐产业规模。

二　双流区文化创意产业发展存在的问题

近年来，双流区已经形成了鲜明的文化创意产业特色，具备了一定的产业基础和规模，但与文化创意产业领先地区相比尚有较大发展和探索空间，具体表现在以下几个方面。

（一）文化资源尚需开发，产业水平有待提高

虽然产业发展总体上处于探索上升阶段，但区内整体文化资源开发整合力度明显不够，文化传播程度不高。缺乏具备高水平创意研发能力和市场经营运作能力的头部文化企业，知名文化创意项目品牌稀缺，具有自主知识产权、原创的精品力作少，核心文创产品的 IP 价值打造存在较大空白。

（二）特色行业尚需凸显，产业结构有待优化

空港创意经济和文体赛事活动作为当前双流区发展文化创意产业的特

色，其特点还不够突出。打造临空经济示范区、文化保税区、空港商务区的特色优势还不够明显，文化服务贸易的价值还有待提高。文体赛事活动的组织还需进一步完善，要提升举办国际赛事的规格和频次，并提高自主培育品牌赛事的能力。

（三）统筹机制尚需完善，创意阶层有待形成

与发达地区相比，双流区文化创意产业人才市场仍存在较大缺口，尚未形成完整的人才体系。相比文化创意产业先进区（市）县，人才队伍结构不合理，既缺少顶级创意师、设计师，又缺乏高端原创人才、管理人才、营销人才，制约了文化创意产业的发展。

三 双流区文化创意产业发展重点

双流区应积极探寻在成都市"三城三都"战略中的角色定位，结合自身优势积极抢占战略高度，从核心产业、优势产业、重要产业、培育产业四个维度推进"三城三都"战略全面落地。

（一）核心产业

1. 文化旅游业

结合双流资源实际，进一步加大力度推进文化旅游业创新升级。推动落实空港花田、空港未来城、现代农业创意博览园等项目，推进打造牧马山古蜀蚕丛文化小镇、彭镇槐轩文化小镇、黄龙溪"天府第一名镇"。加快城市创意休闲空间系统打造，按照景区标准提升空港中央公园、空港绿道、川西林盘功能品质，建设成都绿色马拉松基地，打造以天府文化、体育文化、休闲文化等为特色的城市创意休闲新空间。

2. 体育赛事业

进一步推动体育场馆设施建设，打造城市体育休闲旅游生态圈，提高赛事举办能力，做强体育赛事产业。引入、延伸知名品牌赛事，培育、推广自

有赛事品牌，完善体育赛事的中介服务和教育培训、休闲运动服务等，使双流区成为承载成都市"三城三都"中"世界赛事名城"建设任务的核心地区，确立双流区文化创意产业有别于其他区县的独特定位。

（二）优势产业

1. 现代时尚业

着力空港商务区打造，以时尚购物为先导，利用双流保税区的政策优势和双流国际机场年吞吐量超 5000 万人次的区位优势，重点发展以蛟龙港海滨城购物中心、时代·奥特莱斯、进出口商品展销中心等为核心的空港国际时尚购物圈，创新时尚服务营销模式，带动区内时尚服饰和时尚用品业、时尚设计业、城市文化休闲娱乐业的发展，将现代时尚业发展成为双流区的一张名片。

2. 创意设计业

依托区内高校和科研院所创意设计领域强大的人才储备和专业技能研发保障优势，构建创意设计业"环高校经济圈"。依托成都芯谷、航空动力小镇等项目，进一步加大装备制造设计、物联网设计、包装与模型设计、时尚创意设计等领域发展力度。利用区内教育资源和人才优势，引进和培养创意设计大师团队，组建创意设计机构，培育创意设计领域知名品牌。

（三）重要产业

1. 教育咨询业

完善教育培训业市场细分，充分调动区内社会教育资源，推进重点领域建设，培养一批善于创新创造的传统文化艺术和职业技能培训人才，实现教育培训业品牌化、规模化发展。借助区内高校和科研院所人文社科学科发展优势，利用专业研究团队，强化"空港智库"建设，提升服务社会的能力。区内商务企业发展和商业投资较为活跃，可进一步推进商务咨询机构建设，提供知识产权咨询服务、品牌策划服务等。

2. 信息服务业

充分发挥双流保税区优势，积极布局西部首个文化贸易电子商务示范区，作为西部地区对外文化贸易基地，通过电子商务平台建设，降低文化生产与文化运营活动成本，进一步推动文化创意产品、文化服务外包及原创艺术品出口等文化贸易领域发展。完善动漫产业生态圈建设，依托四川大学等高校资源建设动漫游戏产业基地，培育动漫游戏影视作品、周边产品等新增长点，开展版权交易，开拓海外市场。

3. 文化内容创作生产业

搭建音乐产业发展平台，培养和引进国内外音乐创作人才，形成音乐创作、表演、经纪、传播等各个环节的产业集聚，重点打造在省内乃至全国有影响力的音乐艺术节，培育知名音乐节品牌。充分挖掘国家级"火龙灯舞"、省级"船工号子"、陈世云剪纸及金钱板、皮影戏等非物质文化资源的开发转化潜力，以非遗大师工作室建设带动非遗人才培养、非遗文创产品研发、非遗文化传承等。大力推进区内美术馆、博物馆规划建设，提升文清古蜀农耕文化博物馆、汉轩民俗艺术博物馆、三都博物馆等展陈设计水平，加大文创产品研发力度。

（四）培育产业

1. 传媒影视业

构建现代城市媒体综合性传播平台，借助新媒体发展契机，推进传统媒体和出版业向现代传媒和数字出版转型升级。支持引入和培育影视内容制作类企业，鼓励企业与本地信息技术服务提供商开展战略合作，为新媒体提供高质量的内容产品，并向影视产业链的下游延伸。鼓励区内已有书店创新拓展，发展集阅读学习、展示交流、创意体验等于一体的文创实体书店新业态。

2. 会展广告业

借助区内空港交通优势、自由贸易试验区带动作用，着力搭建成都市一流的文化贸易平台，打造知名文化展会，进一步扩大进出口商品展销中心、时代·奥特莱斯等的影响力，培育文化贸易类会展品牌和国际服饰类会展品牌。促进新型广告技术应用，激发传统广告业转型升级，拓展互联网广告、移动媒体广告、嵌入式广告等新兴广告业务，培育一批有创意、懂技术、善融合的新型广告公司。

四　双流区文化创意产业发展对策建议

双流区作为国家中心城市和全国经济第四极的空港门户，肩负着建设天府新区、临空经济示范区、自贸试验区等国家级战略任务，应紧扣"航空经济之都·天府文创之港"的发展定位，在区域发展战略和成都城市发展中抢抓机遇，加快构建彰显高质量、国际范、生态韵、时尚味的现代文创产业体系，加快推动文化创意产业规模化、集约化、成果化、影响化发展。

（一）提升区域产业定位，打造文创产业双流品牌

提升文化创意产业核心竞争力，科学布局文化创意产业各领域的重点品牌建设。文化旅游品牌方面，通过"空港商圈""空港花田""黄龙溪古镇""彭镇老街"等重点品牌项目的运作，进一步延伸文化休闲娱乐产业链，促进"吃、住、行、游、购、娱"等相关产业统筹协调发展。体育赛事品牌方面，以ATP250（国际职业网球联合会）世界巡回赛为抓手，加强与国际网联的沟通与对接，建立长期合作机制，力争将ATP250世界巡回赛（成都公开赛）升级为ATP500的高端赛事；以全国排球联赛、中国乒乓球俱乐部超级联赛为抓手，与国家排管中心、国家乒羽中心和国家田管中心建立战略合作关系，推动国内有重要影响的大型赛事长期落户；提升"熊猫杯"国际青年足球锦标赛影响力和知名度，扩大规模，做强赛事品牌。文化饮食品牌方面，提升"老妈兔头""白家肥肠粉""胖哥火锅""乔一乔"等知名特色饮食品牌的市场推广能力和影响力，塑造双流区饮食文化品牌形象。

（二）建设区域文化地标，推动重大文创项目落地

将文化创意产业内容与双流区城市物理空间相结合，打造有情怀、有情

趣、有情调的文创标识和特色品牌。认真梳理老旧闲置厂房或闲散用地资源，按照"统一规划、点面结合、常态管理、属地推进"的原则，推动老旧建筑激活再生利用和城市文化记忆再现，依托西街办川齿厂、彭镇地质队、黄甲粮库等，着力打造低成本、便利化、全要素、开放式的众创空间，促进小微文化创意企业向"专、精、特、新"方向发展。深度挖掘用好瞿上文化、槐轩文化等文化基底，形成鲜活的本土文化表达形式，支持各镇街根据资源禀赋、文化底蕴和产业基础，以市场化方式建设个性鲜明、可持续运作的特色小镇和特色街区，加快打造牧马山古蜀蚕丛文化小镇、彭镇槐轩文化小镇。加快实施牧马山蚕丛文化园、"一带一路"国际艺术中心、熊猫国际家园等文旅项目，打造聚集一批具有全国、全球影响力的文创载体和文化景观，着力把文化资源转化为文创产业和文旅经济。

（三）培育区域产业集群，吸引行业龙头企业落户

推进文化创意产业载体建设，构建完善的产业服务体系，抓紧实施"引企入区"工程，引入有市场影响力、社会公信力、前瞻创造力的文创企业集群发展，打造具有鲜明区域文化形象并对全市乃至全省其他区域产生较强吸引力的文化创意产业园区。充分利用自贸区功能优势，推动文化保税区建设，积极争取成都国家级对外文化贸易基地和成都国家级文博创意产业园落户；与重点企业共建一批公共技术交流中心、工程研究中心等重大创新平台，高起点建设芯谷研创城等一批高品质科创空间，引领打造显示度高、创新力强的产业功能区。强化政产学研用投协同创新，借势西部（成都）科学城建设，发挥天府国际生物城辐射带动作用，完善央地、企地、校地利益联结机制，建立"科创菁英汇"校院企地对接平台，促进与大院、大所、大校、大企的深度合作，加快推进互联网、物联网、云计算、虚拟现实、大数据等高新技术成果在文创领域的运用。

（四）完善区域产业配套，加快场地硬件设施建设

加快促进区内现有及规划中的文化创意产业功能区的基础设施建设，有

序扩展文化创意产业承载平台，为文化创意企业落户、研发、生产营造良好的外部环境。提升赛事承载力，建设双流"运动城"，结合国际国内大型赛事比赛场地要求标准，加快赛事演出场地及服务体系建设，推进双流体育中心等场馆软硬件设施提档升级。加快旅游休闲服务设施建设，完成黄龙溪景区改造提升工程，打响黄龙溪"天府第一名镇"品牌；建设进出口商品展销中心，打造"机场休闲购物经济圈"；建成空港中央公园、空港绿道、牧马山城市森林公园，打造设施完备、环境优美、文化浓郁的大美空港生活美图。

B.21
郫都区文化创意产业发展报告

中共成都市郫都区委宣传部*

摘　要：　成都市郫都区有丰富的历史文化资源，形成了成都影视城、成都川菜产业园文创产业功能区等众多载体，同时面临现有大型文创龙头企业少，产业整体规模还不够大，新业态、新模式有待培育，扶持政策有待完善等问题。本报告总结了郫都区文化创意产业的发展现状，分析了存在的短板，提出了郫都区文化创意产业发展的相关建议与举措：第一，大力弘扬古蜀文化，加快构建文化新地标；第二，构建文创产业体系，培育文创跨界新业态；第三，开展公共文化服务，提升全民文化艺术素养；第四，整合文化创意资源，强化文创产业保障。

关键词：　文创产业　传统文化　影视文化　郫都区

古蜀之源郫都，既是千年历史文化名城，也是成都最年轻的中心城区。自成都市第十三次党代会以来，郫都区委、区政府紧密围绕成都建设世界文化名城、打造"三城三都"的目标，深入挖掘自身资源，科学优化产业布局，初步形成以望丛文化、扬雄文化等传统文化为底蕴，以创新创业、影视科技为创新手段的文化创意产业发展格局。近年来，先后荣获"中国农家乐旅游发源地""全国休闲农业与乡村旅游示范区""世界十大乡村度假胜地""四川省旅游强县"等荣誉。2019年，郫都区位列全国综合实力百强区

---

　　* 执笔人：李洪兵，中共成都市郫都区委宣传部产业发展科负责人。

第 42 位、全国绿色发展百强区第 47 位、全国投资潜力百强区第 44 位、全国科技创新百强区第 57 位、全国新型城镇化质量百强区第 51 位。文化创意产业竞争格局正在重塑，郫都文创产业正在华丽转身、逐梦未来。

一　郫都区文化创意产业发展概况

近年来，随着"文化＋"战略的深入实施，郫都区抢抓文化产业迅猛发展的历史机遇，多措并举推动文化产业发展驶入了快车道。郫都区统计数据资料显示，2019 年区内文化创意企业 3600 余家，其中，规模以上企业（以下简称"规上企业"）70 家、标准以上企业（以下简称"标上企业"）306 家、小微企业约 2700 家，中小微企业（包括标上企业、小微企业）在全区文创企业中数量占比为 98%，标上文创企业从 2017 年的 90 家增长到 2019 年的 306 家，快速增长态势明显。从数据可以看出，市场主体是中小微文创企业，贡献主体是规上企业，主要集中在出版印刷、影视教育、餐饮娱乐等行业。文化创意产业增加值 2017 年为 15.6 亿元，2018 年为 33.2 亿元，2019 年为 47 亿元，2018～2019 年连续两年产业增加值增速在全成都市排名第二。文创载体方面，新开工文创项目 9 个，新增文创园区面积 9 万平方米，新增文创街区 8 条，培育品牌文创企业 5 个，新增文创空间 57 个。

二　郫都区文化创意产业发展做法与成效

按照成都市落实《中共成都市委关于弘扬中华文明　发展天府文化　加快建设世界文化名城的决定》和《成都市建设世界文创名城三年行动计划（2018－2020 年）》的工作部署，郫都区结合自身资源禀赋，以顶层设计、产业载体、产业活动、文创品牌为抓手，推动文创产业跨越式发展。

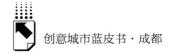
（一）强化文创顶层设计，引领文创产业高质量发展

郫都区围绕顶层设计从组织机构、空间规划、政策扶持等主要方面安排部署，推进工作开展。第一，组建专职工作机构。成立郫都区推进"三城三都"工作领导小组，制定印发《成都市郫都区"三城三都"建设三年行动计划（2019－2021 年）》《2019 年成都市郫都区"三城三都"建设工作方案》《成都市郫都区科技影视文创产业发展扶持政策》等文件。第二，完善产业规划布局。围绕成都市、郫都区新一轮产业发展战略，郫都区重塑经济地理版图，优化产业空间布局，初步构建了"一核、三区"的文创产业格局。"一核"，即以成都影视城为郫都文化创意产业核心发展区，构建西部影视文创产业生态圈。"三区"，即东部、中部、西部三片区协同发展，为郫都区文创产业发展锚定了方向、指明了路径。第三，创建了成都影视城产业功能区。郫都区借助已有优势，与四川传媒学院展开地校合作，打破体制、机制束缚，成功创建了成都影视城产业功能区，以成都影视硅谷项目作为功能区核心引擎，以凤凰影都和郫都智慧科技城为载体，着力构建集影视科技研发、文化创意、田园旅游于一体的产业生态圈，为文创产业高质量发展提供强劲支撑。

（二）加快文创载体供给，夯实文创产业发展基础

文创载体是文创产业发展的基础和关键，加快建成一批重大项目，形成一批主题突出、特色鲜明、功能完善的文化创意产业园区（基地）。第一，大力开展项目招商。成都影视城产业功能区目前已有国家级超高清视频产业基地——"中国（成都）超高清创新应用产业基地"、国家动漫创意（成都）研发中心等支撑平台落地，成立了全国首个超高清视频产业协会——成都市超高清视频产业协会。府河源科技影视产业园已投入社会资金约 15亿元，初步建成 20 万平方米六大功能板块，4.3 万平方米的双创街区已入驻 50 家文创企业及知名配套生活品牌，5.6 万平方米的人才公寓可容纳6000 余人入住，成都影视城落户影视文创企业 60 余家。第二，加快推进文创

载体供给。建成安靖蜀绣文化创意公园、佛罗伦萨小镇、春天花乐园、水隐桑田等重大文体综合地标设施，打造城市生活新名片；推动保利智慧科技城、新西里·文化院街、成都星光文旅西部总部基地等重大项目落地，带动中小企业集聚发展；全力推进"绿色战旗·幸福安唐"乡村振兴博览园建设，打造战旗村、安龙村等特色文创示范村，促进文商农旅体加快发展；加速景区提档升级，成功创建战旗村、安龙村等10个A级景区，入选首批"天府旅游名县候选县"，加大城市文创项目、地标营销力度，显著提升郫都城市形象。

（三）创新文创主题活动，提升文创产业对外影响力

积极指导和支持一批重点节庆会展活动，扩大传播效应，充分发挥其国际文化创意交流功能。第一，举办一批国家级的重大文创活动。通过引进、合作等方式创新举办全国乡村旅游（民宿）工作现场会（文化和旅游部主办）、中国成都熊猫亚洲美食节（郫都活动）、第七届中国成都国际非物质文化遗产节（郫都区分会场）、FISE世界极限运动巡回赛（成都站）、第六届"中国电视好演员"年度盛典等活动，创新举办"西道孔子·首批四川历史名人"第一届和第二届扬雄高峰论坛等活动，省市委宣传部和国内外专家学者共计8000余人参加。第二，以活动开展营销宣传。借助成都熊猫亚洲美食节的强大影响力，在全网掀起了"成都豆瓣红"的刷屏式营销；利用广交会、川货全国行等会展资源平台，组织川菜、蜀绣等文创企业参加第100届全国糖酒商品交易会、创意设计周、第125届广交会、第二届中国国际进口博览会等品牌会展，推介"郫都造"名优产品，大力拓宽国内外市场，构架郫都与世界交流的桥梁，提升郫都国际知名度和美誉度。

（四）培育文创特色产品，打响文创产业知名品牌

充分利用丰富的历史文化自然资源，积极培育发展成熟的文创品牌。第一，打造文创产品品牌。已成功申报"蜀都绣娘""蓉绣坊""天府绣坊"等省市著名商标，完成"安靖蜀绣之乡"等品牌商标的注册申报，目前已注册文创品牌商标100多个，其中菁蓉镇荣获"四川十大产业文化地标"

称号，"四川郫都林盘农耕文化系统"成功申报中国重要农业文化遗产。第二，开发丰富文创产品。依托古蜀望丛文化和扬雄文化，开发"郫都礼物"系列丛书，打造"太玄酒"，制作《画说西道孔子——扬雄》动画，并推出多款"扬雄表情包"，不断推动传统文化传承普及；依托传统手工技术，推进郫县豆瓣、唐昌布鞋、川西盆景、古城三编、川派鸟笼等40余个特色产品入驻一线城市并远销海外，打响文创产品品牌。依托校企地联合发展模式，探索传统文化的创新发展路径，现已成功实现"蜀绣＋电竞""蜀绣＋潮牌"等传统艺术与现代潮流的跨界融合，令古老的非物质文化遗产在新时代焕发新生机。

三 文化创意产业发展的优势与挑战

当前正处于文化创意产业快速发展阶段，郫都区乘势抢抓文化资源、人才资源等优势资源实现快速发展，但也要面对产业发展基础较弱、龙头企业引领不足等带来的挑战，化挑战为动力和机遇。

（一）文化创意产业发展优势

1. 文化资源优势

郫都区是古蜀国故都，古蜀文明和长江农耕文化的发祥地，拥有丰富的区域文化资源，孕育了扬雄、严君平、何武、张俞等历史名人以及廖昌永、韩素音等当代名人，艺术大师张大千、丁季和等名人曾长期在郫都居住创作。

2. 校地人才优势

郫都区拥有19所高校，在校大学生近25万人，影视传媒、文化创意等相关专业学生8万余人。其中四川传媒学院被称为中国西部影视行业"黄埔军校"，拥有大文化产业相关的六大专业学科群，院聘知名教授专家150余人，近年师生共获国内外各类奖项1500余个，拥有强大的影视创作实力，也是西部影视人才高地。

3. 文创技术优势

四川传媒学院拥有全国一流的全媒体节目制作平台——全媒体交互式演播中心、亚洲一号综艺演播厅、西部首台 3D 高清 "8 + 1" 转播车群落和达到省部级电视台标准的全景式电视新闻演播厅，2019 年已承接全国首部 4K 院线级电影的拍摄。目前学院同 40 余所重点高校及业界共建中国虚拟现实（VR - AR - MR）产学研协同创新研发中心，为成都影视城打造 "国家影视科技典范·现代时尚之窗" 提供强大的技术支撑。

（二）文化创意产业发展面临的挑战

1. 产业发展基础较弱

与国内其他文创产业先进的区域相比，郫都区文创行业发展较晚，文创产业集聚不够明显，IP 资源导入较少，产业链发展不够全面；现有产业招引政策对大型龙头企业吸引不够、扶持资金相对缺乏；成都影视城作为 2019 年新成立的影视文创产业高地，基础设施相对滞后，周边业态相对低端。

2. 龙头企业引领不足

2018 年文创企业营收前 10 名年产值都在 10 亿元以下，主要集中在印刷包装、信息服务等传统行业，行业规模、影响力均有限，龙头企业的全面引领作用还有待发挥。影视传媒、创意设计类企业近年虽已稳步增加，但总量相对较少，资源集聚力较弱，对行业的推动力仍不足。

3. 高端从业人才缺乏

依托区属高校，郫都区培育了大量文化创意产业人才，但区内专门从事文创行业的高层次文化经营管理人才、文化产业领军人才缺乏，本地名人名家名作支撑乏力，需尽快搭建高端文创人才引进平台，出台 "柔性引才" "共享人才" 等文创人才引进新政策，灵活工作体制机制。

四　文化创意产业发展建议与举措

围绕建设新发展理念的城市中心城区目标，郫都区要充分利用古蜀文化、影视科技、高校资源等优势，攻克发展壁垒，大力实施"文创＋"工程，推动文创与科技、旅游、居民素养深度融合，扎实推进文化创意产业高质量发展，助力成都市世界文创名城建设。

（一）大力弘扬古蜀文化，加快构建文化新地标

以传承和发展古蜀文化为核心，依托古蜀文化、历史名人、川西林盘、生态农业等资源优势，推动文化商贸旅游体育融合发展，加快文化新地标打造。一是以望丛文化产业园为中心。深入挖掘以望丛文化为核心的古蜀文化内涵，诠释其核心思想理念，打造望丛祠古蜀文化特色街区，规划建设望丛天府文化产业园，举办中国古蜀望丛文化旅游节等活动，将郫都区打造为古蜀文化的亮眼名片。二是以扬雄文化地标为核心。充分发挥古蜀（望丛）文化发祥地的独特优势和扬雄文化在全球的影响力，以数字化、国际化为导向，抓好望丛祠、扬雄故里及古蜀文化遗址的保护及活化，修建标志性的历史风貌建筑景观，打造扬雄故里文化产业园，修缮扬雄墓，恢复和重建读书台、洗墨池等重要名胜景点，新建扬雄纪念馆和子云书院等文化空间，持续办好扬雄高峰论坛，深入进行学术研究，扩大历史文化名人的现代影响力，发挥"扬雄故里"的文化品牌价值。三是以修建博物馆项目为重心。加快巴蜀农耕文化博物馆、望丛文化博物馆、扬雄文化纪念馆等文化项目建设，规划古蜀文化展示中心、天府"蜀文化"会客厅等文化平台，让古蜀文化在新时代实现新发展。四是发挥非物质文化传承的辐射带动作用。以传承和发展郫县豆瓣、蜀绣、唐昌布鞋等独具郫都特色的非物质文化遗产为重点，推进川菜、蜀绣、古城三编等非物质文化遗产的活化利用，培育自主品牌，打造龙头企业，充分发挥引领带动作用。

（二）构建文创产业体系，培育文创跨界新业态

培育一批掌握核心技术、拥有原创品牌、具有较强市场竞争力的骨干文化创意企业和企业集团，拓展"文创＋"发展思维，推动文化创意产业内涵深化整合、外延融合带动。一是大力发展传媒影视业。持续推进成都影视

城快速发展，同时围绕"影视文化创意"主题，以文化创意、特色产品营销和休闲生活体验等文旅产业高端环节为重点，强化影视艺术主题酒店和影视艺术客栈等载体功能支撑，构建影视文创产业生态圈。二是大力发展文博旅游业。推进扬雄故里文化园、望丛文化产业园、鹃城遗址公园、唐昌古镇、古城古镇、农科村等旅游景区的建设和提档升级，打造郫都区国际乡村旅游度假功能区。三是大力发展创意设计业。整合西华大学、西南交通大学、四川传媒学院等院校在影视、建筑、汽车、服装、家居、艺术品等多个领域的设计专业集聚优势，培育和打造设计业孵化园、设计业总部、设计业会展特色街区，规划建设以设计业为核心的产学研创意文化集聚区。四是促进三次产业融合发展。与都市现代农业、休闲农业融合，打造多利农庄、云凌花乡等农文旅游融合发展试验区；与工业融合，改造提升中国川菜产业园区和工业互动体验创意休闲基地；与商贸、旅游、体育融合，提升打造佛罗伦萨小镇、万达广场等一批集时尚体验、购物娱乐、美食品鉴于一体的文化商业集聚区，高质量建设全区文创服务体系和业态。

（三）开展公共文化服务，提升全民文化艺术素养

广泛开展公共文化惠民服务，通过小规模、高频次、多样化、广覆盖的活动，让基本公共文化服务在丰富城乡群众文化生活的同时，不断提升全民艺术素养，为文化创意产业发展营造环境。一是坚持以文化人、以文润城，不断提升郫都文化影响力和全球传播力。持续实施《提升全民艺术素养行动计划》，通过落实"艺术素养提升工程""文化艺术惠民工程""文化品牌塑造工程"等行动，加快构建现代公共文化服务体系，打造"书香郫都"的全民艺术氛围。二是着力推进市民文化艺术培训，举办国际化社区音乐节、战旗大地艺术节、望丛赛歌会、大学生艺术节等节会活动，提升全区群众文化艺术素养。三是进一步提升完善社区文化中心、文创街区、文化广场、小剧场、演艺场馆、实体书店等文化消费场所的受众吸引力，开展博物馆、动漫游戏、演艺娱乐、创意生活等生活性文创服务，开发文化消费服务平台和文化消费信息数据库平台，创新文化消费激

励机制，促进优秀文创产品多渠道传输、多平台展示、多终端推送，推动文创产品贴近市民和游客，激发文创市场活力，营造更加便利、优质的消费环境和文创氛围。

（四）整合文化创意资源，强化文创产业保障

深入推进文化体制改革，不断完善体制机制使文化创新创造活力得以充分释放。文化创意产业发展是个系统工程，既需要坚强的组织领导，又需要大量资金投入、专业技术和政策支持，要统筹协调文化创意产业发展各要素资源。一是强化组织保障。建立由区委、区政府主要负责人牵头，分管负责人具体抓，区级各街道、相关部门主要负责人共同参与的文化创意产业发展领导协调机构，全面领导、统筹、协调郫都区文化创意产业发展工作，组织推进重大建设项目，发布文化创意产业重点支持领域，出台相应配套扶持政策。二是设立郫都区文创产业专项资金。在支持产业载体培育、鼓励文化产业示范园区建设和鼓励文化创意、音乐、休闲旅游等产业发展方面发挥更大作用。三是搭建创业平台。以菁蓉镇全国双创示范基地为抓手，引入市场力量，加速文化创意项目孵化。利用郫都区众多高校和职业培训机构，进一步提高从业者业务技能，推广发展创新创客文化，推动文化产业结构升级。四是合力优化文创人才结构。全面落实《"郫都菁英"产业人才计划若干政策》，通过柔性引进和多点执业等方式，集聚一批既有文化感知品位又有全球市场操作能力的国际化文创人才，依托各类文化企业孵化器、大学生创业园等，集聚一批将创意转化为创业资本和就业机会的创新型文创人才，引导区域重点产业、企业在人才项目扶持、安家补贴、人才奖励补贴等方面提供政策支持。

典型案例篇

Typical Cases

B.22

优化利用老旧建筑，创新打造文创项目

——以德必川报易园为例

中共成都市锦江区委宣传部 *

摘　要：　成都市锦江区聚焦成都市"中优"战略部署，着力建设全面
体现新发展理念的城市和美丽宜居公园城市，将老旧建筑盘
活成以"德必川报易园"为代表的文创产业品牌项目，走出
了一条文化创意产业与城市更新相通的产城融合发展之路。
本报告介绍了德必川报易园项目基本情况，从硬件环境打造、
企业服务提升、政府多措并举等方面阐述了项目的主要做法，
分析了锦江区积极利用老旧建筑发展文创产业项目的相关经
验与成效：一是坚持城市更新，推进产业集聚，拓展中心城
区文创产业载体空间，促进了产业转型升级；二是坚持产业

---

*　执笔人：杨洋，成都市锦江区文化体制改革和文化产业发展领导小组办公室工作人员。

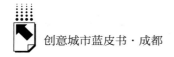

融合，突出差异发展，努力实现文化价值最大化，提升了城市区域功能品质。

关键词： 老旧建筑改造　产城融合　产业转型升级　锦江区

锦江区近年来深入学习贯彻成都市城乡社区发展治理大会、成都国家中心城市产业发展大会等会议精神，聚焦成都市"中优"战略部署，深入研究产业生态圈和产业功能区概念，着力建设全面体现新发展理念的城市和美丽宜居公园城市，结合区域资源禀赋，转变发展理念，科学合理规划，在整合利用老旧建筑打造文创产业项目方面充分借鉴国内外经验，不断开拓新模式，统筹利用全区老旧厂房、闲置校舍、旧居民楼，灵活运用租、改、建等形式，打造了德必川报易园等一系列独具特色的文创产业项目，既大力推进了产业转型升级，又积极提升了城市区域品质和功能，探索了文化价值与产业价值"双提升"、街巷文脉与民生"两保护"的中心城区老旧建筑改造模式，走出了一条文化创意产业与城市更新相通的产城融合发展之路。

一　德必川报易园项目基本情况

德必川报易园，位于成都市锦江区桦彩路 158 号，于 2017 年 12 月开始打造，建筑面积 2 万余平方米，由智能共享空间、loft 独立办公区等功能板块构成，是锦江区引进的全国知名文化创意企业德必集团进入西南地区的首个项目，总投资约 1 亿元。目前，园区已吸纳国内外近百家文创及科创类企业入驻，入园工作的企业员工 1500 余人，产业高度集聚。园区按照锦江区文化创意产业发展布局，在深入研究四川日报报业集团联翔印务老旧厂房的建筑特点和历史文化的基础上进行了精心改造，通过实施内部功能设计和外观创新提升，完善相关基础设施，配置特色服务平台，使老厂房在建筑功能、空间物理形态方面焕发出蓬勃的创意活力，形成了全新的产业功能，打造了既有文创产业特征又具城市风采、集多种新兴业态于一体的文创产业园区。该项目在中心城区盘活了昏暗低端、闲置占地的老旧建筑，成功实现腾笼换鸟、蝶变重生，激发了经济增长新动能，推动了产城融合发展。

2018 年 8 月，在全国老旧厂房保护利用与城市文化发展论坛上，全国首个老旧厂房保护利用与城市文化发展联盟在北京成立，锦江区委宣传部和德必川报易园分别作为该联盟的发起部门和发起文化产业园区参加了活动，分别当选该联盟的副理事长单位和理事单位。2019 年 11 月，在中国城市更新论坛上，德必川报易园获评"工业园区改造类中国城市更新优秀案例"。2020 年11 月，被四川省科技厅认定为"四川省 2020 年度省级科技企业孵化器"。

二 "德必川报易园"项目主要做法

（一）精雕硬件环境，更新建筑肌理

园区命名及打造，承袭《易经》简与变的文化精神，在总体设计上以简约、隐逸为特色，着力打破传统写字楼"现代而冰冷呆板"的工作氛围，从整体上规划、细节处着手，将原本连为一体的封闭的旧厂房上下打通后进行改造提升，采用多种生态景观元素，使其重生为"一步一景"的空中花园和美轮美奂的生态园林，形成了"易园易业易居"的城市创意新空间。

考虑到入驻企业的团队成员以文创、科创类为主，在产生创意时需要思想交流、灵感碰撞、环境激发，园区按照"在如画风景中创作"的理念，对老建筑通风与采光等薄弱环节进行了彻底改造。园区运用竹林、鱼池、青砖、石墙等元素营造出宁静悠然的绿色办公环境，采用廊桥、小径、平台等元素构造出幻化多变的创意办公环境。园内打造了大量层高达到 7 米的 loft户型，便于创意类企业定制灵活多样的专属办公空间。园内设计布置了 1 片入户竹林、9 座花园、3 座中庭景观、高达 5 米的全方位视角垂直景观鱼缸，把阳光和空气引入园区，形成了园林式办公体验园区。走进园区，即有移步换景、别有洞天之感。鱼游虫鸣、绿植点缀、色彩跳脱的建筑细节，洋溢着赏心悦目的韵律和自然生机，为企业创造了仿佛置身于大自然之中的轻松惬意、开敞通透的工作环境，便于企业员工在园区内工作和休息时激发出新灵感与创意，实现了产业布局与自然环境的有机融合。

园区并未简单地把老旧厂房彻底推倒、拆除，而是对联翔印务的主要建筑体全部予以保留，通过外观设计优化提升和内部功能创新，使其留住老文脉、焕发新面貌、产生新用途。园区在入口旁保留了四川日报报业集团20世纪50年代的老印刷机，配合展示印刷工人当年工作风貌的老照片，如同凝固了时光的艺术品呈现于世；园内装置了醒目的透明屏风，拓印着《四川日报》1952年的创刊号；园内还设置了照片墙，用数幅珍贵的历史照片展示着《四川日报》的发展历程。"老成都"到此一游，可寻得回忆中的岁月；新"蓉漂"来此发展，或将汇集缕缕创意。园区内会议室以四川日报集团旗下刊物名称命名，如以权威传媒专业学术期刊《新闻界》命名的"新闻界厅"会议室，供园区各类企业预约使用；多功能空间"川报厅"，为园区内外企业举行各类展览、演出、创意市集等活动提供平台。园区通过重塑建筑风貌与促进产业转型的结合，展现了中心城区文化风采与产业特色，生动诠释了"让城市留住记忆，让更新创造价值"。

（二）细琢企业服务，实现产业升级

园区在引导运营商投入重资产更新老旧建筑肌理的同时，充分发挥运营商自身资源优势，着力提升园区管理服务水平，主动分析研究目标企业特点，搭建优质服务平台，提供个性化品质服务，选择轻资产优质企业入驻。目前，已成功吸引了各类文创、科创类企业集聚，形成了集创意设计、建筑设计、旅游小镇IP打造、艺术衍生品开发、音乐制作、人工智能、影视游戏、文化传播、高端定制等业态于一体的文化创意园区，构建了轻资产、轻体量、高智力的"轻公司生态圈"，实现了产业更新升级。

园区建立了"连接＋共创"的社群化运营模式，采用德必集团自主研发的"wehome"一站式App服务，搭建起全球化服务体系，通过线上线下联动、产业内外圈层互动、企业跨界合作，为入驻企业开辟了资源通道。企业从入驻园区起，即意味着与园区打造的"轻公司生态圈"相连，实现与园区内部外部互联。入驻企业可以使用 App 线上平台共享公共办公区，享受全球化企业服务，与德必集团各园区的 1 万余家企业及 20 余万白领实现无缝对接，共享投行、律所、人才、高校等丰富资源，开展自由合作交易，共创产业繁荣。针对入驻企业涵盖文创、科创、电商等多个领域，产业关联度高、互补性强、部分企业互为产业链上下游关系的特点，园区举办了数十场社群活动，促进企业合作共赢。通过定期开展的线下社区活动和线上国际社群节，增进企业相互了解，组织企业"抱团"采购，推动产业链对接合作、产业良性融合。园区还通过"wehome"社群中心，引入艺术展、音乐会、智慧餐厅等品质服务，满足入驻企业员工和社区居民对高品质生活的向往。园区还打造了 5A 级智能化物业服务系统，为入驻客户提供专业化管理和国际标准化服务，包括日常楼宇服务、安全预防管理、紧急事件处理、智能运营服务等。园区为入驻企业配备了"专属服务管家"，能够及时根据企业在不同发展阶段的具体情况，为企业提供人才招聘、法务咨询、资金融集、上市对接、品牌推广等"一条龙"便捷式服务，尽心聚力培育企业成长。

德必集团目前已在美国硅谷创建科技中心，在意大利佛罗伦萨建立设计中心，在北京、上海、杭州、苏州设立创意产业园区，今后还计划在英国伦敦、美国纽约、以色列特拉维夫、泰国曼谷、日本东京等地建立多个国际产业园区。德必川报易园依托德必集团广泛的全球资源网络，正积极探索构建"企业大使馆"，为入驻企业提供深度嵌入式国际业务服务，包括海外注册、国际推广、商务合作等，搭建欧、美、亚国际化服务体系，为园区企业走向国际舞台开辟新的绿色通道，同时为有意进入中国市场发展的外国企业铺路搭桥，进一步推进中国文创产业国际化。通过"引进来与走出去"，让本土文创企业与国外企业连接融合，推动资源对接与产业升级，塑造文创产业生态圈，实现入驻企业及关联客户的经济效益与社会效益最大化，助推锦江区内相关产业功能区良性发展。

（三）政府主动作为，力促产城融合

园区的发展实践，与锦江区把产业发展与社区建设有机结合、推进人城产融合协调发展的思路紧密相连。在区委、区政府统一规划和区级相关部门具体指导下，园区正与锦江区其他产业园区一道，建设集生产、生活、生态、消费、人文等多种功能于一体的宜业宜商宜居的产业社区，在实现产业成链集聚的同时，努力形成高品质的便捷生活圈。

锦江区有关部门大力支持园区提供系列基础服务与特色服务，积极对接、主动发力，把党务服务、政务服务、人才服务等延伸到园区，为入驻企业排忧解难，进一步营造和保障园区良好的营商环境。在园区"wehome"公共办公空间内，锦江区新经济人才服务中心落地，企业员工可自助办理税务、社保业务等。同时，锦江区还通过在园区建立功能性党支部、开展德必咖啡主题活动、社区党员入园区等方式，把党建工作与党和政府的关怀"润物细无声"地融入新兴产业青年群体。入驻企业反映，进入园区办公以来，无论是专业技术支持、企业服务，还是丰富的业余生活，只要有需求，常常"足不出园"乃至"足不出户"就能得到精准回应和解决，因此，企业办公更加高效有序，员工生活更加舒适便捷。

锦江区坚持用公园城市理念引领社区发展，充分发挥政府、企业、社区多元共治的积极性和创造性，突出以人为本、共建共享。园区在锦江区相关部门引导下，发挥园内专业人才大量集聚的优势，让文化创意有机融入社区生活，构建既满足企业员工日常工作需要，又服务社区居民生活需求的文创类示范性产业社区，取得了系列成效：成立了社区"美画师"、青年摄影师团队、"护苗"志愿服务队等组织，让产业人才走出企业、走出园区，面向群众开展社区营造、院落美化、金婚纪念拍摄服务等活动，着力促进园区与社区和谐交流，活跃社区文化氛围，实现产业发展与社区建设"同频共振"。

三 利用老旧建筑发展文创产业项目的经验与成效

经过10余年的发展，锦江区对文创产业项目特性、文创产业发展相关规律的认识持续深化，以老旧建筑为原型的文创产业项目在全区开花结果、初具规模，取得了显著效益。

（一）坚持城市更新，推进产业集聚

文创产业项目具有独特的价值属性，表达了人类精神活动的丰富内涵，对经济社会发展的影响深远。相对于农业、工业等传统经济门类项目，文创产业项目的特殊性主要不在于商业属性，而在于其蕴含和彰显着强烈的意识形态属性，往往是城市发展路径、地区总体形象、区域产业政策的"大风口"。人们在文创产业项目中开展生产、生活、消费等活动时，容易潜移默化地被其特定的工作模式、生活方式和价值观念所影响，并最终对社会的精神结构产生深刻影响。文创产业项目只有不断增强与新时代意识形态相符的吸引力和凝聚力，把其价值属性与国家主流意识形态、与所在城市的价值取向及发展理念、与当地政策水乳交融，努力实现社会效益与经济效益最大化，才能促进城市更新与产业繁荣，取得高质量发展。

文创产业项目打造，与推动城市建设、促进城市更新有机结合，将迸发出可持续发展的生机与旺盛活力。坚持把文创产业项目发展与城市更新紧密结合起来，对努力打破中心城区文创产业载体饱和的制约有重要意义。锦江区以楼宇化、园区化为主要模式，在全面梳理摸排的基础上，通过合理统筹、创意规划，引入专业化运营机构和目标文创企业，植入相关文化业态，灵活采用租赁、改建等多种形式对老旧闲置建筑加以盘活，对原建筑内外部空间、周边环境实施软硬件整体提升，避免对其"大拆、大迁、大建"，打造了以德必川报易园为代表的文创产业品牌项目，有效拓展了全区文创产业载体空间，促进了文创产业集聚发展和更新升级，解决了区内国有大型传媒印刷企业在传统业务萎缩和产业转型升级过程中处置老、旧、废厂房的一大难题。

锦江区以文化创意为动力，"再造而不重造"的做法，既使老旧建筑得以优化活化、重现生机、可持续发展，又保护传承了国有企业悠久厚重的文化历史属性。在增添新业态、新文化、新生活的同时，保留了城市的工业文化、历史记忆，使全区城市更新与产业升级有序互进，产城交融共生。城市街巷肌理与历史文脉兼顾、产业与城市和谐互促的发展理念，与德必集团不谋而合，成为其将该园区作为西南地区首个项目落户锦江区的重要原因。

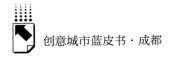

（二）坚持产业融合，突出差异发展

文化创意产业项目作为一种新兴产业项目，是文化、经济、技术、资产等要素相互融合的产物，具有高度的泛融合性、较强的渗透性与辐射力，为新兴产业及其关联产业发展提供了良好载体条件。文化创意产业项目的经济和社会效益，不仅在于吸收企业入驻，更在于通过发挥"平台和桥梁"作用，"越界"促成不同行业、不同领域、不同企业和不同产业要素的连接延伸、优化重组、合作发展，并伴随跨界融合的纵深扩展，孵化诞生新业态、新模式、新理念。文化创意企业轻资产属性明显，主要以人力资本、知识产权等无形资产为创意核心开展业务，如果缺乏有效的资源渠道，将难以突破规模小、分散化的状态。针对文化创意企业的特征，推出促进产业链互联互通、企业融合发展的文创产业项目，无疑对助推区域产业发展具有重要意义。只有不断打造与本区域发展战略相契合的文创产业特色项目，创新项目管理方式和发展模式，更好地促进文化跨界融合发展，才能有效增强项目的核心竞争力，将其建设成具有显著引领作用的文创产业"地标"，带动其关联的文化创意企业做大做强。

文创产业项目促进产业融合发展，主要体现在其传递文化价值的"文化＋"过程中。锦江区高度重视产业发展内在规律，在利用老旧建筑打造文创产业项目的实践中，注重顺势而为、因地制宜、有机融合、差异发展，既促使文创产业与其他产业持续融合，又避免项目同质化带来的资源浪费和恶性竞争，进一步推动城市更新，提高市民生活品质，努力实现文化价值最大化。

除了德必川报易园这一"代表作"，一系列以老旧建筑为原型，特色各异、主题鲜明、产业融合的文创产业项目，在锦江区次第涌现，不少项目逐步发展为成都市文创产业的地标点位，为推进"文化＋传媒""文化＋商业""文化＋旅游""文化＋生态""文化＋康养"等产业融合发展夯实了基础。全区突出文创产业项目特色化高质量发展，借助红星路沿线浓厚的传媒气氛和人文气息，整合原成都军区印刷厂废旧厂房、昭忠祠街沿线老旧校舍、牛王庙地铁口废旧集装箱，植入相关文化业态，打造了"红星路 35 号广告创意产业园""ibox 爱盒子创意设计基地"等项目，招引了多家产业带动性强的广告传媒企业入园集聚，成为西南地区首家国家级广告园区，获成都市文产办授予"首批成都市文创产业园区"称号；利用东湖公园原餐饮娱乐场所闲置旧楼宇，建成了成都艺术品保税仓库、域上和美艺术馆，成都艺术品保税仓库成为西部首家艺术品保税仓库，有效促进了艺术品交易集聚区的形成，被省文化厅授予"省级文化产业示范基地"称号；利用水碾河南街成都市医药集团旧仓库和旧办公房打造了"U37 创意仓库"，为市民提供了文化生活新聚落；利用老旧社区街巷建设了"大川巷"特色街区，举办多场文创活动，成为本区域文旅消费新热点和"网红"打卡地；利用三圣街道的旧民居、旧厂房，打造了集文化、科普、展示、养老休闲、生态保护功能于一体的"三圣花乡文化产业基地"，促进生态文明建设与文创产业发展相互渗透，吸引了大量艺术家驻留创作和游客观光，成为度假、休闲、康养的知名目的地。

B.23
创新园区开发运营
带动文商旅体融合发展

——以天府芙蓉园为例

中共成都市武侯区委宣传部*

摘　要： 作为成都建设"蜀风雅韵、中国气派、别样精彩"世界文化名城的重要文创项目，天府芙蓉园以打造"中国芙蓉赏花第一园、天府文化体验区、成都文化记忆体"为总体定位，按照公园城市建设总体要求，构建起以天府文化为特质、以自然生态景观为载体、以多种体验活动为感受、以塑造芙蓉品牌为目标的文商旅体相融合的城市空间。本报告就打造城市公园综合体典范的路径进行阐述，分析了天府芙蓉园开发背景与理念以及整体建设与运营情况，梳理了武侯区通过创新芙蓉IP打造、统筹规划建设、科技文化碰撞以及采用政企合作新模式建设天府芙蓉园进而推动城市文商旅体融合发展的创新实践经验与做法，以期为探索公园城市建设路径，将生态效益转换为经济效益，推动文商旅体融合发展提供参考与借鉴。

关键词： 创新文化IP　公园城市　政企合作　生态价值转换　武侯区

---

* 执笔人：伍生平，中共成都市武侯区委宣传部副部长、区委外宣办（区政府新闻办）主任；杜欣宇，中共成都市武侯区委宣传部工作人员。

　　近年来，武侯区紧扣成都建设"践行新发展理念的公园城市示范区"目标，坚持以全域旅游为抓手，深入挖掘区域特色文化的底蕴内涵和当代表达，促进区域特色文化融入城市空间形态、文商旅体形态。武侯区以满足人民日益增长的美好生活需要为出发点和落脚点，以城市品质和产业能级"双提升"为着力点，以事业与产业相统筹、保护与开发相协调、融合与创新相结合、质量与效益相统一为基本原则，着眼产业培育，优化发展环境，提升服务功能，将建设高质量发展的现代文商旅体产业融合体系作为最终目标，促进产业结构升级和区域经济高质量发展。按照中共成都市委"构建文创产业集聚区和文创产业带，打造一批重点文创产业园区和文创特色街区"的指示要求，围绕武侯区重点发展的音乐产业、影视传媒、文博旅游、创意设计、数字娱乐、体育产业等六大文创产业方向，确立了以"四坊＋两园"为中心的重点建设项目。作为"两园"中的一园，天府芙蓉园于 2017 年启动建设，2018 年 9 月对客开放，对客开放以来，园区以独特的芙蓉文化挖掘、丰富的文化活动体验以及过硬的园区旅游设施建设，已吸引超 200 万人次前往，成为武侯区在创新园区开发运营，推动文商旅体融合发展路径上又一成功探索。

一　天府芙蓉园开发背景及理念

　　2018 年 2 月，习近平总书记视察成都时提出"要突出公园城市特点，将生态价值考虑进去"的营城理念。天府芙蓉园正是在成都"全面落实年"中新建成亮相的城市绿芯。按照中共成都市委书记范锐平关于打造"天府芙蓉园"的指示精神，和中共成都市委、成都市人民政府"擦亮蓉城名片，打造芙蓉文化产业"的建设思路，结合"美丽宜居公园城市建设"理念和"文创武侯"发展战略要求，武侯区委、区政府在打造天府芙蓉园之初，就确立把天府芙蓉园创建成国家 4A 级旅游景区、国家级文化产业示范园、国家级文博创意产品开发生产基地的目标，并在此基础上进入成都锦城绿道大环线，力争创建国家 5A 级旅游景区；同时邀请新华社智库和清华大学等相关文化研究策划专家对芙蓉文化进行了全方位、深层次的系统研究，提出

"理清成都文脉、活化历史资源、创造文化资产"的建设思路，并梳理出芙蓉文化十大体系，为项目的定位、规划建设、产业布局，以及后期运营确定了方向，即以生态本底修复为前提，结合天府绿道建设实施文化系统工程打造，以项目为载体，大力发展文创业、休闲娱乐业等相关产业，促进文商旅体融合发展，给城市和居民带来更加综合的生态环境体验，共享生态红利。

二 天府芙蓉园整体建设及运营情况

为了协调社会各方优势力量共同参与项目打造，建立市场化、专业化运作机制，引入企业化管理，武侯区采取政府主导、市场化运作、社会参与的模式，确定该项目由区属国企成都武侯产业发展投资管理集团有限公司投资打造，并以公开招投标形式引入中粮地产成都有限公司作为天府芙蓉园运营管理服务企业。2018 年 9 月，天府芙蓉园初步开园，园区位于成都市武侯区环城生态区范围内，地处成都市西南重要门户地段，东接新机场路，南临四环路，西对江安河，北承中国女鞋之都，是成都形象展示的重要窗口，也是锦城绿道的一个重要节点。项目以生态景观为载体，以休闲业态为中心，重塑再现历史文化风貌。在成都市锦城绿道 30 个特色园形态的二级驿站中，天府芙蓉园是唯一以芙蓉花、芙蓉文化为主题，以芙蓉造型为轮廓的特色园区，孕育着木芙蓉、醉芙蓉、牡丹红等芙蓉树，全园种植10 万余株芙蓉花，芙蓉花种类 20 余种，是全球芙蓉品种最多、单园规模最大的主题公园。

扎根成都西南的天府芙蓉园在用它的方式诠释着城市文化的新定义。它根植于蓉城文化，符合成都人民对于文旅项目的追求，其创新型文旅经济开启了"新型文旅"的黄金时代，成为全国首个融入文化、商业、旅游、产业的天府文化生态主题公园。园区总面积超 1000 亩，共分为两期。其中一期"花重锦城"面积约 540 亩，目前已投入约 8 亿元资金建设打造，以自然景观为核心，拥有三大景观、五大产业、一条街区。三大景观分别由"四季花岛""植物迷宫""轮作区"组成，强调生态景观化，功能多元化，让景观不只是景观，还能成为可进入、可参与的生活场景体验。五大产业根植于天府文化、自然生态的土壤，以科技创新的方式布局种植及生物产业、会展业、休闲娱乐业、商贸业、文创业等，用以人为本的观念重新诠释天府文化和蓉城精神。生态自然与商业相结合的特色街区"十二篱院"是一期的点睛之作。二期"芙蓉未央"商业用地面积约 280 亩，将协同武侯区"她妆小镇"项目，实现"文商旅体科农"六位一体融合发展，通过公园提升区域价值，聚拢区域人气，逐步实现公园与商业的良性互动。作为文化生态小镇，文商旅体一体的城市创新微度假中心，天府芙蓉园在延续三千年天府文化的基础上，用创新更好地将当下和过去合为了一体。

三　天府芙蓉园文商旅体融合创新实践模式分析

（一）建园理念创新，注重 IP 开发

成都自古因"城墙遍种芙蓉花"，被誉为"蓉城"，芙蓉文化是天府文化传承中不可或缺的部分。天府芙蓉园以芙蓉花为载体，传承天府文化，融入"城市微度假"理念，打造休闲生态景观主题公园。为了弥补成都没有可赏可游可品的芙蓉文化的遗憾，确定"中国芙蓉赏花第一园、天府文化体验区、成都文化记忆体"总体定位，并且从创造文化消费，满足供给需求的角度，借助"文创武侯"的契机，打造和开发芙蓉文化 IP，塑造芙蓉文化品牌，实现对成都芙蓉文化的全方位推广。

作为以芙蓉文化为核心的项目，天府芙蓉园以一轴三组团组成，以芙蓉花花径为轴，以芙蓉花花瓣为组团，共同构成特色芙蓉景观。以花为媒，依托芙蓉生态，项目进一步提出打造"芙蓉园话成都"的内核，借规划、产业业态布局，激活历史文化的溯源，将城市文脉与历史意蕴融于千亩花海内。

除了园区形态，天府芙蓉园以芙蓉 IP 为核心，举办多个以芙蓉 IP 为主题的系列活动，如天府芙蓉花节、芙蓉灯彩节、天府花朝节等，进一步强化人们对芙蓉文化的认知和感受，传播区域特色文化，增强 IP 影响力。

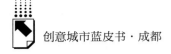

（二）因地制宜建设，统筹结合打造

天府芙蓉园坚持可持续性环境设计，生态优先，保护自然；合理利用现状，梳理整合，修复自然；打开视线，强化可持续性旅游，展示自然。以城市规划为依据，充分发挥绿地特有的自然条件，结合绿地现状以人为本，创造出时代特色鲜明，满足休闲功能要求的城市绿地。

按照"创新、协调、绿色、开放、共享"的发展理念和天府绿道"景观化、景区化、可参与、可进入"的建设要求，天府芙蓉园项目建设中充分考虑资源节约和成本控制。一方面，将锦城绿道、宜居水岸、新机场路、地铁 10 号线、基本农田保护等多个项目的建设统筹结合，根据场地实际情况，利用地铁 10 号线建设和宜居水岸工程产生的废土进行堆坡，实现土方平衡，并降低扬尘影响。另一方面，尽可能保护和保留原有林盘景观。利用原有景观资源（如桉树林）进行景观提升建设，减少对原有景观的破坏。因地制宜适地适树，以成都本地乡土品种为主，合理选配植物种类，合理搭配。充分考虑植物的生态位特征，避免种间直接竞争，形成结构合理、功能健全、种群稳定的复层群落结构。生态多样配置合理，遵从高中低乔木、灌木、草本与地被层植物相配合，常绿与落叶植物相配合，速生植物与慢生植物相配合原则合理搭配植物。配置上突出各景观分区植物特色，呼应景观设计功能与主题，做到统一中有变化，主题特色鲜明。

（三）科技文化交融，走出"破局"之路

人民公园、浣花溪公园、塔子山公园、东湖公园……作为历史韵味深远的城市，成都从来都不缺少拥有文化古迹的公园，但却缺乏打破传统、能承载文化传承和文化创新的公园。依托园区内众多的"黑科技"，天府芙蓉园为这座拥有 1600 多万常住人口的城市献上了一次传统文化与现代科技融合的全新诠释，芙蓉花的形与魂在天府芙蓉园得到了新的解读。园区建设采用最先进的全息投影、裸眼 3D、发光材料、重力感应等体验系统技术，加之智慧灯杆、室外停车引导、职能远程管理等安全服务系统技术，为天府文化

千年底蕴画龙点睛。

位于游客中心的沉浸式光影体验互动区以"锦绣蓉城"为主题,打造穹顶式沉浸体验空间。空间以蓉城历史为线索,演绎成都从古至今的繁盛景象,呈现天府芙蓉园对蓉城文化的延续与发展;以现代科技为手段,打造震撼的全息投影效果。墙面、地面、穹顶、水晶沙盘多屏互动,打造一个多维立体的城市文化空间,游客置身其间,如同遨游在鲜活的成都历史文化场景中;空间地面采用感应式互动设备,随着游客的行走、奔跑,脚下将遍开芙蓉花,形成"步步生花"的互动效果。强调打造"智慧型"空间的游客中心,为了让互动感、科技感、未来感在每一个场景中都能显现,将卫生间也打造成一个创意互动空间,当游客照镜子时,会有虚拟的卡通形象"芙蓉仙子"显示在镜面上,也可以通过挥动双手与其互动。

下一步,园区还将探索"区块链+""5G+"等示范场景应用,通过现代科技,让游客看到历史文化与数字科技发生碰撞、创新,推动文创产业高质量发展,在新时代传达出更具魅力的天府力量。

(四)创新政企合作,实现可持续经营

依据成都市绿道系统建立"兼顾公共性与经济性的市场化运营体系"的要求,天府芙蓉园建设创新使用政企合作模式,实现园区的可持续经营。一是运营商提前介入园区设计建设工作,利用运营商的平台及资源,对设计建设需求与后期运营需求进行统一协调,统筹协调园区景观、节点及配套服务设施设计建设;二是由运营商负责市场化运营,以引入场地类收入、商业租赁收入、推广收入、芙蓉系列产品开发与销售收入等全方位的营收回报;三是以文体旅商等多方产业活动策划作为支撑,高度匹配后期商业运营需求,保障稳定的运营收益。

为使园区生态效益向经济效益转化,天府芙蓉园创新地就传统文旅项目与具有成熟商业运营经验的社会资源方深入合作,公开招标引入中粮地产成都有限公司负责创新园区运营,提升项目的产出效益,探索绿色开放空间多元营运模式。通过摆脱传统模式,吸纳社会资本,一改原有单一的农业用地

形式，形成兼顾公共性和经营性的市场化运营，做到文化、商业、旅游、体育等产业的结合，聚焦体验，引入网红书店、芙蓉剧院、宴会厅及有机餐厅等多种业态，使项目拥有可持续性的生命力，重新诠释成都的安逸基因。

正在筹备的天府芙蓉园二期工程将协同武候区重点筹划打造的"她妆小镇"项目，强化鞋都片区和"天府芙蓉园"的统筹联动和融合发展，发挥芙蓉园二期商业用地对整个片区的撬动作用，坚持融合发展，整合资源进行科技赋能和产能赋能，实现"文商旅体科农"六位一体、融合发展的"区域价值重构"理念。通过公园提升区域价值，聚拢区域人气，逐步实现公园与商业的良性互动，将天府芙蓉园打造成"她妆小镇商业 CBD"。在责任为先、兼顾公益的前提下，政企携手这样的合作模式为延续芙蓉文化、推动芙蓉产业发展，推动园区的可持续发展和运营，为项目的营收回报提供了强有力的保障。

四 天府芙蓉园主要效益分析

天府芙蓉园是具有园林化生态、田园氧吧的绿地，兼具观光、休闲、健身、生态等功能。项目对于区域文化、娱乐、生态、景观、经济等方面具有重要作用。

（一）文化挖掘成效显著

天府芙蓉园是国内单体面积最大的芙蓉主题园区，再现了五代后蜀时期"城墙遍植芙蓉"的盛景，这里不仅是赏花基地，还是成都芙蓉文化发掘的载体，是成都"蓉城文化"的代表之地。市民们来到这里，沉浸花海，寻味城市历史记忆，感受成都这座城市与芙蓉的渊源。园区延续成都历史文化脉络，探寻芙蓉文化之根，打造"芙蓉文化"IP，举办系列芙蓉文化活动，通过宣传、赛事、公关系列活动的效应叠加，让自身成为成都人休闲娱乐的代表性城市生态空间。在四川省民俗专家刘孝昌看来，天府芙蓉园能受到人们青睐，和成都与芙蓉的关系有关，成都人的审美情趣和日常生活受芙蓉文化的影响极大。而天府芙蓉园的打造，正是将"芙蓉"作为成都的品牌和印记，不断进行创造性的挖掘、开发以及应用。园区保护与继承天府文化和芙蓉文化，提高了人们的文化认同感，构建了成都历史文化记忆体。

（二）社会效益日渐突出

一是生态效益显著。武侯生态区坚持"绿盘缀玉"模式，以"一核两轴三点"的规划思路发展生态、服务、文化创意产业。天府芙蓉园作为生态产业的重要载体，成为了武侯生态区升级转型的起步区。园内拥有大面积生态湿地，植被覆盖率极高，生态多样性十分突出，具有较好的生态保护、水资源调蓄、小气候调节等功能，是成都市生态湿地的重要组成部分。二是周边环境改善明显。天府芙蓉园极大地改善了周边的人居环境，其位于武侯区簇桥片区，项目建设对缓解现有区域交通，形成完善的区域路网体系，特别是对改善赏花项目交通状况，有着重要作用。市政骨干路网的建设不仅极大改善了区域交通状况，还带动公共交通、供水、排水、防洪、电力供应、煤气供应、园林绿化、环境卫生、消防等城市基础设施的完善，极大优化了项目所属片区的城市基础设施。

（三）经济效益逐渐显现

一是"爆款"活动带动大量人气。"爆款"活动是天府芙蓉园能够吸引游客的一大"法宝"。园区践行"城市微度假"理念，以踏青趣生活·踏青生活节、简单生活节等活动倡导简单生活；通过房车露营派对、I Green U 天府绿道跨年跑等活动让人们真正亲近自然，拥抱生态；承办"CCTV 贺岁杯"系列赛事与央视联合，为全国人民奉献了精彩的体育贺岁大戏。大量的人气带来的不仅是门票经济的繁荣，更是园区内餐饮、娱乐及园区周边住宿、购物的火热需求。二是打造夜间经济构建新型消费场景。在 2020 年初成都市公布 100 个夜间经济示范点位，天府芙蓉园夜间亲子乐园示范点位上榜，成为该分类中唯一上榜的综合性文旅园区。芙蓉灯彩节、首届天府芙蓉园国际灯彩节、简单生活节的举办，构建起天府芙蓉园内夜间经济场景，留住了夜间游客，加码夜消费，挖掘夜间消费全新动能。据统计，在 2020 年天府芙蓉园国际灯彩节期间，虽然受新冠肺炎疫情影响，园区日均接待游客人次仍超 2000 人，并且实现了全年龄段覆盖，不管是老人小孩，还是年轻群体，都开启了天府芙蓉园夜间新玩法。三是旅游发展促进周边地区经济发展。天府芙蓉园的建设带动周边地区基础设施的完善，旅游产业融合效益明显，为第三产业特别是房地产业、商贸业、现代物流业、现代服务业的发展营造了良好的环境，极大改善了区域城乡居民的生活条件，促进区域经济的持续快速发展。

城市的衍变和更新让历史无法踏入同一条河流，但将古旧文化注入生机勃勃的商业，以更契合时代精神的方式去升级人们的生活方式，是天府芙蓉园整个文旅项目焕发蓉城新颜的最好方式。通过有的放矢的创新融合，天府芙蓉园借成都芙蓉文化营造全新"城市微度假"空间，打造文商旅体融合发展典范，也进一步助力成都打造"三城三都"的城市名片，塑造"美丽宜居公园城市"的形象。

B.24
锦门的文化传承和产业创新

中共成都市新都区委宣传部*

摘　要：　锦门是坐落于成都市新都区三河古场镇的丝绸文化商贸旅游
　　　　　小镇，是国家4A级旅游景区、四川省文化产业示范基地、
　　　　　成都市首批文创产业园区。锦门围绕丝绸文化核心，坚持塑
　　　　　造天府文化景观，组织开展丰富文化活动，积极构建丝绸文
　　　　　化产业链，创新推动文旅融合发展，深入推进昼夜经济协调
　　　　　发展，取得了一定成效。未来，锦门将以高质量发展为目标，
　　　　　以弘扬和发展天府文化为基础，创新实施数字化转型升级，
　　　　　深入推进文旅融合，积极探索园区运营模式，实现园区高质
　　　　　量发展，助力成都"三城三都"建设。

关键词：　丝绸文化　传承创新　文旅融合　新都区

文化产业园区是推动文化产业集聚发展、融合发展的重要载体。坐落于
新都区三河古场镇的锦门围绕丝绸文化，汇聚丝绸文化企业，积极探索丝绸
文化产业发展模式，在文化传承和产业创新上取得了明显成效。

一　锦门的总体情况

锦门，全称为"成都锦门丝绸文化商贸旅游小镇"，位于成都北大门，

---

* 执笔人：邱明丰，博士，四川省社会科学院副研究员；吴科，中共成都市新都区委宣传部文
产科科长。

新都的南大门。作为成都市"北改"重点工程、新都区"北改"打造"蜀龙四态融合轴"的重点工程之一，锦门引入社会资金成功进行旧城棚户区改造，依托润茂·成都国际酒店用品城三期高端产品体验区，结合三河场老街改造建设，打造成为成都北大门文化旅游商业街区。项目于2012年1月启动，2014年6月建设完成并投入运营。项目投资5亿元，占地近300亩，建筑面积约22万平方米，是国家4A级旅游景区、四川省文化产业示范基地、成都市首批文创产业园区、成都市青少年科普教育基地，入库"成都市西部文创中心"名录，是成都市锦城绿道锦门段一级驿站和"成都老八景"。景区距离成都双流国际机场约50公里，距离成都市区天府广场约15公里，距成都火车北站约12公里，距成都大熊猫基地仅6公里，距新都城区7公里。景区背靠成都绕城高速，紧邻国家一级公路蓉都大道，交通十分便利。锦门坚持以文化传承为基础，以产业创新为突破口，积极促进文旅融合，大力弘扬和发展天府文化，助力成都"三城三都"建设，为新都高质量建设现代化国际范成北新中心城区贡献文化力量。

二　锦门的产业创新及成效

锦门始终坚持以文化传承推动产业发展，以文旅融合促产业创新，初步构建起以丝绸文化为核心的文旅融合产业发展模式。习总书记在党的十九大报告中指出，"文化是民族的血脉，是人民的精神家园"，"没有高度的文化自信，没有文化的繁荣兴盛，就没有中华民族伟大复兴"，"中国特色社会主义文化，源自于中华民族五千多年文明历史所孕育的中华优秀传统文化，熔铸于党领导人民在革命、建设、改革中创造的革命文化和社会主义先进文化，植根于中国特色社会主义伟大实践"。传承和发展中华民族优秀传统文化是接续民族血脉，守护人民精神家园的重要路径。党的十八大以来，党中央统筹推进"五位一体"总体布局，协调推进"四个全面"战略布局，文化传承发展已经成为城乡经济社会建设不可忽略的部分。

　　锦门的建设与发展始终坚持以文化传承为基础，紧扣"丝绸文化"主题，重点从文化景观和文化活动等角度弘扬发展天府文化，厚植传统文化土壤，推动文化交流互鉴。产业创新是实现文化传承的产业实践，锦门通过引入企业、搭建平台、创新研发，奋力打造四川丝绸文化的展示中心、创意设计中心、体验互动中心和消费中心，并积极推进文化融合发展，让丝绸文化走进人们的日常生活，传播成都生活美学。

（一）塑造天府文化景观

　　成都是南方丝绸之路的起点，"南方丝绸之路，是历史上长期沟通中国大西南与南亚、东南亚以至中亚、西亚的交通线路，也是现今已知最早的连接中外的古老通道"。通过南方丝绸之路，古蜀对外商贸和文化交流已然具有较高水平。[①]《史记·大宛列传》记载张骞言其奉命出使"大夏时，见邛竹杖、蜀布。问曰：'安得此？'大夏国人曰：'吾贾人往市之身毒，身毒在大夏东南可数千里。其俗土著，大与大夏同，而卑湿暑热云。其人民乘象以战，其国临大水焉。'以骞度之，大夏去汉万二千里，居汉西南，今身毒国又居大夏东南数千里，有蜀物，此去蜀不远矣"。由此可见，在张骞出使西域之前，古蜀地的邛杖和蜀布已经通过南方丝绸之路远销身毒国（印度）和大夏（今阿富汗）。有专家进一步指出，"从某种程度上讲，丝绸之路如果离开了成都，可否还能被称为丝绸之路，也是一个值得思考的问题，因为丝绸之路之所以被称为'丝绸之路'，关键在于它是以'丝绸'命名，而成都是古代中国最重要的丝绸生产地，是丝绸的高端产品'蜀锦'的制造中心。成都不仅与北方丝绸之路有着直接的密切联系，而且也是南方丝绸之路的起点，是北方丝绸之路、南方丝绸之路和长江经济及海上丝绸之路的交会点，因而在古代中国成为对内对外开放的枢纽"。锦门高扬成都的历史丰碑，整合丝路文化、商贸文化等核心元素，构建起特色文化景观，着力呈现历史上成都的繁华景象。

[①] 彭邦本：《资源与前景：关于南丝路文化旅游线的思考》，《中华文化论坛》2008 年第 S2 期。

景区之所以命名为"锦门"，其本质在传承蜀锦蜀绣文化和成都商贸文化。早在秦汉时期，蜀锦蜀绣就闻名于世，且蜀锦在古代堪比黄金，寸锦寸金。蜀锦位居中国四大名锦之首，誉满全球。成都是自古以来唯一以"锦"命名的城市，被称作"锦城"或"锦官城"。景区位于成都北门户，象征成都的城市之门，故取名"锦门"，与锦里相呼应，形成"南有锦里，北有锦门"的文化格局。

项目建设依托成都宽窄巷子团队的策划、设计，采用修旧创新的方式，充分挖掘锦门街区丰富的历史文化内涵，以成都百年商贸精神为背景，以成都北大门为起点，以南丝绸之路起点纪念碑为原点，以锦门丝绸文化主题公园为依托，串联成都万商会馆区、成都百年老字号坊街区、成都公馆美食院落区、曲水流觞国际院街博展区、成都丝绸公园、锦门文化旅游广场等文化景观。

景区文化空间由南丝绸之路起点纪念广场、南丝路商贸旅游博展街区、南方丝绸之路纪念公园三个部分组成。南丝绸之路纪念广场，有以锦门牌坊和南丝绸之路纪念碑为核心的地标建筑，是景区的入口和形象，既是一个旅游景点，又具备承载大型活动和商业博展功能。南丝路商贸旅游博展街区的建筑风格以成都百年商业、公馆建筑为底卷再现老成都的繁华记忆。建筑以清末民初成都中西合璧的经典名人公馆和商业建筑为蓝本，取其建筑元素之精华，采用修旧创新的手法进行修建，有锦华馆、邮电大楼、劝业场、老南门吊脚楼、三河玉皇阁、彭州白鹿上书院等知名商业和文化建筑，有巴金、朱自清、李劼人、杨玉春、刘文辉、谢无量等名人公馆组成的建筑群，将文化传承、建筑之美和现代商业有机融合，打造一馆一特色、一馆一文化、一馆一窗口的多业态多产业互动的文化旅游特色项目。街区命名主要依据丝绸文化和老成都的特色街区名称，主要街道有锦城街、锦华街、锦绣街、锦官街、锦江街，主要巷道有锣锅巷、烟袋巷、交子巷等。

整个街区形成老成都的记忆，素有"小成都""老成都建筑博物馆"之美称。南方丝绸之路纪念公园与街区一桥相连，以活态桑树博物馆和丝绸文化互动体验为主线打造。公园内的古桑大道栽种的古桑树全部来自丝绸之路沿线的地区及国家，如我国新疆、哈萨克斯坦、塔吉克斯坦、土库曼斯坦等地，树龄在 200 ~ 800 年。选择从这么遥远的地方移栽古桑树，一方面是因为四川基本上已经没有上千年的古桑了（据考证，目前四川本土生长的唯一的一棵古桑位于峨眉山）；另一方面是进一步强化锦门作为南丝绸之路起点在丝路文化传承中所应承担的社会责任。"丝路桑魂"祭坛有两株桑树王，为世界罕见的千年古桑树，是野生型白桑树种，是丝绸文化公园的灵魂所在。每逢传统佳节，千年古桑已成为百姓祈福的许愿树。桑树品种园种植了来自世界各地的桑品种近 200 个，知名品种有台湾长果桑，新西兰枫叶桑，韩国的大白果桑、垂柳桑、龙型桑，以及来自马来西亚、泰国、菲律宾、日本、越南、印度、巴西等国的桑树品种，堪称活态桑树博物馆。互动体验中心依托公园桑树品种，以打造蚕桑文化为主线，通过对丝绸之路商贸精神和桑蚕茧丝绸全产业链的活态生动演绎，使游客感知千年锦城丝绸的质地和丝绸之路的文化魅力。互动体验中心将体验栽桑养蚕之趣、缫丝织绸之乐、人文景观之美、商贸旅游之兴有机融合，成为丝绸文化传播展示、互动体验的重要载体，已被认定为"成都市青少年科普教育基地"。

（二）组织开展丰富多彩的文化活动

2014 年下半年建成投入使用后，锦门组织和承接了许多具有广泛影响力的大型文化活动，逐渐成为成都市和新都区对外交流、参观考察接待、产业模式推广的一张名片。2014 年 6 月举办"南丝复兴路新都再出发"（新都北部商城 2014 南亚特色商品博览会）活动；2015 年 3 月举办"2015 友好之春·新都在这里"活动，中外嘉宾相聚锦门，四川丝绸文化和国外文化深入交流；2015 年 8 月，举办"欧洲熊猫粉丝四川探亲之旅"活动，架起中欧文化交流的桥梁；2016 年 3 ~ 4 月，锦门携手中国台湾观光夜市文化协会，举办"锦门首届台湾民俗文化美食购物节"，重现了台湾夜市的盛况；2016 年 11 月承办了第三届成都创意设计周"双百"活动——锦门"如锦生活"创意周分会场，立足于锦门南丝绸之路文化及老成都市井生活元素，以"如锦生活"为主题，连接传统与时尚、手艺与思想、艺术与生活，传播老成都记忆；2017 年 1 月举办"2017 年四川文化消费节——新都·锦门'南丝绸之路'迎春文化旅游节"，以新年节庆、南丝绸之路、本地民俗、成都记忆、国际元素为题材，运用喜庆、时尚、现代的表现手法，融入美食、非遗产品，名优土特产品展销，特色表演，群众文艺表演等项目，打造了一台创新与文化互动，具有浓烈川味、年味的迎春文化旅游节；2017 年 5 月举办"5·1 小长假采摘桑葚看萤火虫"活动；2017 年 6 月举办第六届中国成都国际非物质文化遗产节分会场锦门站活动；2017 年 9 月举办中国（成都）女性文创产业发展论坛（成都市第六届蜀绣创意大赛颁奖典礼）；2018 年 8 月举办"七夕乞巧话织女，朝朝暮暮念绣娘"活动，在七夕传统节日，邀请成都市工艺美术大师现场教学蜀绣，制作"蜀绣香包"；2019 年 1 月，举办藏羌彝文化沙龙，传播藏羌彝文化；2019 年 10 月，举办第七届中国成都国际非物质文化遗产节——成都"非遗之旅"市民和游客体验活动。

（三）积极构建丝绸文化产业链

作为锦门的经营管理主体，四川润茂丝绸有限公司始终秉承"弘扬传统文化、倡导时尚生活、助力产业发展"的企业发展经营理念，以推动历史文化与现代产业的互动与链接。为构建和完善丝绸文化产业链，锦门以自持物业为特点（75% 为自持物业，25% 售出），保障了产业链打造的管理主动权。目前，锦门已经引进四川丝绸博物馆、四川非物质文化遗产博览馆、丝绸世界、藏羌彝文化走廊、香城妹儿生活馆、仟贵·慧园、青黛文创设计工作室、纸竹缘、树匠音乐、射德弓道、红尘文创、布遇服饰、芭莎国际、缇玛服饰、米莎迪服饰、川菜记忆、百姓百味、王森西点培训学校等 20 余家文创类企业，企业以丝绸文化为核心，涵盖了文化展示、产品研发、产品销售、文化体验等环节，并延伸到旅游领域。初步建成以丝绸为核心的非物质文化遗产的传承传习基地、创意创业基地、产业孵化基地等三大基地，是中国西部首家丝绸及"非遗"活态产业基地。这些企业 2018 年全年总销售额 6000 多万元，2019 年总销售额超过了 7000 万元。

（四）创新推动文旅融合发展

锦门既是文化产业园区，又是旅游景区，坚持文旅融合发展是其本质特征。锦门属于开放式景区，不依赖门票经济，四川丝绸博物馆也是免费开放，景区更倾向于搭建各类平台，扶持文化、旅游等企业开展自主经营。景区的开放式管理使锦门更加重视文化内容的打造，通过文化旅游融合产品来丰富游客体验。近年来，锦门始终围绕丝绸文化展示、丝绸文化产品研发和销售、文化活动体验吸引游客。随着研学旅游市场需求日益旺盛，锦门以"天府底蕴，文化传承"为主题开发研学旅游产品，通过四川丝绸博物馆向青少年学生讲述四川丝绸文化发展历史，提振其文化自信；依托丝绸互动体验中心让学生了解丝绸制作过程，为其提供养蚕、缫丝、织布、印染、丝绸游戏等文化体验，在青少年群体中厚植天府文化；开展传统射箭、造纸和活字印刷、陶艺制作等体验活动，向青少年传播中华优秀传统文化。2019 年 3 月至 11 月，锦门接待研学亲子团约 20000 人，接待了成都七中万达学校、成都七中育才学校、都江堰嘉祥外国语学校、迎宾路小学校等 85 家学校和机构，研学旅游消费收入 130 余万元。

（五）深入推进昼夜经济协调发展

为积极响应成都市政府关于"成都夜间经济 2.0"的号召，2019 年锦门紧紧围绕"夜成都文化消费打卡地、成都丝绸购物时尚地、北城旅游板块串联地、成都短假旅游首选地、成都青少年音乐戏剧基地"五大工作目标，以打造锦门"一带一路"观光夜市、创意市集、丝绸文化光影秀、锦门光影景观互动为核心爆点，结合锦门以年度为轴线的各项主题艺创活动，丰富业态布局定位，完善运营招商，打造成都城北旅游新爆点，全面串联城北旅游景点，实现城北旅游"看熊猫、拜宝光、游三星、寻丝绸"板块化融合发展。2019 年，锦门全面启动"昼锦门"和"夜锦门"项目，建设以运营为核心的昼夜锦门全天候商业模式，"昼锦门"以青少年戏剧、音乐、课外艺体的展演和培训，青少年研学，亲子游乐，近郊休闲为主线；"夜锦门"以"一带一路"观光夜市、创意市集、丝绸文化光影秀、锦门光影景观互动引领，以美食、娱乐、休闲等夜间业态经营为主线。

三 新时代锦门发展之路

2014 年以来，锦门在文化传承、产业创新上进行了一些积极有效的探索，对厚植传统文化基因、弘扬和传播天府文化起到了重要作用，以文化传承为基础、文化研发为核心、产业融合为落脚点的产业发展模式已经初见成效。当前，社会进入新时代，社会主要矛盾已转化为人民日益增长的美好生活需要和不平衡不充分的发展之间的矛盾，人民的文化消费需求为文化产业发展提出了新的要求。新时代给锦门同样提出了新命题，锦门需要在 6 年发展经验的基础上，适应新时代要求，通过产业升级，以实现高质量发展，为成都建设西部文创中心提供更大助力。

（一）坚定弘扬和发展天府文化

成都市第十三次党代会提出，要发展"创新创造、优雅时尚、乐观包容、友善公益"的天府文化。成都开启了传承巴蜀文明，发展天府文化的崭新篇章。成都市处于南方丝绸之路、北方丝绸之路和海上丝绸之路的重要交会点，传承天府丝绸文化是弘扬和发展天府文化的重要内容。历史上，天府丝绸经历过由盛而衰的过程，"但是，作为天府文化对外交流的重要对象和四川发展繁荣的历史贡献者和时代见证者，天府丝绸丰富的活态基因与文化影响力始终在不断延续，随着时代的步伐以崭新的形式不断出现"。[①] 锦门以传承和发展丝绸文化为切入点和落脚点，符合历史趋势，适应天府文化发展的要求，能够丰富成都生活美学，满足社会对丝绸文化的需求。因此，坚定不移地深挖天府丝绸文化内涵，接续天府丝绸文化传统，是锦门文化坚

---

① 谭继和、刘平中：《天府之国丝绸起源与发展的文化解读》，《中华文化论坛》2017 年第 5 期。

守和产业创新的灵魂。如果说丝绸文化是锦门的魂，商贸文化和建筑文化则是锦门的体，锦门需要进一步丰富商贸文化和建筑文化，促进魂和体结合得更加紧密，讲好成都故事，传播成都美学。

（二）创新实施数字化转型升级

科技创新是文化产业发展的重要驱动力，每一轮科技进步总能带动文化产业发展模式的更新和新文化业态的涌现，文化科技融合成为新时代文化产业发展的重要趋势。随着互联网（移动互联网）、5G、大数据、云计算、物联网、人工智能等科技成果的广泛应用，文化产业的数字化转型升级势在必行。2019 年，科技部等六部门共同印发了《关于促进文化和科技深度融合的指导意见》，推动文化科技融合发展将迎来良好机遇。锦门在推进文化科技融合上已经做出了积极尝试，2019 年的灯光秀为夜间经济增光添彩，但从园区的文化产品和文化服务总体来看，偏重于传统文化体验。比如四川丝绸博物馆，展览的方式还比较传统，观众对丝绸文化的体验感单一，可以加强沉浸式展览的建设，增强丝绸文化的直观性和可进入性。

（三）深入推进文旅融合发展

锦门集文化产业园和景区于一体，全面推进文旅融合是园区科学发展的根本所在。目前，园区已经初步搭建起了文旅融合的平台，并具有不错的社会反响和经济收益，但仍然存在融合不够深入，文化旅游产品单一、景区体验浅层化等短板。园区需秉持"以文促旅，以旅彰文"的发展理念，深挖丝绸文化和商贸文化内涵，推动丝绸文化与商贸街区的深度融合；通过实施"文化＋""旅游＋"，完善文化旅游产业链，推动文化旅游产品升级；积极融入天府绿道文化产业发展规划，推进园区与城北其他景区的协调发展，形成更有吸引力的文化旅游线路。

（四）积极探索园区运营模式

锦门以自持物业为特征的园区运营模式，优点在于可以科学布局文化产业业态，形成文化产业集聚发展的科学链条；缺点则是属于重资产经营，园区的经营压力大，变现能力偏弱。这就需要园区不断探索和创新运营模式，尤其是着力搭建文化市场平台，做平台型园区，从招商经营向平台孵化升级。文化产业园区的核心竞争力在于对文化企业的吸引力，只有企业才能更加有力地推动园区的繁荣发展，丰富园区的文化体验，提升整体文化影响力。陈少峰教授认为，未来文化产业园区的经营，应当布局"四创基地"，"一是吸引创业人群来基地创业；二是提供创业投融资服务；三是提供创业辅导服务；四是引入创业的行业资源"。① 锦门需要提升企业引进能力、企业孵化能力、项目培育能力和品牌传播能力，形成更强的核心竞争力。

　　锦门走过的 6 年，正是中国文化产业快速发展的 6 年，是成都市文化创意产业转型升级的 6 年，锦门的文化传承和产业创新与时代同步，做出了积极的文旅融合发展的生动实践。当前，文化产业迎来了重要的战略发展机遇期，成都市全面推进"三城三都"建设，文化与旅游、科技、金融等相关产业的融合发展逐渐深入，新都区印发了《关于大力推动文化商贸旅游体育融合发展助力"三城三都"建设实施意见》，从战略上作出规划；制定了《成都市新都区文化产业发展专项资金管理办法》《成都市新都区文化创意人才引育实施办法》等制度，为文化产业发展提供资金支持和人才支撑。下一步，新都区委、区政府将坚持社会主义先进文化发展方向，积极弘扬和发展天府文化，进一步完善产业配套政策，组织制定《成都市新都区促进文化创意产业发展若干政策》，加大文化产业园区和文化企业扶持力度，提升新都区文化产业集聚发展水平。

参考文献

何一民：《古代成都与丝绸之路》，《中华文化论坛》2017 年第 4 期。

---

① 陈少峰：《文化产业园区的核心驱动力在哪?》，《中国文化报》2018 年 5 月 12 日。

B.25
依托历史文化遗产，发展文创产业实践

——以十方堂文创小镇为例

中共邛崃市委宣传部　邛崃市文化体育和旅游局*

摘　要： 邛窑遗址是全国重点文物保护单位，被列入国家大遗址保护名录，与三星堆、金沙遗址并列为四川三大考古遗址公园。本报告就如何加强邛窑遗址核心区保护和历史文化价值挖掘，论述了邛崃市通过落实"西控"要求确定发展定位和空间结构，创新体制机制，统筹规划建设城市"会客厅"，采取"政府主导、多元参与、专业平台、产业支撑"的模式，构建产业孵化器、建立人才梦工厂，打造集文物保护、文化传承、文博创意于一体的文化创意产业小镇。

关键词： 邛窑遗址　文创产业　创新传承　邛崃市

党的十九大报告提出，"加强文物保护利用和文化遗产保护传承"。习近平总书记在中央城镇化工作会议上指出，"要保护和弘扬传统优秀文化，延续城市历史文脉"。

邛崃，是南方丝绸之路西出成都第一城，是中国彩瓷发源地，唐至五代时期，以"邛三彩"为代表的邛窑名动天下。近年来，邛崃深入挖掘邛窑文化，以邛窑遗址保护与利用为核心，建设十方堂文创小镇，推动文化传

---

* 执笔人：熊伟，中共邛崃市委宣传部副部长；冷冷，中共邛崃市委宣传部文创产业科负责人。

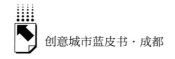

承、文物保护、文创产业、体验旅游与城市发展有机融合，这个曾经默默无闻的城郊接合部，一跃成为城市的"会客厅"、文创产业的"孵化器"。

一 十方堂文创小镇基本情况

十方堂文创小镇位于邛崃市区西南部，紧邻邛名高速公路"邛崃西"出入口，与市区隔南河相望，通过黄坝大桥、老南桥与市区相连，门户地理位置明显。小镇项目区内有全国重点文物保护单位十方堂邛窑遗址，周边自然景区、人文古迹众多，生态、文化、旅游资源区位优势显著。本项目占地约3000亩，主要包括邛窑遗址公园、特色小镇、山体森林营地三大特色功能板块。其中，邛窑遗址公园板块占地300亩，按照"让文物活起来"的理念，采取"政府主导、多元参与、专业平台、产业支撑"的模式，打造出的集文物保护、文化传承、文博创意等于一体的考古遗址公园，已于2018年5月建成开园；特色小镇板块总占地1000亩，包括11个地块，由环球融创集团投资100亿元建设，主要建设以洲际酒店、英迪格酒店2个五星级酒店为核心的精品酒店群落，以展示中心、环球乐园、名厨餐厅、零售精品店等为重点的文创街区，目前展示中心已投入使用，预计2022年基本建成；山体森林营地板块及基础设施配套项目占地约1700余亩，总投资13.5亿元，采用EPC方式建设，主要建设邛窑博物馆、下穿隧道、邛窑生态公园、邛窑山体公园和市政道路等项目，打造邛崃市生态休闲后花园。该项目已纳入四川省重点项目，建成后将构建集文博会展、文化旅游、文创街区等于一体的文博文创文旅产业生态圈。

二 邛窑遗址保护情况

邛窑是我国四川西南以邛崃十方堂遗址为代表的古青瓷窑遗址的统称，又叫"邛崃窑"。邛窑创烧于南北朝，盛于唐宋，衰于宋末元初，前后延续了800多年。邛窑是西南地区现存规模最大、历史最悠久、烧造持续时间最长的古代窑址。在八百年的瓷业生产中，邛窑对南北方窑业技术兼收并蓄，创新发展，先后烧制出南朝至隋代的白瓷，唐代的釉下彩瓷与釉下双彩瓷，晚唐五代的"邛三彩"，两宋的乳浊青瓷。故宫博物院研究员、中国古陶瓷学会名誉会长耿宝昌说："高低温釉下彩、三彩更是邛窑的代表作品。均较早烧制成功，其工艺传播于江南诸民窑。"

在民国时期和新中国成立之后，经过多年科学的考古调查和发掘，考古界才从整体上基本清楚了邛窑的烧造年代、制瓷工序、生产规模、产品种类等情况，为后期的保护、展示和利用打好了坚实的基础。

——1936 年，四川军阀唐式遵驻扎邛崃，动用军队大肆盗掘贩运文物，致使邛窑精品器物流散于国内外，文物的流散已经引起考古界的高度关注和震惊，先后有美国学者葛维汉、英国贝得福、加拿大杨枝高和华西大学（四川大学前身）博物馆郑德坤、黄希成教授及傅振伦先生来邛窑调查，并在各大学报刊上发表文章论述邛窑和邛陶。

——1983 年，四川省考古队在十方堂邛窑遗址发掘出土各种完残器物10000 余件。出土器物不仅数量大、种类多，而且从产品到窑炉、窑具都有完整的实物，成为中国古陶瓷史考古研究的不可多得的重要资料。

——1984 年 10 月，中国古陶瓷和古外销陶瓷研讨会在邛崃召开。来自全国各地的 230 位田野考古和古陶瓷专家学者云集邛崃，参观了邛窑遗址及出土文物展，并对 5 号窑包工地意外发现的房基遗址进行了"会诊"，专家最后断定为"唐代民居建筑遗址"，填补了古建筑史的空白，为研究唐代民居建筑提供了珍贵的实物史料。

——1988 年 10 月，四川省考古队对邛崃固驿瓦窑邛窑遗址进行正式发掘，清理出 45.7 米的龙窑 1 座，在古陶考古中保存情况如此良好的窑炉还不多见。古陶学界一般都认为唐以前的窑炉没有超出 30 米，而瓦窑山出土的龙窑竟长达 40 多米，这使古陶学界予以修正。

——2005 年，成都文物考古研究所、邛崃文管所再次组成联合考古工作队，对十方堂邛窑遗址 1 号窑包进行考古发掘，清理出一座迄今为止十方堂区域最完整的龙窑。这次发掘，首次将一号窑包所保存的练泥、制坯、烧

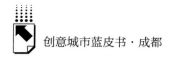

造等制瓷环节的重要遗迹展现在世人面前。

——2006年，国务院将四川邛崃的十方堂窑址、瓦窑山窑址和大渔村窑址，以"邛窑遗址"的名称公布为国家重点文物保护单位，邛窑遗址也跻身全国首批一百个大遗址保护名录。

——2008年，邛崃市人民政府启动了邛窑遗址公园的建设。

——2012年9月，成都市人民政府《研究重大文化项目建设有关工作的会议纪要》（成府阅〔2012〕184号会议纪要）议定：按照国家、成都市、邛崃市共同出资建设模式，加快推进邛窑遗址公园（512亩保护区）建设。

——2018年5月，邛窑遗址公园正式对外开放。一幅鲜活的古代瓷业生产的历史画卷向世人徐徐展开，以邛窑遗址公园为核心3000亩的十方堂文创小镇雏形初现，构建了集文博会展、文化旅游、文创街区等于一体的文博文创文旅产业生态圈。

三　十方堂文创小镇发展思路和路径

（一）发展思路

首先，发展定位落实"西控"要求，凸显生态人文特色，做强文化旅游功能，提升城市品质，将规划区打造成为以邛窑为核心IP形象，演绎邛崃特色四绝文化，集文博、文创、文旅功能于一体的"十方堂文创小镇"。

其次，空间结构秉持跳出片区看片区、身处临邛说临邛原则，依托十方堂文化、生态、区位优势，以邛窑遗址为核心，以南河景观带为纽带，以南河与汪山之间的山水生态轴、沿邛窑大道的产业轴为双轴，构建"一核一带两轴"的文旅产业空间格局，打造集文博会展、文化旅游、文创体验于一体的十方堂文博文创文旅产业生态圈，让"城内文脉坊，城外十方堂"彼此呼应，气息相通。

"一核"：打好全国重点文物保护单位"十方堂邛窑遗址"这张牌，使考古研究、遗址保护、文物展示、文化教育交叉互动。重点创建国家考古遗址公园，以此作为邛崃文旅产业发展新引擎。

"一带"：对邛窑考古遗址公园至老南桥形成的南河景观带进行统筹考虑，充分发掘古临邛八景之一南河渔唱，以及十方堂码头的文化内涵。对接环球融创，在 9 号、10 号、11 号地块上，规划布局村落意蕴、陶瓷主题、民宿实体的相关项目，如陶瓷研究交流中心、陶艺工坊、陶艺家聚落等，同时植入"临邛四绝"手工作坊，让市集、村街、桥梁、码头的组团，成为"临邛自古称繁庶，天府南来第一州"的缩影。

"两轴"：南河与汪山间的"山水生态轴"和沿邛窑大道的"产业功能轴"。其中"山水生态轴"，建设博物馆、文化艺术公园（生态公园）、山体公园，发展文化体验、文博休闲等旅游产品，与城区临邛古城联动发展，构建邛崃市生态景观廊道；"产业功能轴"坚持"政府主导＋市场主体＋商业化逻辑"，引导环球融创业态植入，建设以洲际酒店、特色民宿为核心的精品酒店群落，布局展示中心、环球乐园、名厨餐厅、零售精品店等项目打造文创街区。

（二）发展路径

1. 创新体制机制，强化组织保障

2017 年，邛崃市组建了以市委主要领导为组长的邛窑文化保护发展领导小组和以市委分管领导为指挥长的邛崃市文创重大项目推进指挥部；2020 年，成立邛崃市高质量发展推进工作领导小组，下设 9 个片区指挥部，其中十方堂片区指挥部以市委分管领导为指挥长，由市级领导、部门领导组成。统筹推进邛窑大遗址保护和十方堂文创小镇项目建设工作，研究制定出台了《关于促进成都临邛文博创意产业示范区建设的扶持意见》，大力扶持和促进成都临邛文博创意产业示范区建设、发展和管理，从政策层面上有效推动示范区建设。

2. 统筹规划建设，打造城市"会客厅"

结合美丽宜居山水公园城市建设，编制了《十方堂邛窑遗址片区提升

实施规划》和《十方堂片区控制性详细规划》。将邛窑遗址所在的十方堂郊区统筹纳入城市新区，确立"城市新区＋文创产业＋文化名片"发展定位，塑造文化贯穿终始、山水融入城市、产业高端发展的新型城市形态。坚定保护邛窑文化遗产，按照保护为主、合理利用、传承发展的理念，将300亩核心保护区列为禁建区，通过搬迁原住民，改建留存农房，引入传承人复兴邛窑"绝学"，再现邛窑烧造历史场景，延续邛窑千年文脉。完善城市功能配套，提升新区承载能力。

3. 坚持政府引导、市场主体打造

采取"政府主导、多元参与、专业平台、产业支撑"的模式，通过对邛窑遗址核心区的保护及景观提升（300余亩），引进大型文化旅游投资集团100亿元投资，主要建设以洲际酒店、英迪格酒店2个五星级酒店为核心的文化主题和精品酒店群落，以展示中心、环球乐园、名厨餐厅、零售精品店等为重点的文创街区，以邛窑博物馆、文化艺术公园、邛窑山体公园、自行车高速公路等为重点的人文景观，构建集文博会展、文化旅游、文创街区等于一体的文博文创文旅产业生态圈。目前，已完成1021亩项目所需用地，全面启动建设商业文化街区，其中展示中心已投入使用；洲际酒店、邛窑博物馆、配套道路等项目正在加快建设。

4. 强化本体保护，完善遗址功能配套

邛崃市积极推进大遗址的保护工作，完善遗址区功能配套，编制完成《邛窑遗址保护规划》，并荣获首届中国考古学大会"考古资产保护金尊奖"。目前，根据规划已完成核心保护区整体保护提升工程、邛窑十方堂遗址防护加固、14座窑包本体保护以及一号窑包龙窑保护展示大棚工程，使遗址历史风貌、结构状况和工艺特点穿越时空，延续至今。同时，在遗址区设置了文物保护标志碑和界桩，聘请专门人员24小时巡查看护，对原有的窑包、院落、堆台等进行严格保护，并制定了安全保卫制度，增设了夜间值班守卫人员加强安防工作；加强了消防知识及技能培训，严格完善消防器材的维护管理制度。

5. 厚植文创土壤，构建产业"孵化器"

坚持"创造性发展、创新性转化"，依托邛窑文化深厚底蕴，培育文创主导的新型文化业态。构建产业研发平台，成立文博研发、临邛古代产业考古中心等"一站四中心"，成功引入国家级大师团队 1 个、知名大师 29 位和社会机构 11 家，开展文创作品创作、传统技艺研究、前沿技术探索，引领高端高位发展。出台产业支持政策，制定产业园建设发展扶持意见，积极招引文创项目，转换研发成果，带动邛瓷、邛酒、邛竹编、羌绣等特色文化产业同步发展。

6. 创新培养模式，打造人才"梦工厂"

探索优秀文化职业教育新路径，创办邛窑十方堂师徒制文创学校，创新师徒制培训模式，邀请大国非遗工匠、国家级大师、高校专家教授等担任导师，实行系统培养、个性化培养，构建产教深度融合、职教有效衔接的文化传承培训体系。打造"十方讲堂"嵊创空间，围绕邛窑、文创、乡建等专题，开展演讲与开放对话，搭建创业新星与创客团队、风投专家等多方沟通平台。引导各类艺术、创业精英人才聚集，鼓励开展文创研发与创新，培育创新创业的良好氛围。助力乡村振兴工作，开展"大师 + 农户"试点，坚持"送下乡，请回来"的发展模式，入驻大师走进镇乡、村庄，向农户开展专业技能培训；将优秀的非遗文化请回邛窑遗址区，邀请乡村优秀的非遗技艺与特色产业进入遗址区，推动文化保护传承。

7. 创新传承文化，铭刻历史"新记忆"

创新传承文化"绝学"，建设邛窑博物馆，实施邛窑传播计划，与四川大学、北京工业大学设计学院等 5 所高校合作开展考古研究、文创产品研发、产学研基地建设等。举办柴烧窑创作营、"韩陶村"展示、中韩交流、大美天府——多彩邛嵊陶瓷彩绘等 70 余次活动，举办各类陶艺体验创作活动 1000 余次，实现文化"零距离"融入生活。让城市留住乡愁，以邛窑文化为核心，通过现代创意做活邛嵊，丰富历史文脉，催动南丝路、文君、竹编、羌绣和红色等文化"百花齐放"。

附　　录

Appendices

B.26
成都市建设世界文创名城三年
行动计划（2018～2020年）

（成委办〔2018〕50号）

　　世界文创名城，是指在世界范围内拥有强大的文化影响力、辐射力和集聚力，在文化保存或者创意产业发展等方面具有全球领先优势、深厚文化底蕴的城市。成都打造世界文创名城，就是要在建设全面体现新发展理念的城市目标指引下，依托国家历史文化名城和中国十大古都的深厚底蕴，弘扬中华文明，发展天府文化，建设具有世界影响力的文化创意之城。为切实推进世界文创名城建设，现结合成都市实际制定本行动计划。

一　总体要求

（一）指导思想

以习近平新时代中国特色社会主义思想为指导，深入贯彻落实党的十九大精神和省委十一届三次、四次全会，市委十三届三次全会精神，牢固树立新发展理念，坚持把社会效益放在首位，实现社会效益与经济效益相统一，大力弘扬社会主义核心价值观和中华民族优秀文化，传承巴蜀文明、发展天府文化，丰富文化供给、激发文化创造，创新文创产业经济组织方式和要素供给方式，以世界眼光、战略思维推动世界文创名城建设，实现集群发展、跨界融合、品牌引领，大力提升文化创意产业的行业首位度、产业融合度、品牌美誉度和国际知名度，全面增强全国重要文创中心的影响力、凝聚力、创造力，为成都市建设全面体现新发展理念的城市和世界文化名城提供有力支撑。

（二）基本原则

——坚持文化引领。自觉承担举旗帜、聚民心、育新人、兴文化、展形象的使命任务，坚持社会主义文化道路，践行社会主义核心价值观，弘扬中华优秀传统文化，传承巴蜀文明，推动天府文化创造性转化、创新性发展。坚持把社会效益放在首位，实现社会效益与经济效益相统一，推进文化体制改革和发展，突出文化创新在建设世界文创名城过程中的引领作用，实现文化事业和文创产业大繁荣、大发展。

——坚持以人为本。充分发挥市民群众在弘扬天府文化、发展文创产业中的主体作用，激发市民群众的文化创造活力，鼓励全民互动、共建共享，推动生活与创业、文创与经济的有机结合，使文创产业发展、业态提升、载体打造充分惠及市民群众，满足人民群众日益增长的精神文化需求，切实增强人民群众的文化获得感、体验感、幸福感。

——坚持改革创新。坚持理念创新、思路创新、机制创新。以理念创新推动思路变化，以机制创新推进产业发展，充分发挥市场在资源配置中的决定性作用，激发市场主体参与建设世界文创名城的动力与活力，积极引导社会多元投入，促进多元供给与多样化需求有效对接，形成特色鲜明、布局科学的文创产业发展格局，提升文创产业综合竞争力。

——坚持融合发展。坚持以满足人民群众对美好生活的向往为目标，以提升文创产品附加值为导向，在传统产业改造优化中创新融入文创元素，提供更加丰富多样的文化形式与文创产品，促进和扩大文化消费，为大力促进文商旅体融合发展，推动文创产业跨行业、跨部门渗透融合，形成融合型文创新业态、新产业链，构建各行业全方位联动发展的世界文创名城新格局。

——坚持开放合作。坚持国际眼光、战略思维，扩大文创产业的市场开放，充分利用区域性、国际性文创展会、论坛，提升文创国际化水平。整合国际资源、对接国际标准、强化国际营销，创新文化贸易"走出去"模式路径，增强成都文创产业吸纳外部要素、融入全球经济的能力，提升文创产业开放合作竞争力，参与全球文创资源整合与竞争。

二　发展目标

通过三年努力，重塑文化地理，打造一批文创载体，推动成都传统文化与现代文明交相辉映，历史文脉与文化创造相得益彰，天府文化和城市精神充分彰显，文明程度和市民素质极大提升，文化事业和文创产业发展水平进入全国第一方阵，推动文化与三次产业深度融合，全面提升城市文化影响力、凝聚力和创造力，形成人文魅力享誉世界、文化人才充分会聚、文创产业实力突出、精品力作不断涌现、创新创造活力强劲的发展新格局，加快建设蜀风雅韵的历史文化名城、享誉全球的文化旅游目的地、具有世界影响力的文化创意之城。

——2018年，全面谋划、启动世界文创名城建设，加强顶层设计、优化产业布局、丰富文化形态、创新要素供给、完善产业生态、策划重大项目、加大招商引资（力度），建成超过450万平方米园区载体，年内实现文创产业增加值1000亿元，占GDP比重约7%。

——2019年，深入推动世界文创名城建设，打造一批重大功能性项目和平台，天府文化传播取得新进展，文创产业生态圈、产业链建设取得新成就。文化原创能力显著增强，文创产业生态不断优化，文创人才充分集聚，文创品牌效应日益彰显，城市建设文化品位充分提升，文化开放格局基本形成，建成超过620万平方米园区载体，年内实现文创产业增加值1350亿元，占GDP比重约9%。

——2020年，加快建设世界文创名城，建成一批具有区域带动力、全国影响力、国际知名度的文创园区、街区、小镇、企业和品牌，形成特色鲜明、附加值高、原创性强、成长性好的现代文创产业体系。天府文化深入人心，现代公共文化服务体系更加完善，历史与时尚相融合的城市文态基本形成，世界文创名城城市品牌国内外影响力、竞争力显著提升，建成超过880万平方米的园区载体，年内实现文创产业增加值超过1800亿元，占GDP比重约10%。

表1　建设世界文创名城三年行动计划目标

指标	2020年
文创产业增加值（亿元）	≥1800
文创产业增加值占GDP比重（%）	≥10
文创园区面积（万平方米）	≥880
上市（挂牌）文创企业（家）	≥30
国际知名文创镇村（个）	≥10
国际知名文创街区（条）	≥10
支持在蓉高校建设世界一流大学和一流学科（所）	≥8
创办具有国际影响力的艺术学院（个）	1
世界知名博物馆（家）	≥5
全国知名品牌书店（家）	≥5
世界知名文创展会（个）	≥5
世界知名文创企业（家）	≥10
全国文化创意领军人物（名）	≥7
国际知名艺术流派（个）	≥2
国际知名文创品牌（个）	≥20
临港文化贸易基地（个）	≥2
"一带一路"等国际文化交流合作（次/年）	≥20
加入文化创意类国际组织（个）	≥3
每万人拥有电影荧屏（张）	≥0.65
居民文化消费占消费支出的比重（%）	≥14

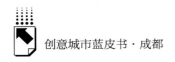

三 推进举措

着眼肩负国家使命、引领区域发展的站位格局，全面把握建设世界文创名城在成都建设全面体现新发展理念的城市功能体系中的战略定位，坚持整体谋划与重点突破相结合、系统部署与分类推进相结合，以文化为根基、创意为灵魂、产业为支撑，扎实推动世界文创名城建设各项工作落地见效。

（一）发展天府文化

坚定文化自信，坚守中华文化立场，以社会主义核心价值观为引领，发挥成都作为首批全国历史文化名城和中国十大古都的独特优势，深度挖掘源于中华文明、成长于巴山蜀水的天府文化核心内涵，传承创新创造的天府文化基因、点亮优雅时尚的天府文化特质、彰显乐观包容的天府文化气度、厚植友善公益的天府文化表达，推动天府文化创造性转化、创新性发展，让天府历史文脉和独特文化成为市民留住乡愁的精神和物质载体，让天府文化成为彰显成都魅力的一面旗帜。

1. 涵养天府文化

搭建天府文化研究平台，办好天府文化研究院，推出一批高质量高水平的天府文化研究成果、普及读物和新媒体产品。搭建天府文化展示平台，加大扶持原创精品，引进培育一批文艺领军人物和创作人才。加快文艺院团改革，支持引导民营院团成长壮大。实施文联改革，推动网络文艺等新兴文艺有序发展，推出一批体现时代精神、弘扬天府文化的"大戏、大剧、大片、大作"。搭建天府文化传播平台，创办"天府戏剧节"，办好《天府文化》《青年作家》《草堂》（诗刊）等精品杂志，开播天府文化精品节目，举办有国际影响力的文化活动和论坛，加强国际文化双向互动交流。［牵头单位：市委宣传部、市文广新局；责任单位：市文联、市社科联、成都大学、市广播电视台、成都传媒集团，各区（市）县］

2. 保护天府文脉

搭建天府文化保护传承平台，建立传统文化资源数据库，开展优秀传统文化普及活动，推动国民教育专题活动，推动优秀传统文化网络传播。搭建文化遗产保护平台，精心打造天府锦城"八街九坊十景"，抓好青城山—都江堰文化遗产地、古蜀文化遗址、芒城遗址等文化遗产的保护及活化，重点实施三国遗迹、国家大遗址、南丝路古道遗址等文化生态区的文物保护、风貌保护和合理利用，促进历史文化街区和历史建筑的活化利用。搭建天府文化转化平台，大力弘扬古蜀文化、三国文化、大熊猫文化、精华灌区文化等特有文化，传承发展成都故事和民风民俗，促进资源向产品转变。〔牵头单位：市委宣传部、市文广新局；责任单位：市建委、市规划局、市经信委、市教育局、市房管局，各区（市）县〕

3. 提升公共文化服务

推进公共文化服务标准化、均等化、社会化、数字化，加大政府向社会购买公共文化服务力度，积极培育文化类社会组织。加快整合现有基层文化阵地，统筹建设基层综合性文化服务中心，打造川剧主题文化公园。建成"15 分钟城乡公共文化服务圈"，打通公共文化服务"最后一公里"。深化文化市场综合执法体制改革，推动政府行政执法部门从"办文化"向"管文化"转变。〔牵头单位：市文广新局；责任单位：各区（市）县〕

4. 促进文化消费

增加优质文化产品和服务供给，推进国家文化消费试点城市建设，多渠道鼓励市民文化消费，逐年提升居民文化消费支出占消费支出的比重。深入实施文化惠民工程，打造"文化四季风"等文化品牌，培育"一县一品牌、一镇一亮点、一村一特色"文体活动。鼓励和支持社会力量兴办博物馆、实体书店，形成一批国内外知名博物馆、书店品牌。打造"书香成都"全民阅读典范城市，建立覆盖城乡、功能多元的实体书店体系。〔牵头单位：市委宣传部、市文广新局；责任单位：各区（市）县〕

（二）落实规划布局

深入实施主体功能区战略，贯彻省委加快构建"一干多支、五区协同"

区域发展新格局要求，推动"东进、南拓、西控、北改、中优"精准落地，因地制宜，科学规划，重塑文化地理，构建文创"双核两带三片"全域发展新格局，推动文创产业集群化、特色化、差异化发展。

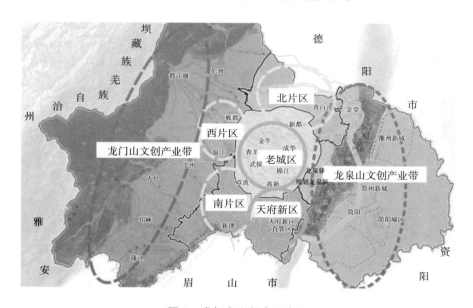

图1　成都市文创产业布局

1. "双核"支撑

锦江区、青羊区、金牛区、武侯区、成华区和成都高新区西区、南区依托深厚历史文化底蕴，以发展天府文化为使命、塑造人性尺度为理念、优化整体功能为目标、培育新兴业态为抓手，建设"天府锦城"世界文创名城核心区。加强历史文化街区、历史建筑和工业遗产保护，打造怀旧景观、文创空间和休闲场所。通过"三降两提""三减三增"，推动城市有机更新和社区营造，疏解非核心功能，增加文创功能，建设互联互通慢行系统，打造体现"老成都、蜀都味、国际范"的建筑、街区、交通和空间形态。打造环高校知识经济圈、泛成都历史文化创意街区、泛城市绿道的休闲旅游体验区。重点发展音乐艺术、传媒出版、动漫游戏、创意设计、会展广告、教育咨询、文博旅游、非遗活化等文创业态。

成都天府新区以天府文创城为核心，以锦江生态文化"沿江"带、鹿溪河文创产业"沿河"带、龙泉山西麓特色文创小镇"沿山"带为支撑，建设天府文化集聚地、美好生活体验区。推动文化创意与城市建设发展融合，把文创功能植入天府中心、天府大道景观绿轴规划，融入特色小镇、大美乡村建设，推动布局图书馆、美术馆、音乐厅、大剧院等公共文化服务设施项目，塑造特色城市文化，丰富城市底蕴。积极培育创新天府、科技天府、创意天府等文创IP，推动文化创意新组织、新产品、新业态、新模式发展。重点发展文创体验、文博旅游、田园文创等文创业态和文创科技、文创金融、音乐演艺、创意设计、会展等现代高端文创产业。

2. "两带"联动

龙泉山文创产业带（含金堂县、龙泉驿区、简阳市及青白江区部分区域、成都天府新区部分区域、成都高新区东区）按照"一心两翼"双城发展格局，在东部都市功能新区提前规划布局文化设施和文创产业。依托新城新区和国家经济技术开发区，重点建设现代文创产业新兴区、文化装备制造区。依托龙泉山、龙泉湖、三岔湖等优质生态资源，坚持以人兴城、产城互动、产城人文协调发展，着力打造龙泉山城市森林公园。重点发展创意设计、音乐艺术、休闲度假、文化体验等文创业态。

龙门山文创产业带（含彭州市、都江堰市、崇州市、大邑县、邛崃市、蒲江县）逐步从工业逻辑回归人本逻辑，从生产导向转向人本导向，坚持以控促优，划定生态红线，推动绿色发展，鼓励利用民居、村庄、集镇合并整理出的建设用地发展文创产业。依托古蜀文化、南丝路文化、精品灌区文化、大熊猫文化、陶艺文化、水文化、道文化等资源，建设具有天府文化内涵的国际旅游目的地，重点发展遗产旅游、康养旅游、科考探险、山地运动、文博旅游、古镇旅游、乡村度假、民俗体验、创意农业、音乐艺术等文创业态。

3. "三片"共兴

北片区（青白江区、新都区）按照开放性国际化思路，依托国际铁路港服务业发展区、国际现代公路物流港集聚区，建设对外文化交流贸易体系，打造国际文创商贸业新兴区，重点发展文化贸易、信息服务、工业会展、工业设计等文创业态。依托历史文化和生态资源，打造名人小镇、丝绸小镇、音乐小镇，重点发展古镇旅游、工业旅游、文博旅游、音乐艺术、研学旅游、文化体验、乡村旅游等文创业态。南片区（双流区、新津县）按照城市南拓思路，依托自贸试验区、国际空港、军民融合产业园、航空服务业集聚区，建设文化保税区、对外文化贸易基地，重点发展文化贸易、创意设计、信息服务等文创业态。依托古蜀文明、民俗文化、古镇旅游资源，建设农业博览园、牧马山文化旅游区，重点发展文博旅游、古镇旅游、运动康体、农业会展等文创业态。西片区（温江区、郫都区）按照高端引领、绿色发展的思路，依托丰富的文化资源、教育资源和自然资源，建设国家级影视产业制作基地、创新创业引领区，重点发展教育咨询、信息服务、创意设计、智能穿戴等文创业态。依托古蜀文化、历史名人、川西林盘、生态农业、生物医学等资源优势，打造扬雄故里、非遗产业园区、健康服务业集聚区、林盘文化体验区，重点发展研学旅游、医美康养、文化体验、主题娱乐、时尚用品、非遗活化、观光农业等文创业态。

4. 集聚发展

坚持高标准规划建设和融合式改造提升发展思路，形成一批集聚效应明显的文创示范园区、体现"特"在人文、在历史、在形态、在功能的特色文创小镇（村、社区），重现成都文化肌理的文创街区。以因地制宜、集聚发展为理念，规划建设少城国际文创硅谷、人民南路文创金融集聚区、东郊文创集聚区、北湖·大熊猫文创集聚区、都江堰市李冰文化创意产业园区、龙门山旅游休闲功能区、临邛文博创意产业示范区、双流军民融合产业园、郫都成都影视硅谷、温江星光影视文旅城、蒲江中德职教创新集聚区等26个文创产业功能集聚区。［牵头单位：市委宣传部、市文广新局；责任单位：市委宣传部、市委社治委、市林业园林局、市农委、市经信委、市商务委、市旅游局，各区（市）县］

（三）促进跨界融合

坚持以智能化、智慧化为主攻方向，借力"互联网＋"新动能，拓展

"文创＋"新思维，推动文化创意产业内涵深化整合、外延融合带动，促进文创产业新技术、新业态、新模式发展，重点发展创新先导型、内容主导型、智力密集型、资本密集型文创产业类型，形成文创新经济，培育一批"独角兽""瞪羚"企业。

1. 促进文创与科技融合

加快推进互联网、物联网、云计算、虚拟现实、大数据等高新技术成果向文创领域转化运用，发展文创新经济。发挥成都国家文化和科技融合示范基地作用，打造文创科技融合发展的文创产业园、文创孵化器。建立文创科技融合发展重点企业、项目和产品数据库，培育一批跨界融合的标杆企业、领军企业，实施一批文创科技融合重大项目。支持企业建立文创科技融合发展的研发中心、博士后科研工作站，联合高校、科研机构共建产业技术创新联盟、标准联盟、行业协会，打造一批聚集创新资源的研发转化平台。鼓励研发具有自主知识产权、引领新型文化消费的智能软硬件及平台，推进先进技术成果应用于文化创意内容生产，发展移动多媒体、虚拟会展、智慧文创等文创科技融合新业态。〔牵头单位：市文广新局；责任单位：市经信委、市科技局、市发改委、市人社局、市教育局、市新经济委，各区（市）县〕

2. 促进文创与三次产业融合

坚持文创产业化、产业文创化，通过文化植入、创意融入和设计提升，推动文创与各相关产业的深度融合，高标准打造"三城三都"城市品牌，培育一批文创"航空母舰"和行业"单打冠军"。推进文化创意与都市现代农业、休闲农业等融合，打造一批集农业观光、体验、科教及文化传承于一体的农文旅融合发展示范区，推出一批具有文化创意的农业产品、农业节庆和农业景观，打造一批全国知名的"艺家乐""创意村"。促进文创与工业融合，培育一批工业设计、建筑设计、工程设计机构，打造一批全国知名的设计园区，优化传统工业园区多元文化创意要素的配置，打造一批工业旅游基地、特色创意休闲基地。加强工业设计新领域研究运用，强化创意设计，推动传统制造向"智能型制造、服务型制造"发展，提升产品附加值，重塑提升产业竞争力。促进文创与商贸、旅游、体育融合，将"千年商都"

的人文底蕴与现代商业理念有机融合，打造时尚体验、购物娱乐、美食品鉴等多元一体的文化商业集聚区。鼓励餐饮、酒店、实体书店等传统商企引入特色文化、强化创意设计，擦亮"老字号"金字招牌。充分利用好国际马拉松、成都美食旅游节、世界文化名城论坛等大型节会展赛平台，发展时尚运动、美食旅游、会展节庆等文创业态，开发衍生产品及服务。[牵头单位：市委宣传部、市文广新局；责任单位：市商务委、市经信委、市旅游局、市体育局、市博览局，各区（市）县]

3. 促进文创与城市融合

把文创产业作为向城市注入人文理念的主通道和提升生活品质的重要载体，大力发展创意生活业，把文化创意、深度体验及生活美学融于衣、食、住、行、游、购、娱等领域。提升城市规划文化品位，将天府文化融入城市规划设计，加快布局建设天府艺术中心、成都自然博物馆、成都图书馆新馆等一批体现成都文化特质、蕴含城市精神的城市文化地标。凸显城市建筑文化特色，做好城市天际线和色彩设计，制定城市形态及建筑立面设计导则，构建体现川西平原人文习性、自然禀赋和生活情趣的城市文化识别体系，实施对历史文化街区、地段、保护单位、建筑、景区的风貌控制。打造城市文化景观体系，注重城市创意设计和美学表达，顺应"山水田林路湖"自然肌理，萃取古蜀文化、三国文化、大熊猫文化、芙蓉文化、水利文化、道文化、精华灌区文化等特色文化精华，打造一批城市景观轴、绿道和绿廊系统，形成"绿满蓉城、花重锦官、水润天府"多层次文化景观体系，塑造历史文化与现代时尚交相辉映的公园城市文化风貌和休闲城市美学形态。[牵头单位：市文广新局；责任单位：市发改委、市建委、市规划局、市林业园林局，各区（市）县]

（四）推进重点领域和载体建设

深刻把握我国经济由高速增长阶段转向高质量发展阶段的基本特征，顺应文创发展规律，遵循绿色环保理念，汇聚文创要素，优化产业生态，以八大产业为重点，加强载体建设，打造附加值高、原创性强、成长性好的现代文创产业体系，为建设世界文创名城增强产业支撑。

1. 传媒影视业

着力打造全国传媒重镇、互联网影视产业重镇、中国网络视听内容生产交易中心，重点发展现代传媒、数字出版和影视娱乐。打造1个全国一流的新型媒体集团、1个有全国影响力的财经媒体集团、1个国家级网络视听产业园区、1个全国一流的传媒文化产业园、1个国家级影视制作基地。［牵头单位：市委宣传部、市文广新局；责任单位：市投促委、市广播电视台、成都传媒集团，相关区（市）县］

2. 创意设计业

着力打造绿色环保设计之城，建设国际创意设计高地，发挥创意设计贯穿经济社会多行业多领域的特点，强化创意设计引领作用和价值提升作用，重点发展工业设计、景观设计。搭建开放合作平台，集聚50个创意设计大师团队，培育5个创意设计国际品牌，孵化500个创意设计机构。［牵头单位：市委宣传部、市文广新局；责任单位：市经信委、市规划局、市林业园林局，相关区（市）县］

3. 现代时尚业

着力打造国际时尚之都，重点发展时尚服饰、时尚用品和时尚服务。整合时尚地标、时尚人物、时尚品牌、时尚平台等要素资源，创办1个国家级时尚产业园区，引进5名以上国际时尚大师，打造5个以上时尚知名品牌，举办50场以上大型时尚活动。［牵头单位：市委宣传部、市文广新局；责任单位：市经信委、市商务委、市投促委，有关区（市）县］

4. 音乐艺术业

协力建设国际音乐之都、世界非遗之都、中国艺术品交易中心，重点发展和促进音乐演艺、艺术品生产与交易、非遗生产性保护。支持打造具有世界影响力的音乐学院、艺术流派，支持蓝顶当代艺术中心、浓园国际艺术中心走向世界，培育具有国际影响力的天府文化艺术名家非遗传承大师，创办天府文化名师工作室，打造具有全国影响力的音乐产业基地、特色音乐小镇和艺术品交易平台，举办50场以上具有国际影响力的艺术展演活动。［牵

头单位：市委宣传部、市文广新局；责任单位：市口岸物流办，相关区（市）县］

5. 文体旅游业

协力建设世界旅游名城、世界赛事名城，着力打造中国博物馆之都、中国书香第一城，重点发展博物馆书店旅游、古镇旅游、时尚旅游、美食旅游、研学旅游、运动旅游。打造 10 家以上具有国际影响力的特色博物馆、特色书店，20 条（个）以上国际知名特色文创街区、文创小镇（村落）和若干具备特色化、个性化的文创空间，形成系统的天府文化文旅空间载体集合。［牵头单位：市委宣传部、市文广新局；责任单位：市旅游局、市体育局、市国资委、市教育局、市卫计委，有关区（市）县］

6. 信息服务业

着力打造中国动漫名城、深化中国软件名城建设，重点发展软件服务、电子商务和动漫游戏。培育 2 家中国软件百强企业、200 家信息服务上市企业（含在新三板挂牌的企业）。［牵头单位：市委宣传部、市文广新局；责任单位：市经信委、市商务委、市投促委、市体育局，有关区（市）县］

7. 会展广告业

协力建设国际会展之都，重点发展会展服务和广告服务。培育 5 个国际化、国家级、专业性的文创品牌节会，建成 1 个以上国家广告产业园分园。［牵头单位：市委宣传部、市文广新局；责任单位：市博览局、市工商局，有关区（市）县］

8. 教育和咨询业

着力打造西部文创人才高地，着力发展教育培训和咨询服务。支持在蓉高校创建世界一流大学和一流学科，支持中国—东盟艺术学院办成具有全国影响力的艺术院校，培育 3 家以上具有全国影响力的知名教育培训机构和 50 家以上全国知名咨询服务机构。支持科研院所、大专院校和文创企业建立产教联盟。［牵头单位：市委宣传部、市文广新局；责任单位：市教育局、市商务委、市科技局、市科协，有关区（市）县］

（五）推进重大项目

发挥重大项目的龙头带动作用，三年间策划储备、促建开工、建成达产200个以上推进世界文创名城建设重点项目，计划总投资9000亿元以上。加快建设天府锦城、成都自然博物馆、川港创意产业园区、中法成都大熊猫生态创意产业园（熊猫星球）、完美世界文创产业园、言几又天府国际文创中心、星光影视文旅城等标志性项目。〔牵头单位：市委宣传部、市文广新局；责任单位：市级有关部门，各区（市）县〕

（六）发展文创金融

推进文创金融跨界融合，搭建平台，优化生态，发展现代文创金融新业态，强化文创金融功能新支撑，探索文创金融结合新方式，提升文创投融资能力，创建国家级文化金融合作创新试验区。

1.打造文创金融服务体系

支持成都银行文创支行做大做强，建立健全文创企业债权融资风险补偿机制，探索开展无形资产质押和收益权抵（质）押贷款等业务。发挥好市级文创产业投资基金作用，引导社会资金投向创意与设计产业核心领域、新兴文化领域。支持保险机构探索开展适合文化创意企业特点和需要的新型险种与保险业务。支持金融机构利用大数据、云计算等互联网新技术，为文创企业提供"低门槛、低成本、高效率"的金融服务。〔牵头单位：市委宣传部、市文广新局；责任单位：市金融局、市财政局、市科技局、市旅游局、市体育局，有关区（市）县〕

2.优化文创金融生态

充分运用现有金融扶持政策和支持小微企业融资的相关政策措施，完善文化创意产业"补、贷、投、保"联动机制，鼓励和引导社会资本进入文化创意产业。加快培育专业化的资产评估服务机构，建立健全文化资产评估体系。依托国家企业信用信息公示系统和银企融资对接平台，采集共享文创企业信用信息，帮助商业银行运用数字手段把控风险。鼓励金融机构建立服务文创产业的专属机构和专业服务团队，提高文创金融服务专业化水平。加强文创金融专业人才培养，鼓励金融机构与文创企业人才双向交流。［牵头单位：市委宣传部、市文广新局；责任单位：市金融局、市人才办，各区（市）县］

3. 支持经济证券化

完善文创企业上市资源培育储备机制，引导和支持文创企业加快股份制改造。建立文创企业上市挂牌储备库，鼓励符合条件的文创企业在主板、创业板上市或新三板挂牌。鼓励文创企业发行公司债、企业债、中小企业私募债等非金融企业债务融资工具。支持已上市和挂牌文创企业通过增发股票、发行公司债等方式进行再融资。［牵头单位：市委宣传部、市文广新局；责任单位：市发改委、市金融局，各区（市）县］

（七）壮大市场主体

深入实施大企业大集团发展战略，内培外引、做强做大一批龙头文创企业，培育一批本土文创企业成为中国500强、民企500强和行业领军企业，不断增强文创企业核心竞争力，推动文创产业质量、规模和实力跨越提升。

1. 促进企业发展

坚持扶优扶强，鼓励有实力的本土企业进行跨地区、跨行业、跨所有制兼并重组，打造具有国际竞争力的龙头骨干文创企业，培育一批主业突出、市场竞争力强的"独角兽"企业。建设具有全国影响力的文化旅游集团、广播影视集团、传媒出版集团、财经新闻集团。支持文创领域"大众创业、万众创新"，重点支持"专、精、特、新"中小文化创意企业发展，打造一批民营文化创意"小巨人"企业。大力发展演艺经纪、版权代理、评估鉴定、推介咨询、担保拍卖等各类文化创意中介服务机构，支持广播影视、网络票务、数据分析、市场营销等专业服务企业发展。大力发展"众创空间""创新工场"等新型创业服务平台，实现龙头骨干文创企业、中小微文创企业、个体文创劳动者协同发展。［牵头单位：市委宣传部、市文广新局；责任单位：市国资委、市经信委、市商务委、市科技局、市工商局、市税务局，各区（市）县］

2. 促进品牌培育

构筑多层次品牌经济发展体系，培育一批"成都设计""成都制造""成都服务"文创品牌。制定天府文创品牌培育和输出计划，系统推进文创品牌发展。培育品牌企业，评选成都文创百强企业、"瞪羚"企业，大力支持有基础、有条件的文创企业发展成为全国知名品牌企业和"百年老店"。开发品牌产品、引进品牌项目、培育驰名商标，以"工匠精神"打造名牌名作名品。[牵头单位：市委宣传部、市文广新局；责任单位：市经信委、市商务委、市工商局，各区（市）县]

3. 促进产业生态圈建设

着力打造文创产业生态圈，增强参与国际分工的比较优势。完善文创产业、空间和政策体系，促进传统文创园区向共生型产业生态圈升级，建设基于服务和价值创造的虚拟产业生态圈，通过优化要素供给完善产业生态圈的效率提升支持体系，推动文创产业从形聚走向神聚，形成若干文创产业集聚区和创意产业、大数据产业、电子商务产业等重点领域产业生态圈。[牵头单位：市委宣传部、市文广新局；责任单位：市级有关部门，各区（市）县]

（八）加强文创开放合作

实施文化"走出去""引进来"升级计划，统筹对外文化交流、传播和贸易，将成都建设成为国家向西向南文化交往的国际门户枢纽和泛欧泛亚有重要影响力的文化交往中心城市，不断增强天府文化的全球影响力，提升成都现代化国际城市良好形象。

1. 积极促进文化交流

发挥"一带一路"桥头堡作用，与"一带一路"沿线国家共建"文化中心"。充分挖掘联合国教科文组织、世界文化名城论坛组织、驻蓉机构和各类重要国家性对外文化品牌活动等资源，积极开展对外文化交流。加强与港澳台的文化合作，共建世界知名旅游目的地联合地，共搭城市文化推广、传播和营销平台。支持国内外知名高校来蓉设立研究院等分支机构，开展学术交流。打造一批对外文化交流品牌，搭建国内外优秀艺术院团、艺术家高端交流平台，开展学术交流和文化外宣活动，形成多层次对外文化交流格局。［牵头单位：市委宣传部、市文广新局；责任单位：市旅游局、市教育局、市外事侨务办，各区（市）县］

2. 大力发展文化贸易

搭建对外文化贸易平台，依托自贸试验区，加快建设对外文化贸易基地、文化贸易物流中心，优化提升艺术品保税仓功能，建设中国西部蓉欧文化创意港，推动成都文创企业、文创品牌"走出去"。培育引进具有国际竞争力的外向型文化企业及机构，吸引国外知名文创企业和机构来蓉。加强与省内各市（州）在文创产业链和价值链的分工协作，注重发挥比较优势，推动文创产业跨市域布局和梯度转移。积极参与成渝城市群协同发展，加强与京津冀、长三角、珠三角和长江中游城市群开展文创领域合作，拓宽成都文创发展外部空间，形成差异发展、互动共赢的一体化对外开放新格局。［牵头单位：市委宣传部、市文广新局；责任单位：市商务委、市口岸物流办、市投促委，各区（市）县］

3. 加强世界文创名城宣传

打造立体传播平台，建立与国内外高端媒体深度宣传合作机制，拓展世界文创名城外宣阵地。把"讲好成都故事、传播好成都声音"作为世界文创名城对外宣传的基本方法，精准定位传播产品和传播对象，加强实施效果评估。开展世界文创名城形象推广，打造"一带一路"沿线国家媒体联盟和"媒体访友城"等外宣品牌。实施"一带一路"天府文化推广计划，大力开展"大熊猫与世界""蓉港澳合作周"等重大活动，组织媒体互动、跨境采访，提升世界文创名城的国际辐射力、影响力、传播力。［牵头单位：市委宣传部、市文广新局；责任单位：市旅游局、市外事侨务办、市林业园林局、市广播电视台、成都传媒集团，各区（市）县］

四　保障措施

用好用足中央和四川省相关政策，认真落实成都市"产业新政 50 条"、

《成都市促进西部文创中心建设若干政策》和《关于大力推动文化商贸旅游体育融合发展的实施意见》。围绕新技术、新产业、新业态、新模式发展需要，创新要素供给、降低企业成本、优化产业业态，增强成都对全球文创要素资源的吸引和汇聚效应。

（一）人才支持

加强文化人才的引进、培育、激励和服务。吸引领军人才、资本运营人才、科技创新人才等高层次文创类人才在蓉创新创业。与国内外高校、研究机构共建高端专家智库。选拔培育成都青年文艺家、优秀设计师等本土优秀文化人才。加强人才服务保障，将满足条件的高端复合型文创类人才纳入"蓉城人才绿卡"服务体系，加大对青年文创人才的创业扶持和生活服务保障力度，营造良好的创新创业环境。鼓励文创企业以知识产权、无形资产、技术要素入股等方式，加大对骨干人才的激励力度。推进用人制度改革，完善文化人才分类评价。〔牵头单位：市委宣传部、市文广新局；责任单位：市人才办、市财政局、市人社局、市文联、团市委、市妇联，各区（市）县〕

（二）用地支持

在符合法律法规、具备供地条件的情况下，保障文创产业用地需求，对文创重大项目按需"随用随供"。对符合规划导向和产业条件的重大文创项目，可将文创产业主管部门提出的产业条件纳入土地出让方案，按有关政策确定土地出让起始（叫）价。支持各类市场主体利用闲置工业厂房、仓储用房、传统商业街等存量房地资源兴办文创产业项目，在符合城市规划的前提下，其原用途和原土地使用权利人不作变更。〔牵头单位：市文广新局；责任单位：市国土局、市规划局、市经信委、市房管局，各区（市）县〕

（三）资金支持

充分利用市级文化产业发展专项资金存量资源，视财力优化增量。鼓励支持各种类型的国有企业投资文创产业。鼓励社会企业和民间资本通过多种形式投资文创产业，加大对原创精品、初创期成长期企业、示范企业、示范园区（基地）、人才引进等项目的支持力度。各区（市）县要结合自身实际，创新投入方式，充分发挥财政资金引导作用，带动金融、社会资本等参与对文创产业的投入。[牵头单位：市委宣传部、市文广新局；责任单位：市财政局、市国资委，各区（市）县]

（四）技术支持

支持使用新技术，着力提高传媒、出版、影视、演艺、网络、动漫等领域的技术装备水平。支持有实力的企业建立研发中心、技术中心，加快技术共享服务平台、产业技术开发平台建设。支持发展数字版权保护、隐私保护、网络与信息安全监测等关键技术，加速科技文创成果转化和产业化。[牵头单位：市委宣传部、市文广新局；责任单位：市经信委、市科技局、市新经济委]

（五）平台支持

高水平举办全球创新创业交易会、国际非遗节等大型展会，打造文创重点领域的全球交易平台。支持成都知识产权交易中心建设，鼓励社会企业建立以 IP 为核心的产权交易平台。创办天府文创直播平台、文创电子商务平台，提升媒体电商水平，培育一批在全国有影响力的文创网商企业。支持各级政府开发建设集行政管理、政策发布、情报咨询、项目申报、资金扶持、产品展销等内容于一体的文创产业公共服务平台，支持文创园区、基地开发服务园区、基地内文创企业的综合信息平台，支持建立企业自建自管具备部分公共服务功能的信息平台，支持市场主体与国际国内知名征信企业合作，建设文创产业信用体系等各类信息服务平台。[牵头单位：市委宣传部、市文广新局；责任单位：市经信委、市科技局、市大数据和电子政务办、市发改委、市工商局]

（六）发展环境支持

1. 强化知识产权保护

加强版权登记、商标注册、专利申请和维权纠纷调解，增强成都版权事务中心服务能力，加强行政执法与司法的衔接，提升知识产权快速维权服务市场、服务企业的能力，积极保护知识产权所有人合法利益。推动有条件的文创企业建立法律事务部，促进文创企业间开展知识产权法律保护的交流与合作。[牵头单位：市文广新局；责任单位：市司法局、市工商局、市知识产权局]

2. 提升服务水平

实施"放管服"改革，加大项目落地促建协调服务，优化内容审查等管理程序，推行重大项目"承诺制"，开展"仅跑一次"改革，为文创企业和项目提供精准、便利、透明、高效的"一窗口""一站式"服务。下放审批权限，取消不必要的审批、办证规定，一律依法公开公布保留的行政审批事项目录清单，目录之外不得实施行政审批。加强文创行业协会建设，充分发挥协会的沟通、协调、自律作用，积极培育财务咨询、人才培训、法律服务、风险投资、代理服务等专业中介服务机构，营造法治化、国际化、市场化的营商环境。[牵头单位：市委宣传部、市文广新局；责任单位：市司法局、市政府法制办、市政务服务中心]

（七）工作机制支持

1. 强化领导统筹

世界文创名城建设工作推进小组统筹领导全市世界文创名城建设工作，办公室设在市委宣传部。市委宣传部要成立专门办事机构，配强工作力量。各区（市）县要明确责任主体和工作主体。市级成员单位要落实工作责任，全力协同推进。[牵头单位：市委宣传部、市文广新局；责任单位：市级有关部门、世界文创名城建设工作推进小组成员单位，各区（市）县]

2. 突出项目招商

建立市县两级联动、以区（市）县为主、多部门协同的文创产业招商机制，对确定为世界文创名城重大文创招商项目要推行"一个项目一个领导"专班制度，制定有针对性的招商策略，提高项目招引成功率。强化产业生态圈招商，加强对文创行业龙头骨干企业招引，开展补链招商、强链招商、扩链招商、平台招商。[牵头单位：市委宣传部、市文广新局；责任单位：市投促委、市经信委、市商务委，各区（市）县]

3. 强化目标督查

将文创产业发展工作纳入目标考核。建立常态化项目督查制度，实行项目通报制度。开展产业统计监测，定期发布统计数据和年度文创产业发展报告。[牵头单位：市委宣传部、市文广新局；责任单位：市委督查室、市政府督查室、市统计局，各区（市）县]

B.27
2018~2019年成都市及各区（市）县文化创意产业政策目录

成都市文化体制改革和文化产业发展领导小组办公室

2018年

市级

1.《建设西部文创中心行动计划（2017～2022年）》（成委发〔2018〕7号）

2.《成都市建设世界文创名城三年行动计划（2018～2020年）》（成委办〔2018〕50号）

3.《成都市促进西部文创中心建设若干政策》（成委办〔2018〕10号）

4.《关于大力推动文化商贸旅游体育融合发展的实施意见》（成委发〔2018〕27号）

5.《成都文化创意产业分类目录（2018）》（成文改发〔2018〕2号）

6.《成都市开展质量提升行动实施方案》（成委发〔2018〕30号）

7.《成都市"一带一路"留学生政府奖学金暨成都市东盟艺术奖学金管理办法》（成教发〔2018〕1号）

8.《成都市强化学校体育促进学生身心健康全面发展实施方案的通知》（成办发〔2018〕10号）

9.《成都市关于推动创意经济发展的实施方案》（成文广新发〔2018〕119号）

10.《成都市人民政府办公厅关于印发〈成都市农家乐管理办法〉的通

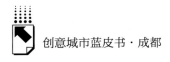
知》（成办发〔2018〕19号）

11.《成都市促进旅游休闲发展行动计划（2018～2022年)》（成旅发〔2018〕50号）

12.《成都市创建全民运动健身模范市工作方案》（成办函〔2018〕171号）

13.《加强天府绿道体育功能建设推进绿道健身工作实施方案》（成体发〔2018〕6号）

各区（市）县

1.《成都高新技术产业开发区关于深化产业培育　实现高质量发展若干政策意见》（成高管发〔2018〕12号）

2.《成都高新区实施"金熊猫"计划促进人才优先发展的若干政策》（成高委发〔2018〕3号）

3.《四川天府新区成都直管区深入推动天府文化创新发展行动方案》（天成委办发〔2018〕29号）

4.《中共成华区委办公室成华区人民政府办公室关于塑造"天府成都·文旅成华"区域品牌建设全国重要文创中心典范区的实施方案》（成委发〔2018〕49号）

5.《建设"文创武侯"行动计划（2018～2021年)》（武委发〔2018〕46号）

6.《成都市武侯区促进文化产业发展系列政策（文博旅游专项政策）（试行)》（成武委宣〔2018〕46号）

7.《成都市武侯区促进文化产业发展系列政策（数字娱乐专项政策）（试行)》（成武委宣〔2018〕47号）

8.《成都市武侯区文化产业发展专项资金管理办法》（成武文改发〔2018〕1号）

9.《成都市武侯区关于加快总部经济发展的实施意见》（成武府发〔2018〕15号）

10. 《成都市武侯区推动楼宇经济高质量发展若干扶持政策》（成武府发〔2018〕16号）

11. 《青羊区关于深入推动天府文化创新发展的行动方案》（青委办字〔2018〕32号）

12. 《青羊区建设全国重要的文创中心行动计划（2017～2022年）》（青委办字〔2018〕53号）

13. 《关于印发〈成都医学城高层次人才创新创业支持政策实施细则〉的通知》（温科发〔2018〕2号）

14. 《成都市温江区促进全域旅游发展若干政策措施》（温府发〔2018〕41号）

15. 《新津县加快服务业发展的实施意见》（新津府发〔2018〕4号）

16. 《蒲江县贯彻落实〈建设全国重要的文创中心行动计划（2017～2022年）〉的实施方案》（蒲委发〔2018〕14号）

17. 《中共蒲江县委宣传部关于深入推动天府文化创新发展的行动方案》（蒲委发〔2018〕14号）

18. 《关于实施"龙泉驿英才计划"加快高层次人才聚集的若干政策》（龙委发〔2018〕1号）

19. 《成都市龙泉驿区文化创意产业人才计划实施细则》（龙文广新发〔2018〕149号）

20. 《成都市新都区文化创意人才引育实施办法》（新都委宣发〔2018〕14号）

21. 《都江堰市文创产业发展行动计划（2017～2022年）》（都委办〔2018〕47号）

22. 《崇州市全域旅游（康养旅游服务业集聚区）产业引导政策及实施细则》（崇府发〔2018〕10号）

23. 《邛崃市文创产业发展工作实施方案》（邛委发〔2018〕11号）

24. 《大邑县关于深入推动天府文化创新发展的行动方案》（大委办〔2018〕39号）

25.《大邑县加强文化领域行业组织建设的实施方案》（大委办〔2018〕48 号）

26.《彭州市加快主导产业发展的若干政策措施（2018 年修订）》（彭委发〔2018〕9 号）

27.《〈彭州市加快主导产业发展的若干政策措施（2018 年修订）〉实施细则》（彭开领办〔2018〕17 号）

28.《彭州市促进乡村整形优化提升现代农业的若干政策措施》（彭委办〔2018〕8 号）

29.《彭州市招商引资中介奖励办法（2018 年修订）》（彭委办〔2018〕7 号）

30.《关于乡村民宿发展的指导意见（试行）》（彭府办函〔2018〕27 号）

2019年

市级

1.《成都市人民政府办公厅关于发展全市夜间经济促进消费升级的实施意见》（成办发〔2019〕31 号）

2.《关于促进软件产业高质量发展的专项政策措施》（成经信发〔2019〕10 号）

3.《成都市软件产业"蓉贝"计划实施办法（试行）》（成经信发〔2019〕11 号）

4.《成都市鼓励校地校企合作培养产业发展人才补贴实施办法》（成教办〔2019〕7 号）

5.《"中优"区域内利用老旧厂房及其他非住宅性空闲房屋发展新产业、新业态、新商业实施流程》（成自然资源函〔2019〕318 号）

6.《2019 年成都市建设世界文创名城重点招引计划》（成投促发

〔2019〕3号）

7.《2019年成都市建设世界文创名城重点培育计划》（成文广旅发〔2019〕127号）

8.《关于进一步加强成都市作家协会建设的实施方案》（成文联发〔2019〕5号）

9.《成都市文化创意产业分类目录（修订版）》（成文改发〔2019〕3号）

10.《成都市历史文化街区规划技术规定（试行）》（成自然资发〔2019〕39号）

各区（市）县

1.《锦江区关于深化供给侧结构性改革推进经济高质量发展若干政策的意见（文化创意产业部分）》（锦文领〔2019〕1号）

2.《中共成都市青羊区委关于传承发展天府文化打响"千年蜀都文博青羊"品牌争当世界文化名城建设排头兵的实施意见》（成青委发〔2019〕1号）

3.《金牛区文创示范空间评选办法》（金牛府办函〔2019〕107号）

4.《中共成都市金牛区委成都市金牛区人民政府关于发展天府文化建设"文化北城"争当世界文化名城建设主力军的实施意见》（金牛委发〔2019〕28号）

5.《成都市武侯区促进文化产业发展系列政策影视产业专项政策》（成武委宣〔2019〕44号）

6.《中共成都市成华区委关于弘扬中华文明发展天府文化打造"文旅成华"加快建设世界文化名城先进区的实施意见》（成华委发〔2019〕16号）

7.《成都市青白江区促进文化创意产业发展若干政策》（青委办发〔2019〕57号）

8.《成都市青白江区促进文化创意产业发展若干政策实施细则》（青宣

发〔2019〕18 号）

9.《中共成都市温江区委关于弘扬中华文明发展天府文化助推成都加快建设世界文化名城的决定》（温委发〔2019〕5 号）

10.《成都市温江区助推世界文创名城三年行动计划（2018～2020 年)》（温三城三都办发〔2019〕2 号）

11.《成都市双流区建设天府文创之港实施办法》（双委发〔2019〕2 号）

12.《2019 年成都市郫都区"三城三都"建设工作方案》（郫三城三都办〔2019〕1 号）

13.《成都市建设世界文创名城工作都江堰市行动计划（2019～2021 年)》（都委办〔2019〕52 号）

14.《中共邛崃市委关于聚焦天府文化发展谱写邛崃特色章节建设世界文化名城西部区域中心的实施意见》（邛委发〔2019〕7 号）

B.28
2018~2019年成都市文化创意产业发展大事记

成都市文化体制改革和文化产业发展领导小组办公室

2018年

1月

9日，法国戴罗乐（Deyrolle）公司、广东方所文化投资发展有限公司和成都文化旅游发展集团有限责任公司于北京人民大会堂广东厅，在国家商务部部长钟山、法国外交部部长勒德里昂、法国经济和财政部部长勒梅尔等共同见证下，举行了中法成都大熊猫生态创意产业园项目合作框架协议的签约仪式。

10日，成都博物馆受邀参加2018网易"政启新时代"年度盛典暨有态度品牌榜发布会，并荣获网易"2017年度最具民生服务力政务号"称号。

12日，由都江堰市和西华大学共同牵头发起的四川李冰研究会成立大会在都江堰市举行。

29日，由省委宣传部、文化厅主办，省文化馆承办的"乡村振兴艺术圆梦——四川首届乡村艺术大展"在锦江区东湖公园红美术馆开幕，370余件来自山间地头的民间传统工艺展品，通过现代化艺术展览，惊艳绽放。

30日，全国首个文化惠民消费线上支付平台"文创成都"App正式上线运营。

31日，由"Home in Chengdu 家在成都"互联网平台、*HELLO Chengdu*

杂志主办的"家在成都·年度发布——2017外籍人士最爱榜单发布暨颁奖典礼"隆重举行。成都宽窄巷子被评为"2017年外籍人士最爱旅游目的地"。

2月

5~13日,"PANDA成都走进玻利维亚"活动在圣克鲁斯成功举行。中国驻玻利维亚大使梁宇、驻圣克鲁斯总领事欧箭虹、圣克鲁斯省省长夫人等出席活动。

9日,"海外成都"美国(纳什维尔)工作站签约授牌仪式在美国纳什维尔市举行,国际音乐产业协会主席大卫·罗斯出席活动。

10~17日,"PANDA成都走进美国"——我驻美国大使馆"2018欢乐春节"文化活动在美国纽约成功举行,通过文艺演出和非遗手工艺展示,展现了天府文化的丰富内涵。国务院副总理刘延东高度评价本次活动,并专门作出了批示。

11日,第九届成都诗圣文化节在成都杜甫草堂博物馆举行。

12~19日,"熊猫小记者"全球追访"一带一路"大型公益新闻接力行动第一季冬季活动在蓉举行,10个"一带一路"沿线国家家庭来蓉欢度中国年。

13日,2018武侯祠成都大庙会在成都武侯祠博物馆举行。

23日,"建设西部文创中心行动计划"新闻发布会在东郊记忆举行,集中系统深入宣传和解读政策的主要内容和特色亮点。

3月

2日,"情浓元宵"——339烟花音乐节在成华区天府熊猫塔举办。

13~14日,在泰国中文国际广播电台(FM103.75)连续两天播出成都专题节目,宣传推介成都深厚的历史文化底蕴和丰富的旅游文教资源,扩大了天府文化的影响力,利用国际频道讲好成都故事,传播成都声音。

16日,成都高新区联合BOE(京东方)举办"艺术成都——京东方数字艺术论坛"。

18日，2018成都双遗马拉松赛在都江堰市举行，本次马拉松赛由中国田径协会、成都市人民政府主办，成都市体育局、成都市旅游局、都江堰市人民政府承办，3万名跑者参与活动，为中国西部地区参赛人数最多的半程马拉松赛事。

18日，"绿满蓉城·首届成都天府绿道国际踏青大会"在成都举办，邀请全球知名人士在春分日齐聚成都，体验天府绿道。

4月

4日，2018中国·都江堰放水节在都江堰举行。活动包括祈福仪式、拜水大典、2018中国·都江堰水生态文明论坛等。

4日，域上和美集团获世界旅游业理事会成员证书，成为大中华地区唯一受邀加入WTTC的文化旅游企业。

14日，2018年全国武术套路冠军赛（传统项目赛区）在大邑体育馆举行。

15日，以"新时代新经济：三医＋大数据/AI"为主题的创业天府·菁蓉汇专场活动在温江区成功举行。

20日，中广影视（大邑）功能区落户签约仪式及首届中广影视工业论坛在大邑县开幕。

20日，第五届川台农业合作论坛暨海峡两岸乡村振兴研讨会在新津召开。

22~28日，邀请来自25个国家和地区30个友城的38位雕塑家来蓉采风，深度考察天府绿道，参加天府绿道项目介绍会，为天府绿道量身设计一批雕塑作品，共收到为绿道免费提供的雕塑作品设计稿55份。

5月

5日，2018年"一带一路""四川广电网络杯"国际篮球对抗赛在青白江区文体中心举行。

8日，由成都市人民政府、法国驻成都总领事馆主办，成都市文化广电旅游局承办的2018"成都·法国文化月"启动仪式在成都博物馆盛大举行。作为贯穿此次活动的重要展览——《知尚》时尚摄影展也于同日在成都博物馆开展，用一场目不暇接的视觉艺术盛宴拉开了2018"成都·法国文化月"的序幕。

11日，2018城市民谣音乐节第二阶段"街巷音乐会"开幕，谭咏麟、陈百祥等40余位川港明星一起"唱响玉林"，共同发布《音乐演艺+街巷文创 2018玉林宣言》。

13日，四川省委常委、省委宣传部部长甘霖一行调研邛崃非物质文化遗产保护工作，考察了成都临邛文博创意产业示范区、文君井公园并座谈。

15日，全国政协副主席刘奇葆调研天府文化临邛文博创意产业示范区。

18日，邛崃市在邛窑遗址举行了"5·18国际博物馆日"四川系列活动暨邛窑考古遗址公园开园仪式，邛窑考古遗址公园正式对外开放。

19日，2018成都国际友城市长创新论坛在蓉举行。

22日，成都市人民对外友好协会与中国人民对外友好协会在友城韩国金泉市共同举办第八届中日韩青少年国际书画交流展，中方有精选自成都市中小学生的82幅书画作品参展。

29日，2018年四川省重大招商引资项目集中开工暨成都药明康德生命健康产业园项目动工仪式在温江举行。

29日，"千年蜀都·文博青羊"成都少城国际文创硅谷推介会（北京站）暨"百日擂台赛"青羊文创项目签约仪式在首都北京举行。

6月

5~8日，2018年"一带一路"成都国际乒乓球公开赛暨体育经济与国际区域合作论坛在青白江区文体中心举行。

6日，全国政协常委、全国政协文化文史和学习委员会副主任王儒林率调研组来到锦江区红星路文化创意产业园，调研文化创意产业发展情况。全国政协文化文史和学习委员会副主任刘福连、阎晓宏参加调研。

7日，2018年中国（都江堰）田园诗歌节在都江堰市柳街镇隆重举行。本次诗歌节由中国诗歌学会、北京大学诗歌研究院、都江堰市人民政府主办。

9日，"考古成都——新世纪成都地区考古成果展"在金沙遗址博物馆展出。该展首次集中展示成都商业街船棺葬、老官山汉墓、江南馆街唐宋街坊遗址等21世纪以来成都地区重要考古遗址出土的300多件/套文物。

11～15日，"溢彩——中国·中东欧国家艺术合作论坛油画交流展"在成都博物馆举办，展出了来自13个中东欧国家的16名艺术家以及成都画院7名专职油画家的作品25件（套）。

12日，文化和旅游部副部长、党组成员李群一行到龙泉驿区梵木创艺区考察调研。

14～21日，由成都市文联主办，成都市民间艺术家协会、成都浓园文化艺术传播有限公司承办的"感知成都"中新澳文化艺术交流活动在新西兰奥克兰、澳大利亚墨尔本圆满举行。

19日，"最成都"的宽窄巷子举办"宽窄拾年"开街十周年大型系列活动。

21日，世界文化名城论坛·天府论坛在成都东郊记忆音乐公园举行。

21～23日，第四届中国（成都）—印度国际瑜伽节在成都都江堰举办。

26日，市委常委、宣传部部长田蓉一行调研熊猫星球推进情况。

26日，四川天府新区中意文化创新园区推介交流圆桌会议在意大利米兰理工大学举办，意大利政府、企业、机构代表70余人参加推介会议。

7月

15日，第二届中国—东盟青年夏令营在蓉举办，中国—东盟中心秘书长陈德海，市委副书记、市长罗强，副市长刘筱柳，市政府秘书长周先毅出席活动。

17日，"意会中国——阿拉伯知名艺术家访华采风10周年大展"作为第四届阿拉伯艺术节的重要组成部分，在成都博物馆举办。

21~22日，2018新川文化交流节在蓉举行，通过举办新川文化交流图片展、成都与新加坡音乐表演等，加强四川成都与新加坡的文化交流。

23日，2018成都武侯祠博物馆首届诸葛文创大赛在成都武侯祠博物馆举办。

27日，成都市文化广电新闻出版局主办的"新经济·新场景·新应用"——2018成都创意经济发展主题亲商沙龙活动在域上和美艺术馆成功举办。

27~29日，2018成都国际友城青年音乐周在东郊记忆音乐公园举行。本届音乐周以"乐梦无疆·向东绽放"为主题，邀请来自亚洲、欧洲、北美洲、南美洲、大洋洲31个国家42个地区/城市的48支海内外艺术团近500名青年艺术家，与44支本土乐队共聚音乐之都，共享文化盛世，在成都奏响国际友谊与人文交流的时代乐章。

8月

2~8日，2018秘鲁美食文化节在蓉举行。十二届全国政协副主席、中拉友协会长马培华，秘鲁驻华大使克萨达，省政协副秘书长、民建四川省委副主委王元勇，市委副书记、市长罗强出席活动开幕式。

3日，成都市人民对外友好协会与中国人民对外友好协会共同举办的"遇见中国——纪念马克思诞辰200周年系列中国文化展"之"巴蜀文明与天府文化"成都特展在马克思故乡德国特里尔市成功举办。

4~6日，2018中国·都江堰李冰文化国际旅游节系列活动在都江堰举行。

6日，第二届中国—东盟民间友好组织领导人会晤暨第六届中国—东盟青少年文化交流节在蓉举行。

9日，四川省副省长彭宇行率队到成都高新区调研国际技术转移工作。

13~20日，2018成都国际童声合唱音乐周在成都举办。活动吸引了来自捷克、澳大利亚、新西兰等国家的优秀童声合唱团团员、指挥家等179位外宾来蓉参加。

16日，2018iWorld数字世界博览会在成都开幕。该活动是全球最大规模的聚焦于移动互联生态圈相关产品和应用的展览和会议活动。

17日，2018成都七夕国际情歌节暨文君文化节在邛崃市平乐古镇启幕。

18日，"新经济与网络安全融合发展"高峰论坛、"大数据和网络安全"项目集中签约仪式在成都高新区同时举行，四川省副省长彭宇行出席签约仪式。

18日，第二十三届中国大学生乒乓球锦标赛在成都中国乒协西部国际培训中心举办，来自西安交通大学、武汉大学等30余支全国各地高校代表队的200余名运动员同台竞技交流。

24~26日，"PANDA成都走进俄罗斯"活动在俄罗斯莫斯科成功举行。

25~26日，以"书店共生，城市美学"为主题的"2018亚洲书店论坛"在锦江举办。今日头条指数、今日头条文教联合发布了2017年6月至2018年6月的"城市书店聚焦指数"大数据报告，成都入选亚洲10大最受关注的文化城市之一。

28日，"新时代·新天府·新篇章"——2018第二届天府文化论坛在天府新区举行。

31日，成都临邛文博创意产业示范区获评"四川省十大历史文化地标"称号。

31日，举办第四届中国（四川）国际旅游投资大会，大会以"新时代、新旅游、新平台"为主题。四川省委书记彭清华出席开幕式并讲话。

9月

5日，中国成都国际旅游市场展览会在西部博览城举办，该展会是欧洲第四大旅游展——TTG INCONTRI国际旅游展在中国的姊妹展。

14~16日，2018第二届成都国际音乐（演艺）设施设备博览会在西部博览城举办。

14~17日，2018成都国际书店论坛在方所成都店举办。

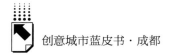

15 日，文君文化古琴艺术节活动在邛崃市平乐古镇举办。

16～19 日，首届"丝路文化交流周"活动在成都举办。

17～23 日，2018 年国家网络安全宣传周开幕式等重要活动在成都成功举行。成都市网信办被中央宣传部、中央网信办等 10 部委评为 2018 年国家网络安全宣传周活动先进单位。

21 日，以"雪山下的森林·美丽宜居公园城市"为主题的第八届中国成都森林文化旅游节在西岭雪山景区隆重开幕。

24 日，文化和旅游部部长雒树刚到武侯区调研公共文化资源整合示范社区建设情况。

26 日，第四届阿拉伯艺术节武侯巡演活动在天府芙蓉园举行。来自约旦、摩洛哥、埃及、阿尔及利亚等国家的 100 余名艺术家参加演出。

26 日，中国—东盟艺术学院首届开学典礼在成都举行，原总政歌舞团著名歌唱家、原中国文联演艺中心主任郁钧剑等 60 余名艺术家成为该学院的顾问、学术委员会委员和客座教授，组成"名师团"。

28 日，为纪念杨升庵诞辰 530 周年，"升庵诗画——全国中国画作品展"在新都区香城国际艺术港—云端美术馆成功举办。

10 月

1～3 日，西部音乐节在都江堰市西部音乐公园开幕。本届音乐节以"Happy Zoo"为主题，会集华晨宇、金玟岐等国内知名歌手及众多优秀乐队参加。

9 日，2018 年全国大众创业万众创新活动周启动仪式在成都高新区举行，中共中央政治局常委、国务院副总理韩正出席启动仪式并讲话。

11～15 日，"2018·第二届成都国际诗歌周·成都与巴黎诗歌双城会"活动举行，来自法国、美国、英国、俄罗斯、德国、日本等 15 个国家和地区的 25 位重量级外国诗人，以及 84 位国内优秀诗人参加活动。

13 日，省委常委、市委书记范锐平，市委副书记、市长罗强，市人大常委会主任唐川平，市政协主席李仲彬，市委副书记朱志宏一行，视察了成都影视硅谷·府河源影视传媒科教产业园项目。

15~18日，"PANDA 成都走进荷兰"活动在荷兰重要城市成功举行，让荷兰人民深入领略了中华文明与天府文化，使成都故事沿着"一带一路"深入传播。

17日，音乐剧《蜀女卓文君》在东郊记忆音乐公园演艺中心完成了首轮的 20 场演出。该剧目是成都市 2018 年度唯一获得国家艺术基金扶持项目立项的大型原创音乐剧目。

19~22日，"PANDA 成都走进葡萄牙"活动在葡萄牙里斯本、卡斯卡伊斯市成功举行，展示成都城市形象，向当地青少年和学生们传授中国的书法、绘画、茶艺文化等课程，促进了成都与葡萄牙在文化等领域的合作。

24~26日，由国家发展改革委主办的首届全国乡村旅游发展经验交流现场会在成都市安仁古镇召开。

24~30日，"运动成都" 2018 年全国青年乒乓球锦标赛在成都市全国重点乒乓球运动学校举行。

26日，成都大学与圣克鲁斯加夫列尔·雷内·莫莱诺自治大学签署合作备忘录，有力促进了两地高校在友好合作框架下开展高等教育合作。

26日，由成都永陵博物馆出品的国乐观念剧《伎乐·24》，在第二十届中国上海国际艺术节上进入国内"走出去"项目视频选拔推介会前十名，并斩获优秀剧目奖。

11月

3日，成都·蓬皮杜"全球都市"国际艺术双年展在东郊记忆音乐公园成功举办。展览展示了来自 20 余个国家和地区的 60 余位（组）世界一流艺术家的影像、摄影、绘画等 100 余件当代艺术作品。

4~6日，2018 中国音乐产业发展峰会以"改革开放 40 年·加油中国音乐产业"为主题，在成都国家音乐产业基地东郊记忆音乐公园举办。

5日，2018 年中国音乐产业发展峰会在东郊记忆音乐公园召开。本次峰会共有 1200 位海内外音乐艺术界嘉宾齐聚一堂，共话中国音乐产业未来。

5~9日，农业农村部、四川省人民政府牵头举办的第九届中国四川（彭州）蔬菜博览会在彭州蒙阳举办。

6日，2018中国音乐产业发展峰会——中国音乐产业集聚区发展论坛在成都彭州白鹿音乐小镇展开。

8日，"中国纪念馆——革命精神的家园"——中国博物馆协会纪念馆专业委员会2018年年会暨学术研讨会在建川博物馆召开。

8日，成都文化旅游产业研究院有限公司自主孵化的"宽窄容"文房系列文创产品参加由市政府主办的2018金熊猫创意设计奖评比，荣获工业创意设计类专业组奖项。

8日，大熊猫保护与繁育国际大会暨2018大熊猫繁育技术委员会年会在成都召开。

9日，第五届成都创意设计周在成都世纪城·新国际会展中心举行。本届创意周设置了金熊猫创意设计奖、成都创意设计产业展览会、iF成都国际设计论坛等三大主体活动。

20日，宽窄巷子荣获中国营销最高奖"2017~2018年度杰出品牌营销奖"。

28日，天府美术百年文献展暨《天府美术百年文献集》首发式在成都环球中心大观美术馆隆重举行。

12月

10日，由四川日报报业集团、成都博物馆主办，封面新闻、华西都市报、四川文化传播有限公司承办的"好雨时节——见证改革开放四川四十年"展览在成都博物馆举办。

10~12日，市文产办会同市统计局、市文广新局对市级相关部门、各区（市）县开展了2018年文化创意产业统计业务培训会。

14日，2018成都市创意经济招商推介会暨民营文创企业发展主题沙龙活动在红美术馆成功举办，成都市文创产业公共服务平台在活动期间正式上线。

15日，在中国生态文明论坛南宁年会上，温江区被生态环境部授予"国家生态文明建设示范区"称号。

16 日，成都大学与清迈大学续签两校合作谅解备忘录。中国—东盟艺术学院影视与动画学院与清迈大学媒体与艺术学院签署硕博联合项目协议，并启动数字创新与金融技术专业本硕博联合培养项目。

17 日，中央电视台 2019 春节戏曲晚会成都分会场节目在武侯祠博物馆西区广场录制拍摄。

20 日，中国·四川（成都）西岭雪山第 19 届南国国际冰雪节在大邑西岭雪山举行。

28 日，第五届"中国电视好演员"表彰盛典在成都大学举行。该活动是我国电视艺术界最专业、最权威、最具影响力的评选活动。

29 日，宽窄巷子成为四川省内唯一的全国高品位步行街首批试点街。

29 日，成都城市音乐厅（1400 座大音乐厅）落成并成功举办中国交响乐团成都新年音乐会，著名指挥家汤沐海领衔，为观众演绎了《红旗颂》《蓝色多瑙河》《卡门组曲》等多首中外名曲。

2019年

1月

12 日，由环球时报社主办的"中国开放发展与合作"高峰论坛暨第八届环球总评榜发布典礼在北京举行，成都东郊记忆国际时尚产业园获评"改革开放·中国开放发展最具活力园区"。

22 日，2019 欢乐春节之成都文化旅游推介会在希腊雅典举行。

2月

7 日，由中央广播电视总台和成都市广播电视台联合拍摄制作的向祖国献礼影片《我和我的祖国》首发，全网视频图文阅读量近 10 亿人次。

14 日，市政府新闻办召开"推进'三城三都'建设工作三年行动计划"新闻发布会，会上发布《成都市建设世界文创名城三年行动计划

（2018～2020年）》等六个专项行动计划。

27日，由熊猫基地与IMAX集团合作拍摄，华纳兄弟出品的首部IMAX大熊猫纪录片PANDAS（中译名：《大熊猫们》）在成都IFS国际金融中心UA影城IMAX厅举行观影会。

3月

8～16日，"西南偏南"全球创意大会在美国得克萨斯州奥斯汀市成功举办，并专场召开了成都推介会等文化交流活动。

13日，国际世界运动会协会副主席马克思·比绍坡、首席执行官约阿希姆·高索飞抵成都，在国际奥委会副主席、中国奥委会副主席于再清陪同下对成都申办2025年世界运动会进行了为期两天的考察评估，市委常委、常务副市长谢瑞武，副市长牛清报陪同考察。

4月

9日，被中宣部列为"2019文化交流重点项目"之一的"2019中丹大熊猫文化交流周"在丹麦首都哥本哈根正式启动。该活动包含原创熊猫少儿音乐剧《熊猫童话》展演、"熊猫与世界——中国大熊猫保护·文化·艺术成就展"。

10日，第二届中国·彭州曲艺牡丹嘉年华在彭州市海窝子古镇开幕。彭州市被授予"中国曲艺名城"称号，成为中国西部地区第一个"中国曲艺名城"。

15～20日，在教育部和苏州市政府共同主办的全国第六届中小学生艺术展演活动中，成都七中管乐团合奏的《茶花女》和美术作品《熊猫看戏图》荣获全国一等奖。

27日，"蓉漂人才日"系列活动——"蓉漂·高峰荟"在中国西部国际博览城顺利举办。

29日，四川省文化和旅游发展大会在成都举行，青羊区入选首批"天府旅游名县"。

5月

5 日，天府"三九大"成德国宝旅游专线正式开行，四川省副省长王一宏等领导出席开行仪式。

14 日，全国政协原常委、中国书法家协会主席苏士澍一行莅蓉调研，对成都书法事业进一步弘扬汉字文化、推动书法进校园工作给予了充分肯定，市委常委、市委宣传部部长田蓉会见了苏士澍主席一行。

19～20 日，中国货币与金融博物馆联盟首届研讨会暨安仁中国文博文创产业功能区亲商沙龙在安仁锦堂举行。

27～29 日，第七届中国（成都）网络视听大会在世纪城新会展中心隆重举行，中宣部副部长、国家广播电视总局党组书记、局长聂辰席出席大会开幕式并发表主旨演讲，四川省委副书记、省长尹力，成都市委副书记、市长罗强在开幕式上致辞。

28 日，经国家广电总局批复，国家级超高清视频产业基地中国（成都）超高清创新应用产业基地正式落户成都影视城。

6月

1 日，第二十届成都国际家具工业展览会盛大开幕，来自 30 个国家和地区近 3000 家企业参展。

15～18 日，2019 金犊创意节·天府文化创意设计奖在成都东郊记忆国际时尚产业园成功举办。

26 日，成都 2021 年第 31 届世界大学生夏季运动会市场开发全球启动发布会在北京国家体育场（鸟巢）举行。

27 日，首届中国环博会成都展在中国西部国际博览城盛大开幕，本届展会为全球最大环保展德国慕尼黑国际环保博览会（IFAT）子展。

30 日，"公园城市·熊猫之都"——2019 成都·圣托里尼文化旅游公众推广活动在希腊圣托里尼举行。

7月

4～12日，成都市和德国波恩市缔结友好城市关系10周年特别活动——2019成都贝多芬文化周在蓉成功举办。

16日，彭州白瓷艺术中心、桂花龙窑、海窝子古镇被四川省文化和旅游厅列为首批"四川省级非遗项目体验基地"。

22～24日，第二届世界文化名城论坛·天府论坛在成都世纪城国际会议中心举办。四川省副省长杨兴平致辞，成都市委常委、宣传部部长田蓉，成都市副市长刘筱柳出席开幕式。

24日，市政府新闻办召开"成都市推进文创金融合作 支持文创产业发展'文创通'贷款产品新闻发布会"，会上发布"文创通"贷款产品有关内容及重要举措。

28日，由文化和旅游部主办的全国乡村旅游（民宿）工作现场会在郫都区举办。文化和旅游部党组书记、部长雒树刚，文化和旅游部党组成员王晓峰，中国农业银行党委委员、副行长湛东升，省委常委、宣传部部长甘霖，市委常委、宣传部部长田蓉等出席大会。

30日，"公园城市·熊猫之都"——都都熊猫成都·圣托里尼文化旅游公众推广活动在希腊圣托里尼成功举办。

8月

19日，成都市广播电视台参与拍摄制作的46集大型革命题材电视剧《共产党人刘少奇》荣获中宣部第十五届精神文明建设"五个一工程"奖优秀作品奖。

23～25日，由四川省文学艺术界联合会和中共彭州市委、市政府共同主办的第九届全国少儿曲艺展演四川地区选拔暨第五届四川省少儿曲艺展演活动在彭州市龙门山镇宝山村举行。

9月

5日，第五届中国网络文学论坛暨首届四川网络文学周在成都举办，中国作协党组成员、副主席、书记处书记李敬泽，四川省政协副主席王正荣出席开幕式并致辞。

5 日，"熊猫拥抱世界"——大熊猫走向世界 150 周年历史文化展在巴黎开幕。

16 日，四川热窝影业有限公司出品的电影《父子拳王》获第四届加拿大金枫叶国际电影节最佳编剧奖。

18 日，在四川文旅发展论坛暨"四川十大文旅新地标"颁奖典礼上，成都城市音乐厅、武侯区水韵天府文化旅游休闲街区被评为"四川十大文旅新地标"，锦里被评为"四川十大文旅产业新地标"，成都武侯祠博物馆、望江楼公园被评为"四川 100 网红打卡地"。

24 日，中国天府农业博览园 2019 年项目开工仪式在成都市新津县举行。省委书记、省人大常委会主任彭清华在天府农博创新中心开工仪式上现场宣布开工，省委副书记邓小刚主持开工仪式。

10月

17～22 日，2019 年成都第七届"非遗节"在成都国际非遗博览园成功举办。

18 日，第四届安仁论坛在安仁古镇开幕，国务院参事室党组成员、副主任王卫民，国家发展和改革委员会社会研究所所长、中国劳动学会副会长杨宜勇等出席开幕式并致辞。

30 日，国家广播电视总局科技司副司长孙苏川前往成都音像出版社调研指导工作，并听取成都音像出版社有限公司工作汇报。

30 日，"公园城市·熊猫之都"——2019 大阪·成都文化旅游推介会在日本大阪举行。

31 日，天府新区中意文化创新产业园推介会在北京举行，旨在促进中意两国文化产业的交流合作。

11月

1 日，四川天府新区管理委员会、融创中国控股有限公司、峨眉电影集团有限公司共同签署天府影都项目战略合作协议。市委副书记、市长罗强出席签约仪式。

4日，全球顶级时尚杂志 *Monocle* 品牌活动"品质生活论坛"首次落户亚洲并在蓉顺利举办。

6日，"公园城市·熊猫之都"——2019成都·洛杉矶文化旅游创新系列活动在美国洛杉矶举行。

8~11日，第六届成都创意设计周在成都世纪城新国际会展中心成功举行，市委副书记、市长罗强宣布开幕，市委常委、宣传部部长田蓉致辞。

11~14日，由国家文物局指导，中国文物交流中心、中国文物报社、四川省文物局、成都市文物局、大邑县人民政府主办，四川省博物院、成都市文物信息中心承办的"新形势下文物保护与旅游融合发展"研讨班在成都市大邑县安仁古镇召开。

16~17日，第二届扬雄高峰论坛在郫都区举办。本次高峰论坛围绕"探历史真相、游子云故道、寻文化脉络、讲子云故事、展子云成就"为主题开展系列文化活动。

22日，由中科协指导，市政府和省科协主办，成都传媒集团等单位联合承办的第五届中国（成都）国际科幻大会在东郊记忆国际时尚产业园正式启幕，市委副书记、市长罗强，副市长曹俊杰等领导出席相关活动。

25日，2019中国最具幸福感城市榜单出炉，成都市温江区荣获"最具幸福感城市美丽宜居城区"称号。

28~30日，2019第七届成都国际旅游展（CITE）在成都世纪城新国际会展中心成功举办。

12月

2~4日，2019成都国际数字版权交易博览会在成都世纪城新国际会展中心举办。

3日，中国西部国际博览城推介会在北京成功举办，成都市政府副秘书长、办公厅主任廖成珍出席推介会并致辞。

15 日，第十届东盟与中日韩（10＋3）媒体合作研讨会在成都世纪城新国际会展中心隆重举办，省委常委、省委宣传部部长甘霖，人民日报社副总编辑方江山出席会议并致辞。

16～18 日，第八届中国大学生电视节在成都举办，本届活动以"青春榜样，凝聚力量"为主题，依然秉承"大学生看、大学生评、大学生创作、大学生参与"宗旨。

19 日，由成都市人民政府主办，成都市广播电视台承办的第六届"中国电视好演员"年度盛典在郫都区四川传媒学院成功举办。

23 日，美国德州首府奥斯汀市市长 Steve Adler 一行参观考察宽窄巷子。市委常委、宣传部部长田蓉，市委宣传部副部长、市政府新闻办主任丛峰，市政府新闻办副主任陈程陪同考察。

皮 书

智库报告的主要形式
同一主题智库报告的聚合

❖ 皮书定义 ❖

皮书是对中国与世界发展状况和热点问题进行年度监测，以专业的角度、专家的视野和实证研究方法，针对某一领域或区域现状与发展态势展开分析和预测，具备前沿性、原创性、实证性、连续性、时效性等特点的公开出版物，由一系列权威研究报告组成。

❖ 皮书作者 ❖

皮书系列报告作者以国内外一流研究机构、知名高校等重点智库的研究人员为主，多为相关领域一流专家学者，他们的观点代表了当下学界对中国与世界的现实和未来最高水平的解读与分析。截至 2021 年，皮书研创机构有近千家，报告作者累计超过 7 万人。

❖ 皮书荣誉 ❖

皮书系列已成为社会科学文献出版社的著名图书品牌和中国社会科学院的知名学术品牌。2016 年皮书系列正式列入"十三五"国家重点出版规划项目；2013~2021 年，重点皮书列入中国社会科学院承担的国家哲学社会科学创新工程项目。

权威报告·一手数据·特色资源

皮书数据库
ANNUAL REPORT(YEARBOOK)
DATABASE

分析解读当下中国发展变迁的高端智库平台

所获荣誉

- 2019年，入围国家新闻出版署数字出版精品遴选推荐计划项目
- 2016年，入选"'十三五'国家重点电子出版物出版规划骨干工程"
- 2015年，荣获"搜索中国正能量 点赞2015""创新中国科技创新奖"
- 2013年，荣获"中国出版政府奖·网络出版物奖"提名奖
- 连续多年荣获中国数字出版博览会"数字出版·优秀品牌"奖

成为会员

通过网址www.pishu.com.cn访问皮书数据库网站或下载皮书数据库APP，进行手机号码验证或邮箱验证即可成为皮书数据库会员。

会员福利

- 已注册用户购书后可免费获赠100元皮书数据库充值卡。刮开充值卡涂层获取充值密码，登录并进入"会员中心"—"在线充值"—"充值卡充值"，充值成功即可购买和查看数据库内容。
- 会员福利最终解释权归社会科学文献出版社所有。

数据库服务热线：400-008-6695
数据库服务QQ：2475522410
数据库服务邮箱：database@ssap.cn
图书销售热线：010-59367070/7028
图书服务QQ：1265056568
图书服务邮箱：duzhe@ssap.cn

社会科学文献出版社 皮书系列
SOCIAL SCIENCES ACADEMIC PRESS (CHINA)
卡号：859623882125
密码：

基本子库
SUB DATABASE

中国社会发展数据库（下设 12 个子库）

整合国内外中国社会发展研究成果，汇聚独家统计数据、深度分析报告，涉及社会、人口、政治、教育、法律等 12 个领域，为了解中国社会发展动态、跟踪社会核心热点、分析社会发展趋势提供一站式资源搜索和数据服务。

中国经济发展数据库（下设 12 个子库）

围绕国内外中国经济发展主题研究报告、学术资讯、基础数据等资料构建，内容涵盖宏观经济、农业经济、工业经济、产业经济等 12 个重点经济领域，为实时掌控经济运行态势、把握经济发展规律、洞察经济形势、进行经济决策提供参考和依据。

中国行业发展数据库（下设 17 个子库）

以中国国民经济行业分类为依据，覆盖金融业、旅游、医疗卫生、交通运输、能源矿产等 100 多个行业，跟踪分析国民经济相关行业市场运行状况和政策导向，汇集行业发展前沿资讯，为投资、从业及各种经济决策提供理论基础和实践指导。

中国区域发展数据库（下设 6 个子库）

对中国特定区域内的经济、社会、文化等领域现状与发展情况进行深度分析和预测，研究层级至县及县以下行政区，涉及省份、区域经济体、城市、农村等不同维度，为地方经济社会宏观态势研究、发展经验研究、案例分析提供数据服务。

中国文化传媒数据库（下设 18 个子库）

汇聚文化传媒领域专家观点、热点资讯，梳理国内外中国文化发展相关学术研究成果、一手统计数据，涵盖文化产业、新闻传播、电影娱乐、文学艺术、群众文化等 18 个重点研究领域。为文化传媒研究提供相关数据、研究报告和综合分析服务。

世界经济与国际关系数据库（下设 6 个子库）

立足"皮书系列"世界经济、国际关系相关学术资源，整合世界经济、国际政治、世界文化与科技、全球性问题、国际组织与国际法、区域研究 6 大领域研究成果，为世界经济与国际关系研究提供全方位数据分析，为决策和形势研判提供参考。

法律声明

"皮书系列"（含蓝皮书、绿皮书、黄皮书）之品牌由社会科学文献出版社最早使用并持续至今，现已被中国图书市场所熟知。"皮书系列"的相关商标已在中华人民共和国国家工商行政管理总局商标局注册，如LOGO（ ▪ ）、皮书、Pishu、经济蓝皮书、社会蓝皮书等。"皮书系列"图书的注册商标专用权及封面设计、版式设计的著作权均为社会科学文献出版社所有。未经社会科学文献出版社书面授权许可，任何使用与"皮书系列"图书注册商标、封面设计、版式设计相同或者近似的文字、图形或其组合的行为均系侵权行为。

经作者授权，本书的专有出版权及信息网络传播权等为社会科学文献出版社享有。未经社会科学文献出版社书面授权许可，任何就本书内容的复制、发行或以数字形式进行网络传播的行为均系侵权行为。

社会科学文献出版社将通过法律途径追究上述侵权行为的法律责任，维护自身合法权益。

欢迎社会各界人士对侵犯社会科学文献出版社上述权利的侵权行为进行举报。电话：010-59367121，电子邮箱：fawubu@ssap.cn。

社会科学文献出版社

法律声明

　　"皮书系列"（含蓝皮书、绿皮书、黄皮书）之品牌由社会科学文献出版社最早使用并持续至今，现已被中国图书市场所熟知。"皮书系列"的相关商标已在中华人民共和国国家工商行政管理总局商标局注册，如 LOGO（ ▟ ）、皮书、Pishu、经济蓝皮书、社会蓝皮书等。"皮书系列"图书的注册商标专用权及封面设计、版式设计的著作权均为社会科学文献出版社所有。未经社会科学文献出版社书面授权许可，任何使用与"皮书系列"图书注册商标、封面设计、版式设计相同或者近似的文字、图形或其组合的行为均系侵权行为。

　　经作者授权，本书的专有出版权及信息网络传播权等为社会科学文献出版社享有。未经社会科学文献出版社书面授权许可，任何就本书内容的复制、发行或以数字形式进行网络传播的行为均系侵权行为。

　　社会科学文献出版社将通过法律途径追究上述侵权行为的法律责任，维护自身合法权益。

　　欢迎社会各界人士对侵犯社会科学文献出版社上述权利的侵权行为进行举报。电话：010-59367121，电子邮箱：fawubu@ssap.cn。

社会科学文献出版社